관광지리학

: 이론과 실제

관광지리학

: 이론과 실제

이 정 록 지음

전남대학교출판부

이 책에 원용된 필자의 연구 성과

제2장

- 이정록, 2004, "전라지방: 관광 및 여가활동", 『한국지리지: 전라 · 제주편』, 국토지리정보원, pp. 331-370.

제3장

- 김재철 · 이정록 · 조승현, 1991, "광주 · 전남지역 관광지에 대한 선호도 및 관광행태 조사분석", 현대사회과학연구, 제2권, 전남대학교 사회과학연구소, pp. 263-293.
- 추명희 · 이정록 · 김재철, 1996, "전남 동부지역 관광지의 선호도와 관광행태에 관한 연구", 한국지역지리학회지, 제2권 제1호, pp. 115-131.
- 이정록 · 추명희, 1997, "이벤트관광 관광객의 행태적 특성분석: 전남 낙안의 남도음식축제를 사례로", 지리학연구, 제29집, pp. 59-84.

제4장

- 이정록, 2003, "함평나비축제 관광객의 행태적 특성: 제4회 축제를 사례로", 한국경제지리학회지, 제6권 제2호, pp. 339-354.
- 이정록 · 우연섭, 2003, "전남지역 문화관광축제의 공간적 전개과정과 특징", 한국지역지리학회지, 제9권 제3호, pp. 233-247.
- 이정록, 2005, "문화관광축제의 공간확산에 관한 연구", 한국경제지리학회지, 제8권 제3호, pp. 431-445.

제5장

- 이정록, 1996, 『여수반도권 컨벤션센터의 건립방안 및 추진전략에 관한 연구』 지역경제연구총서 1호, 여수 · 여천상공회의소(p. 185).

제6장

- 이정록 · 장보웅, 1998, "지역문화의 문화관광 활성화 방안에 관한 연구", 현대사회과학연구, 제9권, 전남대학교 사회과학연구소, pp. 315-336.

제7장

- 이정록, 2003, "지역발전을 위한 생태 · 녹색관광 전략: 전남 함평군을 사례로" 지역개발연구, 전남대학교 지역개발연구소, pp. 31-53.
- 이정록, 안종현, 2004, "지역관광의 진흥을 위한 관광마을 만들기 전략", 지역개발연구, 제36권 제1호, 전남대학교 지역개발연구소, pp. 177-193.

제8장

- 이정록, 2005, "남해안 관광의 거점개발을 위한 실천전략", 지역개발연구, 제37권 제2호, 전남대학교 지역개발연구소, pp. 95-121.

제9장

- 이정록 외, 1996, 『영암군관광종합개발계획』 전남발전연구원, 영암군.

머리말

오늘날 인간생활에서 가장 중요한 행동양식으로 자리를 잡은 것이 관광과 레저활동이고, 최고의 부가가치산업으로 성장한 경제활동이 관광과 레저산업이라고 한다. 실제로 세계관광기구(WTO)의 자료에 의하면, 2004년도 국제관광객수는 약 7억 6천만 명으로 증가하였으며, 관광수입은 세계경제 총생산량의 약 10% 정도를 차지하여 관광·레저산업은 21세기의 유망한 성장산업으로 등장하고 있다.

관광의 대중화와 세계화는 세계의 관광시장을 크게 변화시키고 있다. 프랑스와 영국, 미국 중심의 관광시장은 아프리카, 오스트레일리아, 라틴 아메리카 등으로 다변화되고 있고, 세계 각국의 관광객수는 꾸준히 증가하고 있다. 우리나라 또한 2004년 기준으로 580만 명의 외국 관광객이 방문하였고, 880만 명의 국민이 출국하여 세계 30위권의 관광선진국으로 성장하였다.

특히 관광산업은 국제수지의 개선, 고용 및 소득효과, 지역경제의 활성화라는 경제적 측면뿐만 아니라 지역의 고유한 문화자원의 발굴과 보존, 지역문화의 세계화, 지역주민의 삶의 질 향상 등의 사회문화적인 측면에 커다란 영향을 미치기 때문에 세계 대부분의 국가와 도시에서는 관광시장의 확대를 위해 다양한 관광정책을 수립하여 시행하고 있다.

이와 같이 관광이 대중화와 세계화되면서 관광현상에 대한 학문적 연구가 활발하게 행해지고 있고, 관광과 레저활동이 현대사회의 중요한 사회적 현상으로 뿌리를 내리면서 이를 연구하려는 전문가와 학생들의 관심도 꾸준히 증가하고 있다. 하지만 관광현상은 매우 복잡한 요소로 구성되어 있고, 관광은 다양한 경제적 활동과 유기적인 관계를 형성하고 있기 때문에 관광과 레저를 연구하는 학문의 경계도 불명확하여 관광학을 비롯하여 지리학, 인류학, 사회학, 경제학 등 여러 학문영역에서 연구가 이루어지고 있다.

관광활동은 관광객 이동의 공간적 현상으로 관광자원과 관광대상지의 지리적 분포, 관광활동과 지역사회의 관계 등은 지리학의 오랜 연구주제였다. 따라서 이 책은 현대사회의 중요한 생활양식으로 등장한 관광과 여가활동을 관광지리학적 관점에서 접근하려고 시도하였다. 그렇지만 다양한 관광현상과 활동을 지리학적 방법론으로 접근하여 관련 특징을 규명하려는 시도는 일정한 한계가 있는 것이 부인할 수 없는 사실이다.

그래서 이 책에서는 관광지리학의 전통적인 연구주제인 관광객의 특성과 관광행태, 관광자원의 분포와 관광객 이동, 관광지 개발과 계획 등을 바탕으로 최근 새롭게 많은 연구가 진행되고 있는 도시관광의 유형인 컨벤션, 축제와 이벤트의 관광지리, 대안 관광으로 등장하고 있는 문화관광과 농촌관광 등을 포함하여 책의 내용을 구성하였다.

이 책은 관광지리학을 공부하는 대학생과 대학원생을 위한 교과서로서, 관광지리학의 주요 연구주제 중에서 이를 고찰한 실증사례를 중심으로 하여 9개의 장으로 구성하였다. 제1장에서는 관광과 관광지리학의 기본적인 개념과 연구내용을 서술하였다. 제2장은 관광자원과 관광지의 특징을 설명하고, 사례연구로 호남지역의 관광지와 관광자원을 소개하였다. 제3장은 관광지와 관광자원에 대한 관광객의 인지도와 관광행태를 광주・전남지역의 주민과 남도음식축제 관광객을 중심으로 서술하였다. 제4장은 관광축제와 관광활동에 대한 내용으로 함평나비축제를 사례로 설명하였다. 제5장은 최근 새롭게 등장하고 있는 컨벤션 관광을 소개하였다. 제6장은 지역문화와 문화관광에 대한 내용을 정리하였다. 제7장은 농촌관광과 농촌의 관광마을 만들기를 다루었고, 일본의 관광마을 만들기 사례를 소개하였다. 제8장과 제9장은 관광개발과 관련된 내용으로 우리나라 남해안 관광개발의 방향, 전남 영암군을 사례로 한 관광지 개발계획 등을 살펴보았다.

이 책은 전남대학교 지리학과에 개설된 관광지리학을 수강하는 학생들을 위한 강의노트를 바탕으로 필자의 연구성과를 재구성하여 정리한 것이다. 제2장에서 제9장까지에 걸쳐 소개된 사례연구는 필자가 그동안 발표한 연구논문과 모노그라프, 그리고 관광개발계획 프로젝트에 참여한 연구보고서의 내용들로 구성되어 있다. 그리고 필자가 각 장에서 원용한 연구성과들은 하단에 출처를 명기하였다는 점을 밝혀둔다.

이 책은 관광지리학에 대한 이론과 실제를 다루었지만, 필자의 연구역량 부족으로 인해 관광지리학의 주요 연구주제에 대한 이론적인 측면에 대한 서술이 많이 부족했음을 인정한다. 특히 관광지리학에서 많은 연구가 이루어지고 있는 관광활동의 경제적 · 사회적 · 문화적 효과, 도시관광과 장소마케팅, 관광객의 국제적 이동과 공간적 패턴, 관광수요의 예측, 관광활동과 환경과의 관계, 관광의 고용과 노동시장 등에 대한 내용은 이 책에서 다루지 못하였다. 전술한 부족한 점은 향후 이 책의 개정작업을 통해 보완하려고 한다.

끝으로 이 책의 원고정리와 교정작업에 도움을 준 전남대학교 대학원의 안종현 선생, 지리학과 김승곤에게 고맙게 생각한다. 그리고 출판과정에 많은 도움을 준 전남대학교 출판부의 박방배 선생님을 비롯한 출판부 식구들에게 감사를 드린다.

2006년 2월

무등이 보이는 연구실에서 이 정 록

차례

CHAPTER 5

컨벤션과 관광활동

CHAPTER 6

지역문화와 문화관광

CHAPTER 7

농촌관광과 관광마을

CHAPTER 8

관광개발과 지역정책

CHAPTER 9 관광지 개발계획 사례

CHAPTER 1

관광과 관광지리학

'21세기를 관광의 세기'라고 말한다. 세계관광기구(WHO)의 발표에 의하면, 세계의 국제관광객은 2001년에 약 6억 9천명이었지만, 2010년에는 약 10억 명, 2020년에는 약 16억 명으로 증가할 것으로 예측하였다(이정록 외, 2004). 관광의 대중화와 세계화 현상은 개인의 여가시간 증대, 소득수준 향상, 교통망 구축에 따른 이동성의 증대 등 다양한 요인과 밀접한 관련이 있다.

관광활동의 대중화와 세계화로 인하여 오늘날에는 '관광'이란 용어는 매우 다양하게 사용되고 있다. 관광지와 관광자원을 비롯하여 관광버스, 관광호텔, 관광농원, 관광도로, 관광개발 등이 그것이다. 따라서 제1장에서는 현대인의 중요한 소비 및 경제활동으로 기능하고 있는 관광의 의미와 특징, 관광지리학의 주요 연구과제 등에 대해 살펴보려고 한다.

1. 관광의 개념

우리가 자주 사용하고 있는 관광이란 매우 다양한 의미를 내포하고 있어 간략하게 정의하기란 쉽지 않다. 또한 관광은 학문에 따라, 연구자에 따라, 그리고 활동영역에 따라 다양하게 해석하고 정의하고 있기 때문에 통일된 개념정의를 도출하는 것은 매우 어렵다. 왜냐하면 관광을 바라보는 관점과 관심 분야에 따라 관광의 개념을 다르게 정의하기 때문이다.

일반적으로 관광이란 여행의 일종으로, 사람들이 생활의 변화와 새로운 욕구를 충족시키기 위해 일상의 생활환경에서 일시적으로 벗어나는 이동이며, 동시에 중요한 사회현상 중의 하나이다. 따라서 관광에 대한 개념 규정과 함께 관광과 유사한 활동인 여가(leisure)와 레크리에이션(recreation), 그리고 관광의 개념을 서로 비교하여 살펴볼 필요가 있다.

1) 관광의 개념

오늘날 우리가 많이 사용하고 관광이란 '즐거움을 추구하기 위한 여행'의 일종으로 관광을 하는 사람과 관광목적에 따라 관광현상은 매우 다양하다. 관광의 어원은 라틴어 "돌다, 순회하다" 등을 의미하는 'tornus'에서 유래한다. "두루 돌아다니는 여행"을 의미하는 'tour'에 "행동"이나 "상태" 등을 의미하는 접미어인 'ism'이 붙어 만들어진 용어가 'tourism'이다(岡本伸之, 2001).

동양에서 관광이라는 용어가 사용된 것은 고대 중국의 전국시대였다. 중국 주(周)나라 시대에 편찬된 역경(易經)에 "觀國之光利用賓干王"라는 구절이 있는데, 이를 직역하면 '나라의 광명을 살펴보는 것은 왕의 손님에 이롭다'는 의미이다. 여기에서 '관

(觀)'은 '보다', '관찰하다'는 뜻과 함께 '보인다', '과시하다'의 의미를 내포하고 있고, '광(光)'은 '나라의 빛 또는 광명'을 뜻한다. 즉, 관광란 '타국을 순방하여 그 나라의 다양한 문화를 관찰하는 것'을 의미한다(권용우 외, 1995).

이와 같은 어원을 가지고 있는 관광의 개념은 학자에 따라 다양하게 정의되고 있다. 독일의 관광학자 Bormann(1930)은 '여행이 보양, 유람, 상용, 직업 등의 목적을 갖는다고 하더라도 특별한 모임과 같은 다른 이유로 정주지를 일시적으로 벗어나 다른 곳을 이동하는 여행을 관광'이라고 정의하였다(김병문, 2004).

Ogilive(1993)는 그의 저서 『관광객 이동론(The Tourists Movement)』에서 관광을 '일년을 넘지 않은 일정한 기간 동안에 다른 지역으로 이동하는 것과 여행지에서 소비하는 행동'으로 정의하였다.

Glűckman(1935)은 관광을 '정주지에서 다른 곳으로 이동하여 일시적으로 체류하는 사람과 지역사회 간에 생기는 모든 관계의 총체'라고 규정하였다. 또한 Berneker(1969)는 '상업적, 직업적 이유와 관계없이 자유의사에 의해 일시적으로 다른 곳으로 이동하는 것과 이런 행동과 관련된 모든 결과'를 관광이라고 정의하였다.

일본의 田中喜一(1950)은 '사람들이 다시 돌아올 예정으로 레크리에이션을 위해 일시적으로 일상생활권을 벗어나는 행동과 체류지에서 소비하는 모든 것'을 관광이라고 정의하였다.

세계관광기구(WTO: World Tourism Organization)는 관광을 '거주지를 벗어나 다른 장소를 하루 이상 12개월 이내에 여행하는 것'이라고 정의하였다. 여기에는 친구나 친척 방문, 업무활동(business)도 포함되며, 여행동기보다는 체류기간에 중점을 두었다. 반면에 국제관광기구연합(IUOTO)는 '일상적으로 머무는 장소가 아닌 다른 국가나 도시를 방문하는 것'을 관광이라고 규정하고 숙박을 강조하지는 않았다.

전술한 개념정의를 종합하면, 관광이란 여가, 사업, 특정 목적을 위해 1년을 넘지 않은 기간에 거주지 이외의 장소를 방문하는 일시적인 이동뿐만 아니라 이와 관련된 활동조직과 운영, 이동하는 사람들의 욕구를 충족시키기 위한 시설과 서비스를 포함하는 복합적인 개념으로 규정할 수 있다(Williams, 1998).

한편 관광의 개념이 매우 복합적인 속성과 현상을 포괄하고 있지만, 관광이 성립되기 위해서는 이동의 목적과 유형, 이동의 방향성, 자율적인 의사결정에 의한 이동 등이 전제되어야 한다. 하지만 최근에는 이들 조건을 강제적으로 적용하여 관광의 본질을 적용하지는 않는 경향이다.

2) 여가와 레크리에이션의 개념

(1) 여가의 개념과 특징

일반적으로 여가는 비노동 활동, 자유시간, 명상 등으로 정의할 수 있다. 〈그림 1-1〉에 제시된 것과 같이, 개인의 시간 사용

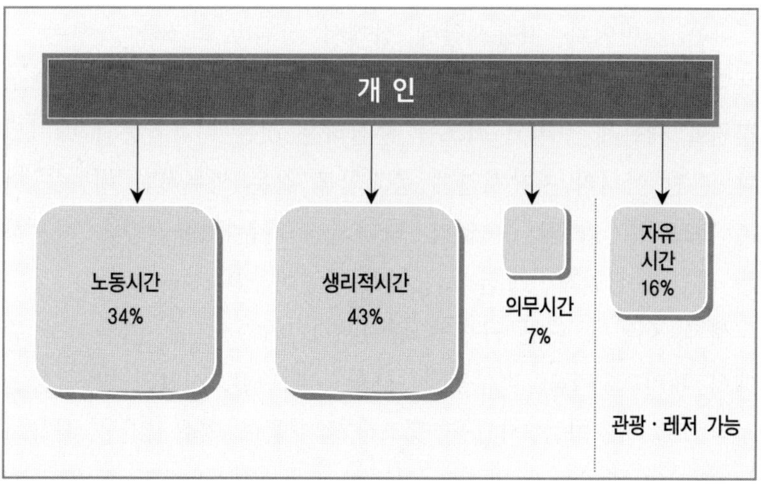

〈그림 1-1〉 유럽에서 개인별 시간의 사용(자료: Shaw and Williams, 2002, p.4)

은 경제활동과 관련된 노동시간, 생리적 충족시간, 직장으로의 출근과 같은 의무 시간, 그리고 이들 시간을 제외한 나머지의 자유시간(free time)으로 구분되는데 여가는 자유시간(free time)에 행해지는 활동을 의미한다(Shaw and Williams, 2002).

여가(leisure)란 자유시간에 이루어지는 다양한 휴식적 활동을 의미하지만, 여가에 대한 개념은 연구분야의 관점, 연구목적 등에 따라 매우 다양하게 정의된다. 그렇지만 보편적인 여가의 개념은 주로 시간적 속성, 여가활동의 질과 개인적 속성, 규범적 관점 등에서 정의되고 있다.

첫째, 여가는 자유시간에 행하는 활동이다. 식사, 수면, 노동, 출근 등과 관련된 시간을 제외한 나머지의 자유시간이 여가에 해당한다. 즉, 생존과 생계를 위한 노동이나 작업에서 벗어나 자유롭게 시간을 즐기기 위해 사용하는 활동을 여가라 할 수 있다. 출근시간에 독서를 하는 것은 여가라 할 수 없다.

둘째, 여가의 정의는 여가활동의 질과 활동에 참가하는 개인적 특성과 관련이 있다. 여가란 단순히 개인이 가지는 자유시간의 개념이 아니라 개인이 갖는 심리상태나 존재방식에 따라 다르다는 의미이다. 자유시간에 집에서 정원의 화초를 가꾸는 것은 여가에 해당한다. 하지만 가정주부가 집안 청소의 일환으로 정원을 새롭게 꾸미고 화초를 손질하는 것은 여가활동과 배치된다. 뿐만 아니라 자유시간에 종교활동 같은 의무적인 행동을 하는 것도 여가라 할 수 없다. 따라서 여가는 자유시간을 사용하는 개인의 심리적·정신적 상태와 관련이 있다.

셋째, 여가에 대한 규범적 관점이다. 여가시간은 자유시간 중에서 휴식, 즐거움, 기분전환, 사회적 성취감, 개인의 발전 등을 목적으로 사용하는 시간을 강조하기 때문에 자유시간을 사용하는 개인의 즐거움과 만족을 보장하지 못할 경우에는 여가로 정의하는 것은 적절하지 못하다. 결과적으로 여가를 통해 사람들이 무엇을 하고, 어떤 심리적 만족을 얻느냐에 따라 여가에 대한 정의는 달라진다는 점이다.

전술한 것과 같이, 여가는 자유시간이고, 비노동 활동이며, 개인의 즐거움·만족·성취감을 위한 활동으로 관광활동과 밀접한 관계가 있다. 문제는 여가를 자유시간과 동일시하는 경향이 많지만 엄격한 의미에서 보면 여가와 자유시간은 동일하지 않다. 왜냐하면 여가는 자유시간이 아닌 시간에도 이루어지기 때문이다.

(2) 레크리에이션의 개념과 특징

한편, 여가와 유사한 개념으로 레크리에이션이 있는데, 여가와 레크리에이션은 서로 혼용되고 있지만 동의어라고 할 수 없다. 레크리에이션의 사전적 정의는 일을 떠나서 놀이, 즐거운 행위, 휴식 등을 통해 몸과 마음을 새롭게 하는 다양한 활동을 뜻한다. 즉, 레크리에이션은 여가기간 동안에 자신의 몸과 마음의 휴식과 즐거움을 위하여 자유의사에 따라 하는 활동이다.

레크리에이션은 라틴어의 'recreatio'가 어원으로 회복, 재생 등을 의미한다. 물론 레크리에이션이 자유시간에 즐거움을 추구하는 자발적인 활동과 경험으로 간주하기 때문에 여가와 공통점을 갖고 있다. 그렇지만 레크리에이션은 신체·마음·정신 등 회복과 휴식을 강조한다는 점에서 활동지향적이라는 측면이 강하다. 또한 레크리에이션은 조직된 행동으로 참여자는 물론이고 간접적으로는 사회에 이롭게 하려는 속성도 있다. 레크리에이션을 통해 가족, 직장, 기타 조직의 통합과 결속력을 유지·강화시킨다는 특성도 있다.

3) 관광, 여가, 레크리에이션의 관계

관광, 여가, 레크리에이션은 따로 구분하기가 매우 힘들며, 서로 일정한 속성을 공유하고 있기 때문에 공통점이 있다. 관광과 여가는 자유시간에 이루어지는 활동이라는 공통점이 있다. 반면에 여가는 일상적 또는 비일상적 공간에서 행해지지만, 관광은 비일상적인 공간에서 행해지고 이동이 전제된다는 점에서 차이가 있다.

그리고 관광과 레크리에이션은 즐거움을 추구한다는 목표에서 공통점이 있으며, 레크리에이션을 위하여 다른 공간으로 이동할 수도 있다는 점에서 관광과 유사점이 있다.

특히 관광과 여가, 레크리에이션은 상호 연계되어 있으며, 독립적으로 존재하지는 않는다. 또한 관광과 여가, 레크리에이션은 동일한 공간을 공유할 수 있다는 속성도 있다. 예를 들어 로마, 뉴욕, 시드니, 서울, 광주 등의 공간에서 휴가와 휴식, 회의 등을 즐길 수 있는 것이 그것이다(Shaw and Williams, 2002).

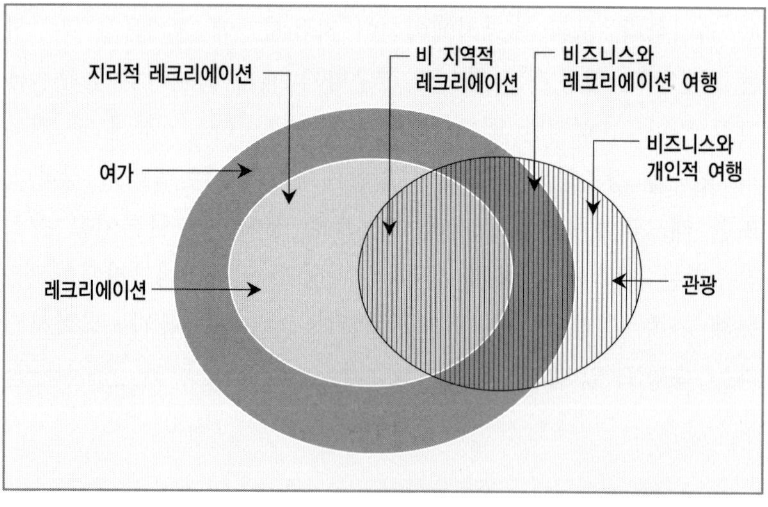

〈그림 1-2〉 관광, 여가, 레크리에이션의 관계(자료: Williams, 1998).

최근에는 여가, 레크리에이션, 관광 등이 혼합된 휴양관광, 비즈니스관광, 엔터테인멘트관광, 경관감상 관광 등 다양한 유형의 관광활동이 유행하기 때문에 관광, 여가, 레크리에이션은 일정한 관련성 및 상관관계를 가지고 있으며, 최근의 여행 및 관광행태를 보면, 이들 세 요소가 독립적으로 존재하는 것이 아니라 상호연관되어 있음을 알 수 있다(그림 1-2 참조).

2. 관광의 구조와 유형

1) 관광의 구조

관광이 인간의 이동에 의해 이루어진 활동 및 관광관련 사업활동과 관광객을 유치하는 지역사회의 활동 등을 포괄하기 때문에, 관광활동은 기본적으로 관광주체(관광객), 관광객체(관광자원), 그리고 관광매체(교통, 정보 등) 등의 3가지 요소로 구성된다. 그리고 이들 3가지 요소에 장소, 교통시설, 편익 및 서비스시설 등 다양한 사회경제적 요소의 영향을 받는다(권용우 외, 1995).

(1) 관광의 주체

관광을 구성하는 첫 번째 요소는 관광활동의 주체인 관광객의 존재이다. 관광객은 관광욕구 및 동기에 의해 관광활동을 유발하는 관광의 수요자임과 동시에 관광시장을 형성하는 관광의 소비자의 역할을 한다(권용우 외, 1995). 사람들이 관광에 대한 욕구를 가지지 않고, 관광을 위한 이동을 하지 않으면 기본적으로 관광현상은 발생할 수 없기 때문에 관광객은 관광현상에 있어서 가장 중요한 구성요소이다(岡本伸之, 2001).

관광활동을 수행하는 관광주체인 관광객의 정의는 다양하다.

Ogilvie(1993)는 거주지를 떠나서 돈을 소비하며 일시적으로 여행하는 사람을 관광객으로 보았고, 노동이민자가 아닌 여행을 위한 소비자를 뜻한다. Shaw and Williams(2002)는 관광객(tourists)을

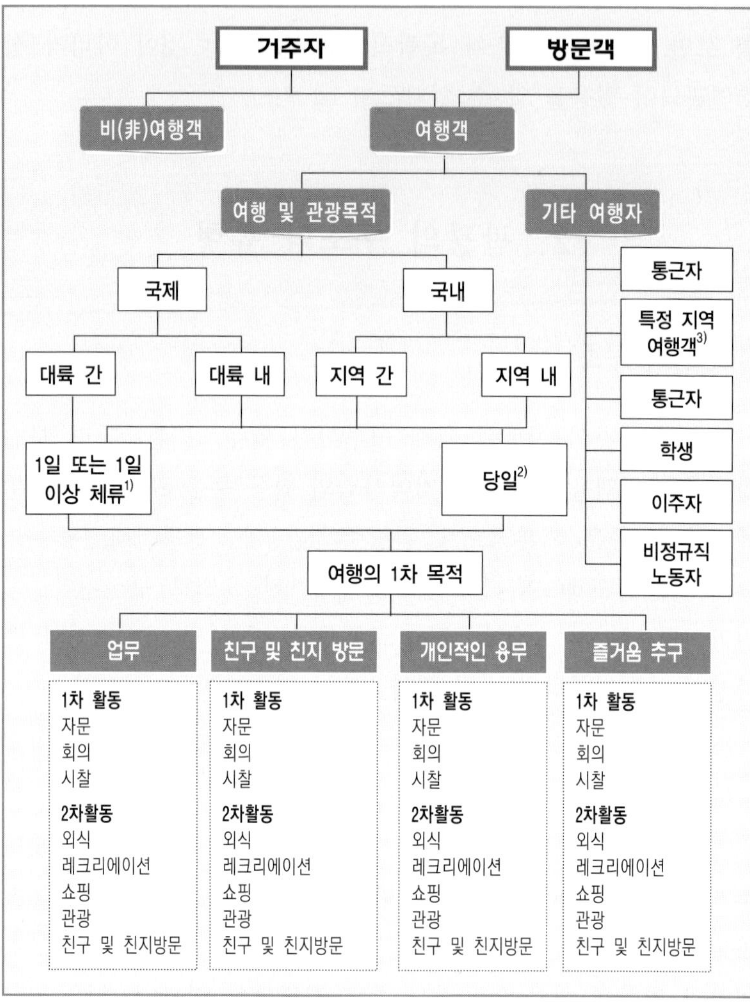

주: 1) 관광객(tourists)을 의미함
2) 행락객(excursionists)을 의미함
3) 여행과 관광을 위한 단거리 이동의 여행객을 의미함

〈그림 1-3〉 관광객과 행락객을 포함한 광의의 여행객 분류
(자료: Shaw and Williams, 2002).

여가 또는 비즈니스를 목적으로 최소한 24시간 이상 체재하거나 집단 및 개인 숙박시설에 1박 이상을 체류하는 일시적 방문객(temporary visitor)으로 규정하였다. 그리고 크루즈 여행객을 포함해서 24시간 미만 동안 체류하는 방문객을 행락객(excursionists)으로 간주하였다(그림 1-3 참조). 또한 둘 또는 그 이상의 지점 간을 통행하는 사람을 지칭하는 여행객(travelers) 또한 관광객의 범주에 포함된다(Shaw and Williams, 2002).

한편, 관광객은 한 가지 목적을 위해 여행을 하는 경우도 있지만, 대부분의 경우는 복수의 목적을 위해 관광지를 선택하고 한 번의 여행을 통해 많은 경험을 공유하는 것이 일반적이다. 따라서 관광목적과 관광경험에 의해 관광객의 유형은 다양하게 구분된다(Williams, 1998).

Cohen(1972)은 관광객을 개별 관광객인 방랑자(drifter)와 탐험가(explorer), 단체 관광객인 개별적인 단체 관광객(individual mass tourist)과 조직화된 단체 관광객(organized mass tourist) 등 4개의 유형으로 구분하였다. 아메리칸 익스프레스(American Express, 1989)는 관광객을 모험형(adventurers), 소극형(worriers), 환상형(dreamers), 경제형(economists), 탐닉형(indulgers) 등으로 유형화하였다(Shaw and Williams, 2002).

(2) 관광의 객체

관광을 구성하는 두 번째 요소는 관광객의 관광욕구를 충족시키는 대상이 되는 관광자원과 관광시설이다. 관광자원은 관광객의 관광대상인 관광지, 관광단지 등의 물리적 시설을 비롯하여 자연경관, 역사와 문화, 산업시설 등 다양한 요소로 구성된다. 최근에는 관광대상인 관광자원의 종류가 다양화되고 있는 추세이다.

한편 현대관광에서는 관광자원보다 관광객체로서 관광시설의 중요성이 강조되고 있다. 자연경관이 수려한 관광지에 위치하는 숙박시설과 관광리조트, 그리고 이들 시설에서 제공하는 관광서비스도 관광객체로서 중요한 기능을 수행하고 있다.

(3) 관광의 매체

관광을 구성하는 세 번째 요소는 관광객과 관광대상을 연결하는 매개의 역할이다. 관광의 매개기능을 수행하는 요소는 교통기관, 도로, 운송시설 등의 공간적인 매체, 여행사, 안내소, 컨벤션센터 등의 기능적인 매체, 그리고 숙박과 휴게시설 등을 포괄하는 시간적인 매체 등으로 구성된다. 관광진흥을 위한 각종의 정책과 제도도 매체기능을 수행한다.

2) 관광의 유형

(1) 공간적 범위에 의한 구분

관광활동이 이루어지는 공간적 범위는 매우 다양하지만, 크게 국제관광과 국내관광으로 구분된다. 국제관광은 국경을 통과하여 다른 나라로 이동하는 관광형태를 의미하고, 국내관광은 특정국가 내에서 행해지는 관광형태를 말한다.

최근 국제적 항공교통이 발달함에 따라 국제관광은 빠르게 성장하고 있는데, 국제관광은 역외관광, 역내관광, 내국인의 해외관광, 외국인의 해외관광 등으로 구분할 수 있다. 지역간 관광(inter-regional tourism)은 세계 여러 국가 및 지역 간에 이루어지는 관광, 즉 동부 유럽의 국가 및 도시를 이동하면서 행해지는 관광활동을 지칭하며, 지역 내 관광(intra-regional tourism)은 동일한 국가 또는 지역 내에서 행해지는 관광으로 동북 아시아의 중국과 한국, 일본 내에서 이루어지는 관광활동을 말한다.

또한 특정 국가로의 국제관광객의 입출국을 기준으로 아웃바

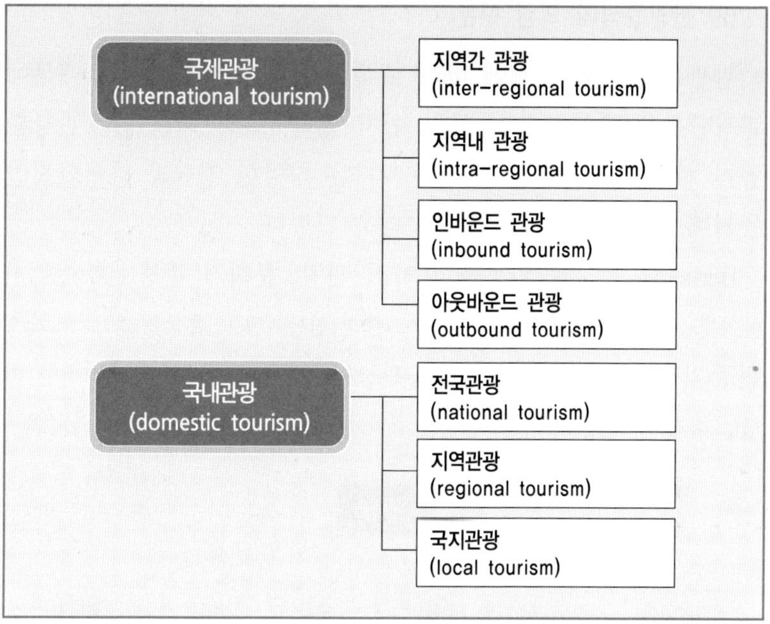

〈그림 1-4〉 공간적 범위에 의한 관광유형 구분(자료: 권용우 외, 1995)

운드(outbound) 관광과 인바운드(inbound) 관광으로 구분할 수 있다. 아웃바운드 관광은 특정 국가에 거주하는 관광객이 다른 국가를 방문하는 것으로 예를 들어 우리나라 사람들이 외국을 관광하는 경우를 말하며, 인바운드 관광은 그 반대의 이동을 지칭한다.

한편 국내관광은 특정 국가에 거주하는 관광객들이 외국으로 나가지 않고 자국 내에서 행하는 관광활동을 말하며, 국내관광은 관광활동이 이루어지는 공간적 범위에 따라 전국관광, 지역관광, 국지관광 등으로 구분되지만, 관광활동의 지리적 범위가 확대되면서 이들 관광유형을 엄격하게 구분하는 것은 쉽지 않다.

(2) 관광목적에 의한 구분

관광은 동기와 목적에 따라 매우 다양하게 이루어지기 때문에 관광활동을 유형화하는 것은 쉽지 않다. 특히 최근에는 관광활동이 하나의 목적을 달성하기 보다는 다양한 경험과 다복합적인 동기에 의해 행해지기 때문에 더욱 그렇다.

Bernecker는 관광활동을 보양적 관광, 문화적 관광(수학여행, 견학여행, 종교행사 참가 등), 사회적 관광(친목여행, 신혼여행 등), 스포츠 관광(각종 경기의 관람), 정치적 관광(정치관련 행사 및 목적을 위한 여행), 경제적 관광(전시회, 컨벤션 참가) 등으로 구분하였다.

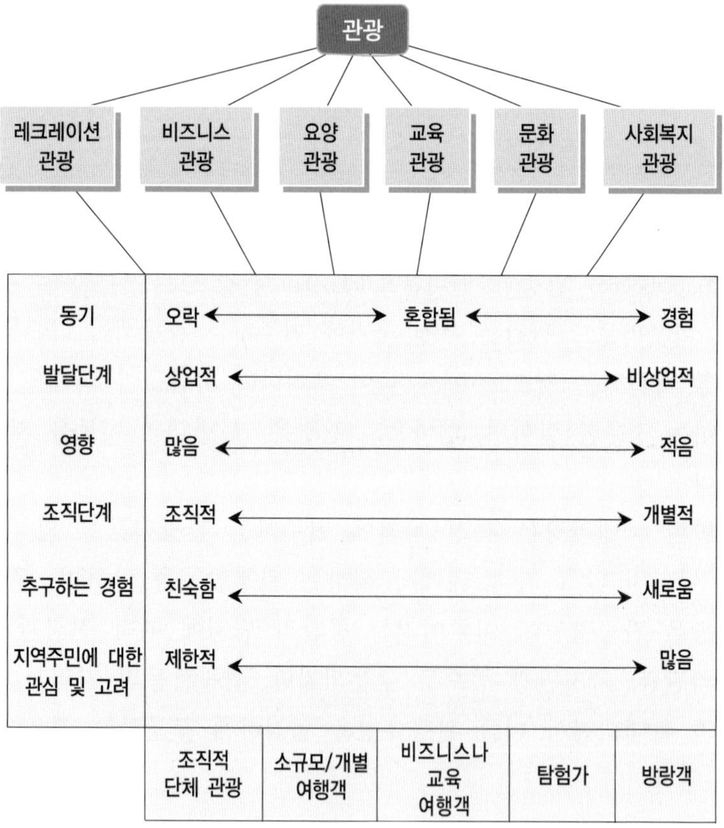

〈그림 1-5〉 관광활동과 관광객의 유형체계(자료: Williams, 1998)

Williams(1998)은 관광목적에 따라 관광활동을 레크리에이션관광, 비즈니스관광, 요양관광, 교육관광, 문화관광, 사회복지관광 등으로 구분하였다. 특히 최근에는 자연경관을 감상하고 주요 관광지를 방문하는 고전적인 관광활동에서 벗어나 비즈니스관광, 교육과 체험목적의 생태관광, 문화관광 등이 강조되면서 관광활동은 다변화되고 있는 추세이다(그림 1-5 참조).

3. 관광지리학의 주요 연구주제

관광은 기본적으로 인간의 사회적 활동이다. 뿐만 아니라 관광관련 활동과 산업은 국가 및 지역경제에서 중요한 생산요소이고, 관광관련 직업은 노동시장에 중요한 영향을 주는 요인이다. 또한 관광산업과 활동은 국가 및 지역사회에 중요한 환경적·사회적 영향을 제공한다(Shaw and Williams, 2002).

또한 관광 및 여가관련 활동은 사람과 재화 및 서비스의 국제적·지역적 이동을 수반하기 때문에 본질적으로 지리적 현상이다(Williams, 1998). 왜냐하면 관광지 및 관광자원의 지리적 분포는 관광객의 이동과 관광산업에 중요한 영향을 미치고, 나아가 관광관련 활동이 이루어지는 도시 및 지역사회의 변화에 일정한 영향을 미치기 때문이다.

관광활동이 전술한 속성을 가지고 있기 때문에 관광에 대한 지리학적 연구는 오랜 역사를 가지고 있고, 관광활동은 지리학의 중요한 연구주제 중의 하나였다. 최근에는 관광활동의 대중화와 세계화의 영향을 받아 지리학자들이 관광연구를 활발하게 수행하고 있다. 특히 지리학자들은 관광학, 사회학, 인류학, 경제학 등 다른 학문분야에서 개발한 접근방법과 개념에 공간적인 관점을 접목시켜 관광 및 여행과 관련된 연구문제의 다양성을 해석하고 규명하기 위해 노력하고 있다(Ioannides and Debbage, 1998).

실제로 관광활동에 대한 지리학적 연구는 매우 다양하게 이루어지고 있다. 관광, 여가, 여행 그 자체에 대한 연구를 비롯하여 관광객 행태, 관광수요과 공급의 공간적 분포와 특성, 관광활동의 경제적·사회적·문화적·환경적 영향, 관광지 개발과 문제점 등이 그것이다. 따라서 여기에서는 관광지리학의 주요 연구주제와 접근방법의 변화에 따른 연구주제의 다양성 등에 관해 살펴보려고 한다.

1) 관광지리학의 주요 연구주제

지리학의 주요 관심사는 지표공간에 이루어지는 인간활동의 공간적 특징이고, 관광활동 또한 인간의 중요한 사회적·경제적 활동이기 때문에 관광지리학에서는 관광활동의 공간적 특징을 규명하는 것이 주요 과제였다. 하지만 관광활동은 지역의 정치·경제·사회·문화적 맥락 속에서 이루어지고, 이들 특성과 관광활동은 상호 밀접한 관련성이 있으므로 관광활동에 대한 연구영역은 매우 광범위하다.

관광지리학자들이 전통적으로 관심을 갖고 연구한 주제는 관광객의 이동과 행태, 지역주민과 관광객의 관계, 관광지의 구조와 개발 등이었다(Shaw and Williams, 2002). 그러나 최근 관광산업이 경제활동의 주요 부문으로 기능하고 있고, 관광활동이 다양화·대중화·국제화 되면서 관광지리학의 연구주제와 범위 또한 경계를 획정하기가 쉽지 않다. 일부 관광지리학자들은 관광지리학의 연구주제를 다음과 같이 분류하고 있다(Hall and Page, 2002).

Pearce(1979)은 주요 연구주제를 관광공급 및 수요의 공간적 패턴, 리조트의 지리학, 관광객 이동, 관광의 영향, 관광객 공간

(tourist space)의 모델화 등을 제시하였고, 그 후에는 관광활동의 모델화, 관광객 여행의 수요, 국제적 관광패턴, 국가간 여행 패턴, 국내의 관광객 이동, 관광활동의 공간적 변화, 관광의 국가적 지역적 구조, 섬 지역에서 관광의 공간구조, 해안 리조트 관광, 도시관광 등을 제시하였다.

Smith and Michell(1990)는 주요 연구주제를 관광의 공간적 패턴, 제3세계 관광활동, 관광의 발달과정, 관광연구방법, 관광계획, 해안관광, 관광숙박시설, 리조트 사이클, 관광대상지 등으로 구분하였다. 또한 Mitchell and Murphy(1991)는 관광활동의 환경적 · 지역적 · 공간적 측면과 전개과정 등으로 분류하였다.

Hall and Lew(1998)는 관광활동의 환경적 · 지역적 · 공간적 측면, 관광계획, 도시관광, 관광의 현대화와 발달, 관광활동에

〈표 1-1〉 관광지리학의 주요 연구주제에 대한 학자별 분류

주요 학자	관광지리학 연구주제
Pearce(1979)	수요의 공간패턴, 공급의 공간패턴, 리조트 지리학, 관광객 이동과 유동, 관광의 영향, 관광공간의 모델화
Smith and Mitchell(1990)	공간패턴, 제3세계 관광, 관광발달, 관광영향, 관광연구방법, 계획과 발전, 해안관광, 관광숙박, 리조트 주기, 관광개념, 관광대상지
Mitchell and Murphy(1991)	환경적 측면, 지역적 측면, 공간적 측면, 발전적 측면
Pearce(1995)	관광모델화, 관광수요, 국제관광 패턴, 국가간 관광 패턴, 국내관광 이동, 관광의 공간변화, 관광의 국가적 · 지역적 구조, 섬 지역 관광의 공간구조, 해안 리조트, 도시관광
Hall and Lew(1998)	환경적 측면, 지역적 측면, 공간적 측면, 발전적 측면, 관광계획, 도시관광, 현대화와 발전, 성과 정체성, 장소마케팅과 홍보, 세계화와 경제문화적 변화, 지속가능한 발전

자료: Hall and Page(2002)

있어서 여성(gender)과 정체성, 장소마케팅과 관광홍보, 관광의 세계화와 경제적·문화적 변화, 관광의 지속가능한 발전 등으로 연구주제를 분류하였다

한편 최근에는 관광활동이 국제적으로 이루어지기 때문에 관광객 이동의 국제적 공간분포와 패턴을 비롯하여 장소마케팅, 축제의 지리학, 문화유산관광, 그리고 대안관광(alternative tourism) 등에 대한 연구도 활발하게 행해지고 있다(신용석, 2005).

전술한 것과 같이, 관광지리학자들이 관심을 갖는 연구주제는 매우 다양하다. 하지만 관광지리학의 전통적인 연구주제인 관광객의 이동과 행태, 관광지역과 관광객의 관계, 관광지의 구조와 개발 등을 포함하여 관광지리학자들이 관심을 갖는 주요 연구주제를 종합하면, 다음과 같이 5개 영역으로 분류할 수 있다(Williams, 1998).

(1) 관광객의 이동과 관광행태

관광의 본질적인 특성은 지리적 이동이고, 이동은 관광객에 의해 이루어진다. 그러나 관광객의 이동범위는 거주지와 인접한 국지적 규모에서 시작하여 지역적, 국가적, 세계적 규모로 확대되고 있다. 관광객의 규모도 개별 관광객을 비롯하여 가족관광객, 단체관광객 등 다양하다(Williams, 1998). 그리고 관광의 주체인 관광객은 다양한 동기와 목적을 가지고 관광지로 이동하고, 관광지에서는 다양한 유형의 관광을 체험한다. 따라서 관광의 첫 번째 구성요소인 관광객의 관광지 이동과 관광행태는 관광지리학의 전통적인 연구주제였고, 오늘날에도 지속되고 있다.

(2) 관광현상의 공간적 분포

관광현상의 공간적 분포란 관광의 주체인 관광객의 거주지 분

포를 비롯하여 관광대상지인 관광지 및 관광단지, 관광객에게 관광서비스를 제공하는 편익시설의 분포를 의미한다. 즉, 관광객이 이동하는 대상지는 도시, 농촌, 해안리조트, 국립공원, 산업단지, 축제장소와 컨벤션 등 다양하다. 관광지리학자들은 관광수요를 제공하는 잠재적 관광객의 거주지와 관광객에게 관광서비스를 제공하는 공급지인 관광시장의 공간적 분포, 관광수요와 공급의 공간적 관계, 관광객을 이동시키는 운송체계의 공간적 분포와 연계 등에 관심을 갖고 있다.

(3) 관광의 영향과 효과

관광지리학자는 관광활동으로 인해 관광지 및 주변지역에서 나타나는 경제적·사회적·문화적·환경적 측면의 영향과 효과를 파악하는데 많은 관심을 가지고 있다. 특히 관광객의 소비활동으로 나타나는 경제적 효과는 물론이고 관광지 개발에 따른 지역고용 창출과 경제적 파급효과에 관심이 많다. 또한 관광객의 방문이 지역사회에 미치는 사회적·문화적 영향, 즉 교통의 혼잡과 범죄발생을 비롯하여 관광객의 유입으로 인한 지역공동체 파괴, 지역사회의 정체성 약화, 관광객과 지역주민 간의 갈등 등에 대한 연구가 그것이다. 최근에는 관광객의 유입으로 관광지역의 환경적 피해와 오염 등에 관한 연구도 많이 행해지고 있다.

(4) 관광지 개발과 계획

관광지의 개발과 계획은 관광지리학자의 전통적인 연구주제 중의 하나로, 관광지리학의 응용분야에 해당한다. 관광활동이 이루어지는 관광지의 개발과 계획은 지역의 관광산업 활성화는 물론이고 관광객에게 양질의 관광서비스를 제공한다는 측면에서 매우 중요한 요소이다. 예를 들어, 온천관광지의 개발과 계획, 경관이 수려한 해안지역의 리조트 단지 개발, 디즈니랜드와 같은 테마파크의 개발과 계획, 관광지의 기반시설 확충, 관광편익시설의 계획과 공간적 배치, 관광수요를 고려한 관광지 개발규모의 산정 등은 관광지리학자의 연구가 많이 이루어지는 주제이다.

(5) 관광활동의 공간적 모델(model)

관광지리학자들이 관심을 갖는 연구주제 중의 하나는 관광활동의 공간적 특성에 관한 개념화 및 모델화 작업을 통한 이론적 접근이라 할 수 있다. 지리학에서 개발된 각종의 개념과 모델을 관광활동의 공간적·지역적·발전적 측면에 접목시켜 관광활동을 설명하고 해석하려는 시도이다. 다양한 지리적 규모에서 시간에 따른 관광유형의 변화와 발달, 특정 국가 내 또는 국가 간 관광의 공간적 확산, 리조트와 관광지의 계층적 발전과정, 관광객의 이동과 거리효과, 관광수요의 예측과 관광세력권 설정 등이 이 범주에 해당한다(Williams, 1998).

2) 관광지리학의 주요 접근방법

앞에서 제시한 주요 연구주제는 지리학의 패러다임 변화와 밀접한 관련성이 있기 때문에 관광지리학의 연구주제 또한 접근방법에 따라 변화를 보이고 있다. 즉 기존의 경험주의적 접근방법에서 논리실증주의적 접근, 인본주의적 접근, 비판주의적 접근으로 지리학의 연구 패러다임이 전환됨에 따라 연구주제 또한 다양하게 나타나고 있다(신용석, 2005).

특히 최근에는 전통적으로 관광지리학에서 많이 이루어진 공간 모형과 행동주의적 접근에서 벗어난 새로운 접근방법이 많이 이루어지고 있다. 첫째는 관광현상에 대한 정치경제적 접근으로 문화와 장소의 상품화, 자본주의 체제에서 관광생산과 소비의 특징과 문제, 선진국 의존형의 저개발 국가 관광구조 등에 관한 연구가 시도되고 있다. 둘째는 관광이 행해지는 장소에 대한 문화적 해석을 강조하는 인본주의적 접근방법이다. 즉, 관광이 행해짐과 동시에 관광객을 유인하는 장소에 대한 포스트 모더니즘적 해석과 상징화에 대한 연구가 발표되고 있다.

〈표 1-2〉 영미 관광지리학에서의 접근방법과 연구주제의 특성

구 분	주요 연구주제	특 성
경험주의 접근방법	▪ 관광지역의 형성과정에 대한 기술 ▪ 관광지역의 현황과 지역적 특색	▪ 개별지역에 대한 기술적 연구로 각 지역의 특색에 대한 설명에 주력 ▪ 1960년대 이후에도 관광지리학의 유용한 방법론으로 명맥 유지
실증주의 접근방법	▪ 공간분석을 통한 관광지역 구조 연구 ▪ 관광수요모형, 관광지 수명주기이론 등의 모델 구축	▪ 관광현상의 일반적 설명이 가능한 모델구축에 노력 ▪ 관광개발과 정책수립 부분에 응용지리학으로서의 역할 중시(관광의 사업적, 발전적 도구 강조)
인본주의 접근방법	▪ 관광객 행태분석, 시공간적 패턴연구 ▪ 관광지역의 장소성 상실, 인위적 장소성 구축 등	▪ 관광객 행태분야 연구에서 환경적 제약에도 비중을 둠 ▪ 관광지리학의 비판주의 접근에 영향(개인에서 개인과 사회로의 연구관점 확대)
비판주의 접근방법	▪ 관광의 상품화, 관광객의 관심 ▪ 관광행위와 소비과정, 장소마케팅 특성	▪ 신문화지리학과도 관련(문화정치학, 포스트모더니즘) ▪ 관광지리학의 가치중립적인 접근법 비판(관광행위의 정치성, 문화적 의미 파악 강조)

자료: 신용석(2005)

참고문헌

권용우 외, 1995, 관광과 여가, 도서출판 한울.

김병문, 2004, 관광지리학, 백산출판사.

김홍운, 1994, 관광지리학, 일신사.

문영철, 1997, "한국 관광지리학의 연구동향과 과제", 한국지역지리학회지, 제3권 제2호, pp. 89-103.

신용석, 2005, "영미 관광지리학의 변천에 대한 통시적 고찰: 연구접근법과 연구주제를 중심으로, 대한지리학회지, 제40권 제4호, pp. 387-401.

이정록 · 안종현, 2004, "지역관광의 진흥을 위한 관광마을 만들기 전략", 지역개발연구, 제36권 제1호, 전남대학교 지역개발연구소, pp. 177-193.

장병권 외 역, 2000, 현대관광론, 일신사

岡本伸之, 2001, 觀光學入門, 有斐閣アルマ(최규환 역, 2003, 관광학입문, 백산출판사).

Hall, C. M and Page, S. J., 2002, *The Geography of Tourism and Recreation: Environment, Place, and Space(Second Edition)*, London: Routledge.

Ioannides D. and Debbage, K. G., 1998, *The Economic Geography of the Tourist Industry,; A supply-side analysis*, London: Routledge.

Peace, D., 1995, *Tourism Today: A Geographical Analysis(Second Edition)*, Essex; Longman Science & Technical.

Shaw G. and Williams A. M., 2002, *Critical Issues in Tourism; A Geographical Perspective(Second Edition)*, Oxford: Blackwell.

Smith, S., 2002, *Tourism Analysis: A Handbook(Second Edition)*, Longman.

Williams, S., 1998, *Tourism Geography*, London: Routledge(신용석 · 정선희 옮김, 1998, 현대 관광의 이론과 실제, 한울 아카데미).

CHAPTER 2

관광자원과 관광지

관광지와 관광자원은 관광주체인 관광객이 이동하고 방문하는 대상지로, 관광을 구성하는 두 번째 요소이다. 관광객이 주로 방문하는 국립공원, 해수욕장, 스키장 등을 비롯하여 해안 리조트, 테마공원, 박물관, 전시회가 열리는 컨벤션 센터 등이 대표적인 관광지에 해당한다. 그리고 관광객의 관광활동을 원활하게 하는 관광자원도 자연적, 사회적, 문화적, 산업적 관광자원 등 매우 다양하다

그러나 관광지와 관광자원은 시대에 따라 그리고 관광객의 동기 및 행태에 따라 변화한다. 오늘날에 와서는 관광객의 관광행태가 다양화되고 있고 관광목적도 복합적으로 변화하고 있기 때문에 관광대상인 관광지와 관광자원의 속성을 분류하고 규정하는 것은 쉽지가 않다. 하지만 이 장에서는 관광지와 관광자원의 특성을 파악하고, 우리나라의 주요 지역을 사례로 관광지와 관광자원을 살펴보려고 한다. 그리고 호남지역을 사례로 한 관광지 및 관광자원에 관한 내용은 이정록의 연구성과(2004)를 토대로 재구성하였다.

1. 관광자원과 관광지의 특징

1) 관광자원의 개념과 특징

관광자원이란 관광활동이 행해지는 대상체로서, 관광객의 관광동기나 관광행동을 유발하도록 매력과 유인성을 보유하고 있으면서 관광객의 욕구를 충족시켜 주는 유형과 무형의 소재 및 관광활동을 원활하게 하는 데 필요한 제반 요소를 총칭한다(임주환 외, 1998). 그러나 관광자원은 매우 광범위하고 다양하기 때문에 학자들에 따라 개념 정의도 상이하다.

관광자원은 매우 다양하지만, 일차적으로 관광자의 욕구와 동기를 유발하고 관광객의 행동을 발생시키는 관광 매력성이 있어야 한다. 또한 관광자원은 개발을 통해 관광지 및 관광대상으로 전환되며, 사회구조나 시대에 따라 관광자원의 가치성은 변화하는 특성을 가지고 있다(김광근 외, 2001).

일반적으로 관광자원은 크게 유형의 자원과 무형의 자원으로 분류되며, 유형의 자원은 자연적 관광자원, 문화적 관광자원, 사회적 관광자원, 산업적 관광자원 등으로 세분된다. 숙박 및 레크리에이션 시설도 관광객의 행동을 유도한다는 점에서 관광자원으로 분류하기도 한다(岡本伸之, 2001).

Gunn은 관광자원을 관광행동의 유형에 따라 주유형 관광자원과 체재형 관광자원으로 구분하였다. 주유형 관광자원에는 도로변의 경과지, 자연야영장, 축제장소, 문화적 장소, 토속음식지역, 레크리에이션, 역사유물과 유적지, 민속지역, 쇼핑지역, 주제공원 등에 속한다. 체재형 관광자원은 숙박지역 내 또는 관광지 주변에 체재하면서 관광활동의 대상이 되는 것으로 휴양지, 야영장, 집단야영장, 민박지, 카지노, 스키장 등이 해당한다(신우성, 2004).

〈표 2-1〉 관광자원의 일반적인 분류

구 분	관광자원의 주요 요소
자연적 관광자원	산악, 고원, 호수, 하천, 습지, 협곡, 폭포, 해안, 산림, 지질, 도서, 온천, 동식물, 자연현상 등
문화적 관광자원	유적, 사적지, 사찰, 건축물, 유형문화재, 무형문화재, 기념물, 민속자료, 공원, 성역, 향토민속축제, 박물관, 미술관 등
사회적 관광자원	풍속, 축제, 생활, 예술, 종교, 교육, 음악, 무용, 스포츠, 음식,
산업적 관광자원	공업단지, 유통단지(쇼핑몰), 관광목장, 백화점, 전시회, 공연시설, 교량 등
레크리에이션 관광자원	유원지, 야영장, 수영장, 스키장, 테마파크, 카지노, 승마장, 수렵장, 낚시터 등
복합적 관광자원	역사경관, 전원경관, 향토경관, 도시경관 등

(1) 자연적 관광자원

자연적 관광자원(natural tourism resources)은 기본적으로 자연경관을 대상으로 하며, 관광대상에서 가장 기본적인 자원에 해당한다. 또한 자연적 자원은 도로·교통·숙박시설 등 관광관련 하부구조와 결합되어 관광자원의 가치를 제고시키고 대규모 관광단지로 발전하는 경우도 있다.

자연적 관광자원으로는 산악, 하천, 호수, 해안, 도서, 삼림, 동굴, 폭포, 희귀 동식물 등이 대표적이며, 미국의 옐로우스톤 국립공원(national park)을 비롯하여 우리나라의 지리산 국립공원, 설악산 국립공원, 다도해해상 국립공원, 월출산 국립공원, 삼림욕장, 그리고 일본의 유명한 온천지 등이 여기에 속한다.

(2) 문화적 관광자원

문화적 관광자원이란 문화적·역사적·예술적으로 가치가 있는 유형·무형의 문화유적과 자산을 포괄하는 개념이다. 문화적 관광자원에는 건축물·회화·조각·공예품 등의 유형문화재, 연극·무용·공예기술 등의 무형문화재, 패총·고분·사적지·명승지 등의 기념물, 그리고 의식주·종교·풍습·가옥 등의 민속자료가 있다.

또한 문화재와 각종의 민속자료를 보유하고 전시하는 전시공간인 박물관과 미술관은 대표적인 문화적 관광자원에 속한다. 우리나라의 국립·도립·시립박물관을 비롯하여 전문박물관인 김치박물관, 항공기박물관, 화폐박물관, 나주배박물관, 전통술박물관, 종이박물관, 공룡화석박물관 등의 전문박물관이 여기에 해당한다(김광근 외, 2001).

(3) 사회적 관광자원

사회적 관광자원이란 특정 국가 및 지역의 역사와 전통, 과거의 생활상을 이해하고 현재의 변화 및 발전과정을 이해하는 데 도윰이 되는 도시의 사회·문화적 환경, 생활문화, 지역의 역사·민속·풍습, 주민의 생활자료와 공공시설물 등 국민적·민족적 자원을 포함한다(권용우 외, 1995; 신우성, 2004). 하지만 사회적 관광자원은 문화적 관광자원 및 산업적 관광자원의 속성도 공유하기 때문에 사회적 관광자원의 속성을 이들 관광자원과과 명확하게 구분하기란 쉽지 않다.

오늘날 관광객이 주로 많이 방문하는 사회적 관광자원에는 도시가 보유한 다양한 교육·문화시설, 전통적인 지역축제 및 관광이벤트, 지역특산물과 고유한 향토음식, 민속마을, 농촌테마마을 등이 있다(신우성, 2004).

(4) 산업적 관광자원

산업적 관광자원은 특정 국가나 지역의 산업화 과정에서 만들어진 각종의 산업시설을 말하며, 농업·임업·수산업·광공업·

상업 등을 비롯하여 신기술, 현대적인 건물과 고속도로, 대규모 교량 등이 여기에 해당한다.

농업관련 산업자원에는 대규모 목장과 수원, 관광농원 등이 대표적이며, 임업과 관련해서는 수목원과 심림욕장, 수목전시관, 수산업과 관련해서는 해양목장, 어촌공원, 마리나, 공업과 관련해서는 산업단지, 기업과 공장(첨단산업, 조선소, 자동차 공장, 제철소 등), 광산, 상업관련 자원으로는 백화점과 쇼핑시설(재래시장, 쇼핑거리, 쇼핑몰 등) 등이 대표적인 자원에 속한다.

(5) 레크리에이션 및 복합적 관광자원

레크리에이션 관광자원은 위락적 관광자원이라고도 하며, 테마파크, 카지노, 각종 스포츠 및 관련 경기대회(올림픽, 월드컵, 골프대회, 경마, 자동차 경주 등), 리조트, 크루즈, 마리나 등이 대표적인 자원에 속한다(신우성, 2004).

복합적 관광자원은 전술한 자연적·문화적·사회적·산업적 관광자원이 복합적으로 결합된 형태로서 역사경관(역사적 의미성을 가진 거리, 주거단지 등), 수려함과 장소적 의미성을 보유한 농산어촌의 전원경관, 특정 향토적 특징을 보유한 향토경관, 그리고 도시경관 등이 있다(岡本伸之, 2001).

2) 관광지의 개념과 특징

(1) 관광지의 개념

우리가 자주 사용하는 용어인 관광지의 개념과 공간적 범위는 매우 다의적이며 광범위한 것이 특징이다. 관광지는 관광객의 관광동기와 목적을 충족시키는 관광대상지이다. 관광지는 자연·인문·산업 등의 관광자원을 보유하고, 관광객의 관광활동을 위한 기반시설을 비롯하여 숙박시설, 편익시설 등이 입지한 지리적 공간을 말한다.

관광지는 관광활동이 이루어지는 일정한 공간이다. 그렇지만 특정 도시 또는 지역 전체가 관광객의 관광목적을 충족시킬 수 있기 때문에 관광자원과 동일하게 간주되고 관광자원에 포함된다. 그렇지만 관광자원이 일정한 지역과 범위라는 공간적 개념을 갖지 않는다는 점에서 관광지와 차이가 있다. 또한 관광지는 관광객의 관광행동이 실제로 이루어지는 공간이라는 속성과 함께 추상적·개념적 공간의 속성도 가지고 있는 것이 특징이다(박석희, 1989).

또한 일정한 공간적 범위를 갖는 관광지의 규모는 매우 광범위하다. 특정의 작은 공간인 박물관·공원에서부터 재래시장이라는 보다 넓은 공간, 그리고 서울, 뉴욕, 전라도, 홋카이도 등에 이르기 까지 관광지의 범역은 매우 다양하고 넓다.

(2) 관광지의 유형

관광지의 유형은 매우 다양하다. 일본의 관광학자 岡本伸之(2001)는 관광지를 협의 개념의 관광지, 레크리에이션 관광지, 그리고 숙박시설 중심의 관광지 등으로 구분하였다. 협의의 관광지란 특정 공간이 관광지로 기능하는 것으로 사찰, 국립공원, 도시의 특정 지구 등이 해당한다. 레크리에이션 관광지는 스키장, 해수욕장, 골프장 등을 말하며, 숙박형 관광지는 온천지구가 대표적이다.

그러나 일반적인 관광지 유형은 자원의 특성을 기준으로 자연자원 중심의 관광지, 인문자원 중심형 관광지, 종합자원형 관광지 등으로 구분된다. 자연자원 중심형 관광지는 백두산, 금강산, 미국의 그랜드 캐년 등 자연경관을 보유하는 장소를 비롯하여 스키장, 해수욕장, 자연휴양림 등이 여기에 포함된다.

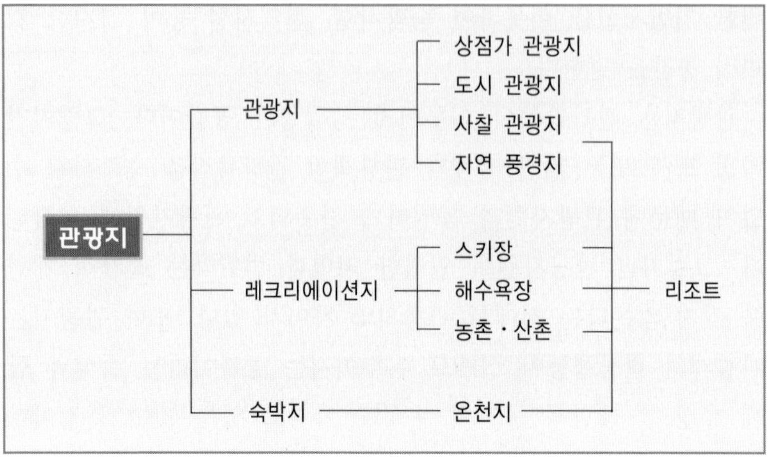

〈그림 2-1〉 관관지의 3대 유형(자료: 岡本伸之, 2001)

인문자원 중심형 관광지는 미국의 디즈니랜드와 같은 테마파크를 비롯하여 사찰, 역사적 명소, 도시의 쇼핑거리, 컨벤션 센터 등이 대표적이며, 종합자원형 관광지는 다양한 유형의 리조트가 대표적인 사례이다.

2. 호남지역의 관광지 및 관광자원[1)]

1) 관광지 및 관광단지 현황

(1) 관광지의 현황

우리나라에서 관광지가 본격적으로 개발되기 시작한 것은 1980년대이고, 주로 정부의 재정지원에 의해 관광지가 조성되었다. 그리고 1994년부터 관광지 지정 및 조성계획의 승인권한을

1) 이정록, 2004, "전라지방: 관광 및 여가활동", 한국지리지: 전라 · 제주편, 국토지리정보원, pp. 331-370의 내용을 수정 · 보완하였다.

〈표 2-2〉 호남권에 지정된 관광지의 현황(2004년 6월말 현재) (단위: 개)

시 · 도	지정 개소	관 광 지 명
전 남	25	담양호, 장성호, 영산호, 화순온천, 우수영, 땅끝, 성기동, 회동, 녹진, 지리산온천, 도곡온천, 도림사, 대광해수욕장, 율포해수욕장, 성두도, 불갑사, 나주호, 지석강, 월출산온천, 대구도요지, 사포, 녹차 · 소리문화공원, 회산연꽃방죽, 홍길동테마파크, 마한문화공원
전 북	20	남원, 은파, 사선대, 방화동계곡, 금마, 운일암 · 반일암, 석정온천, 금강호, 위도 해수욕장, 성수온천, 모악산, 김제온천, 상송온천, 익산 웅포지구, 죽림온천, 내장산리조트, 약수온천, 정읍 목욕리온천, 모항, 왕궁보석테마
합 계	45	

자료: 문화관광부, 2004, 2004년도 관광동향에 관한 연차보고서

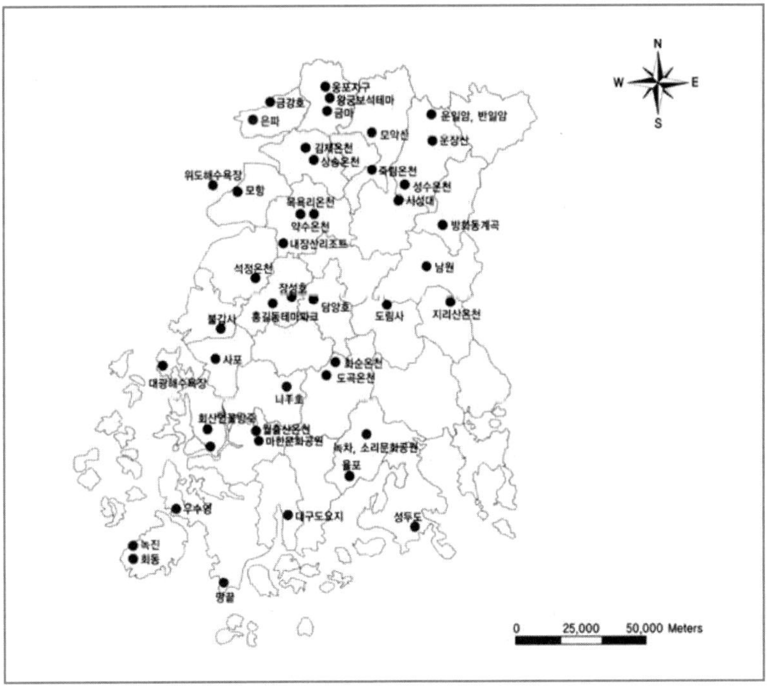

〈그림 2-2〉 호남권의 주요 국 · 도립공원과 관광지의 분포
(자료: 문화관광부, 2003)

시·도지사에게 위임하면서, 관광지의 개발은 급속히 확대되었다. 관광자원성이 풍부하고 관광객의 접근이 용이한 지역에 관광객 편익시설을 설치하여 개발한 관광지의 경우, 전국에 216개소(2004년 6월말 현재)가 지정되어 있다.

광주를 포함한 전남·북지역에 지정된 관광지는 45개소로서 전국의 20.8%를 차지하고 있다. 그러나 전남지역(25개소)과 전북지역(20개소)에 지정된 관광지는 다른 시·도에 비하면 그렇게 많지는 않다. 즉, 강원도(38개소), 경북(29개소), 충남(24개소)에 비해 적은 실정이다. 호남권에 지정된 관광지의 분포는 〈표 2-2〉에 제시된 것과 같다.

(2) 관광단지의 현황

우리나라에서 관광진흥법에 의해 지정된 관광단지는 전국에 10개소가 있으며, 제주도 중문단지, 경주시의 보문단지, 원주시의 월송단지, 평창군의 봉평 관광단지는 일부시설을 완공하여 운영 중에 있다(2004년 6월 현재). 우리나라에서 가장 먼저 개발된 관광단지는 일본인 관광객을 유치하기 위해 건설된 경주의 보문관광단지이다.

전남·북 지역에 유일하게 지정된 관광단지는 해남화원관광단지이다. 해남 화원관광단지는 전국토의 균형발전을 도모하고 서남해안의 해상관광자원을 활용한 대단위 휴식공간을 조성하여 한·중 수교에 따른 서해안시대의 개발에 대비한 국제적 수준의 거점 관광단지로 조성할 방침으로 2011년 개발완료를 목표로 한국관광공사가 개발 중이다(표 2-3 참조).

해남화원관광단지 개발계획의 과정을 살펴보면, 1991년 11월에 기본계획을 수립하여 1992년 10월에 관광단지로 지정되었다. 그리고 1994년 6월 조성계획 승인이 승인되어 2004년 6월말 현재 토지매입(99%)이 완료되어 기반조성공사(16km)가 시행중에 있고, 골프장(27홀) 건설사업도 추진 중에 있다.

전남 해남군 화원면 주광리 · 화봉리 일대의 약 5.084km^2 규모의 해남 화원관광단지는 낮은 구릉지와 굴곡이 심한 리아시스식 해안 및 서다도해의 풍부한 관광자원 등 자연조건이 매우 양호하여 주변의 해안경관을 활용한 환경친화적 개발을 추진할 계획이다. 또한 단지 내에는 마리나 시설을 포함한 다양한 해양위락시설, 관광호텔, 콘도, 가족호텔, 골프장, 민속촌, 휴양병원, 기업 휴양촌, 상가 및 공공지원시설 등을 조성할 계획이다.

그리고 해남화원관광단지는 전남지역이 의욕적으로 추진하고 있는 전남의 서남해안 관광개발사업인 일명 '전남 J-프로젝트'의 거점지역으로서 향후 전남지역 서남해안의 해안관광개발과 관련하여 주목되는 지역이다.

〈표 2-3〉 전남 해남화원관광단지(2004년 6월 현재)

단지명	위치	개발 면적 (km^2)	투자 규모 (억원)	개발 기간	2003까지 개발실적 (억원)	'04년도 투자계획 (억원)	개발 주체
해남 화원	전남 해남군 화원면 주광리, 화봉리 일원	5,084	10,516	'91~ 2011	758	115	한국 관광 공사

자료: 문화관광부, 2004, 2004년도 관광동향에 관한 연차보고서

2) 자연적 관광지 및 관광자원 분포

(1) 국립공원의 분포와 특징

국립공원이란 국내외적으로 자랑할 수 있는 자연의 명승지, 유서깊은 사적, 희귀한 동식물을 보호 · 개발하여 국민의 보건(保健), 휴양(休養), 교화(敎化)를 위하여 국가가 설정한 자연공원

을 말하는 것으로, 1872년 미국이 옐로우 스톤(Yellow Stone)을 국립공원으로 지정한 것이 세계 최초이다. 우리나라는 1967년 12월 지리산을 최초의 국립공원으로 지정한 이래 1988년 6월 도립공원이던 전북의 변산반도, 전남의 월출산을 국립공원으로 승격·지정함으로써 2004년 현재 20개의 국립공원이 지정되어 있다.

호남지역에는 7개의 국립공원이 지정되어 있으며, 우리나라 전체의 국립공원 지정면적에서 전남·북 지역이 차지하는 비율은 59.9%인 3,863.08km^{2}에 이르고 있다. 전남·북지역에서 지정된 국립공원에서 내륙의 산악경관을 자원으로 하는 국립공원은 전국 최초로 지정된 지리산 국립공원을 비롯하여 내장산·덕유산·월출산 등이 있고, 해안경관 중심의 국립공원에는 다도해, 변산반도, 한려해상 등이 있다. 특히 지정면적의 규모와 수는 전국에서 가장 많은 비중을 점하고 있다. 전남·북 지역이 다른 지역에 비해 국립공원에서 차지하는 비중이 상대적으로 많은 주요 배경은 다도해해상 국립공원이 넓은 면적을 차지하기 때문이다.

〈표 2-4〉 호남권 국립공원의 지정현황 (단위: km^2)

연번	공원명	위 치	지정년월일	면적km^2	비 고
1	지 리 산	전남·북, 경남	1967. 12. 29.	471.75	
2	한려해상	전남, 경남	1968. 12. 31.	545.63	해상: 395.48
3	내 장 산	전남·북	1971. 11. 17.	81.72	
4	덕 유 산	전북, 경남	1975. 2. 1.	231.65	
5	다도해상	전남	1981. 12. 23.	2,321.51	해상: 1,986.68
6	변산반도	전북	1988. 6. 11.	154.72	해상: 9.20
7	월 출 산	전남	1988. 6. 11.	56.10	

자료: 환경부(2004).

(2) 도립공원과 군립공원의 분포

도립공원은 도민의 휴양이나 보건, 레크리에이션 및 야생동식물의 번식 · 보호 · 보존을 목적으로 도내 자연경승이 수려한 범위를 지정 · 고시한 자연공원을 말한다. 우리나라의 도립공원은 1970년 6월에 지정된 금오산 도립공원을 비롯하여 2004년 현재 22개소가 있다. 전체 면적은 747.86km^{2}로 전국토의 0.75%를 점하고 있다.

광주광역시를 포함한 전남 · 북 지역에 지정된 도립공원은 9개소이며(표 2-5 참조), 이는 전국의 40.9%를 차지하고 있다. 또한 면적을 기준으로 하면 250.8km^{2}로서 전국 전체의 33.8%를 차지한다. 9개의 도립공원 중에서 모악산 도립공원이 가장 빠른 1971년에 지정되었고, 무등산 도립공원이 이듬해인 1972년에 지정되었다. 지정된 도립공원은 대부분 내륙의 산악경관과 주요 사찰이 주요 관광자원으로 기능하고 있는 것이 특징적이다.

한편, 군립공원은 특정 군지역을 대표할 수 있는 수려한 자연적 자원과 여건을 보유하고 있는 범위를 선정하여 군립공원으로

〈표 2-5〉 호남권 도립공원 현황(2004년 6월 현재) (단위: km^2)

연번	공원명	위 치(시군별 면적)	지정일자	면적
1	모악산	전북(김제 28.22 완주 14 전주 3.13)	1971. 12. 2.	42.22
2	대둔산	전북(완주 38.1)	1977. 3. 23.	38.1
3	마이산	전북(진안 16.9)	1979. 10. 16.	16.9
4	선운산	전북(고창 43.7)	1979. 12. 17.	43.7
5	무등산	광주(27.03) 전남(담양 0.8 화순 2.4)	1972. 5. 22.	30.23
6	조계산	전남(승주 27.38)	1979. 12. 26.	27.38
7	두륜산	전남(해남 34.64)	1979. 12. 26.	34.39
8	팔영산	전남(고흥 9.88)	1998. 7. 30.	9.88
9	천관산	전남(장흥 8)	1998. 10. 13.	8

자료: 환경부(2004).

〈표 2-6〉 호남권 군립공원 현황(2004년 6월 현재) (단위: km^2)

연번	공원명	위 치	지정일자	면적
1	강천산	전북 순창군 팔덕면	1981. 1. 7.	15.694
2	장안산	전북 장수군 장수읍	1986. 8. 18.	6.380

자료: 환경부(2004).

지정하는 것이 일반적인 특징이다. 군립공원은 군립공원위원회의 심의를 거쳐 도지사의 승인을 얻어 군수가 지정한다. 군립공원은 1981년 1월 7일 전북 순창군의 강천산(剛泉山)을 시초로 2004년 현재 31개소가 지정되어 있다. 전체면적은 429.02km^2이고 전국토의 0.43%를 차지한다. 호남권에서는 광주와 전남지역에서 군립공원으로 지정된 사례는 없고, 전북지역의 강천산(순창군)과 장안산(장수군)이 군립공원으로 지정되어 있다(표 2-6 참조).

(3) 자연휴양림의 분포와 특징

자연휴양림은 경관이 수려하고 다수 국민이 이용하기 편리한 장소에 자연생태계 경관을 최대한 보전하고, 관광활동을 유인하기 위해 조성된 자연공원이다. 우리나라에는 1988년에 3개소를 시작으로 2003년까지 92개소를 조성하였다. 자연휴양시설은 기본시설로서 숲속의 집, 진입로, 주차장, 산책로, 잔디밭, 야영장, 광장, 벤치, 운동시설, 급수대, 오물처리장, 숲속수련장 등이 있으며 특수시설로서 임산물판매장, 낚시터, 수렵장, 산지과수원, 조수사육장 등을 설치할 수 있다.

우리나라 자연휴양림은 국유림 29개소, 공유림 47개소, 사유림이 16개소 등 92개소(117,472ha)가 조성되어 있다. 호남권에는 22개소의 자연휴양림이 조성되어 있으며, 전남지역에 11개소(전국의 12.0%), 전북지역에 11개소(12.0%)가 있다. 한편 호남권에서 지정면적별로 보면, 전북의 운장산 자연휴양림이 1,958ha로서 가장

〈표 2-7〉 호남권 자연휴양림 개소별 조성현황(2003년말 현재)　　(단위: 개, ha)

기관별	조성년도	휴양림명	위치	면적(ha)	소유구분	비고
합계			22개소	7,211		
국유휴양림			5개소	4,499		
서부	1992	덕유산	전북.무주.무풍.삼거	744	국유림	
	1992	회문산	전북.순창.구림.안정	290	국유림	
	1993	천관산	전남.장흥.관산.부평	833	국유림	
	1998	운장산	전북.진안.정천.갈용	1,958	국유림	
	1998	방장산	전남.장성.북이.죽청	674	국유림	
공유휴양림			13개소	2,145		
전북	1989	대아	완주.동상.대아	150	도유림	
	1991	와룡	장수.천천.와룡	104	국.군유림	
	1993	세심	임실.삼계.죽계	101	군유림	
	1995	고산	완주.고산.오산	673	군유림	
	1998	남원흥부골	남원.동.인월	100	군유림	
	2001	방화동	장수.번암.사암	102	군유림	
전남	1990	백아산	화순.북.노치	100	국유림	
	1991	유치	장흥.유치.신유	100	국유림	
	1992	제암산	보성.웅치.대산	160	국유림	
	1993	팔영산	고흥.영남.우천	187	도유림	
	1994	백운산	광양.옥룡.추산	120	국유림(교)	
	1995	가학산	해남.계곡.가학	100	군유림	
	1997	한천	화순.한천.오음	148	〃	
사유휴양림			4개소	567		
전북	1996	성수산	임실.성수.성수	425	박중자	
	1992	남원	남원.갈치	32	신용호	
전남	1992	안양산	화순.이서.안심	68	진재량	
	1993	사평	화순.남.사수	42	염판형	

자료: 산림청(2004).

많은 면적을 차지하고 있고, 가장 적은 면적의 휴양림은 사유 휴양림에 해당하는 전남의 사평휴양림이다.

호남권에 지정된 자연휴양림의 조성년도별 특성을 보면, 주로 1992년 이후에 조성되었다. 전북 완주군의 대아휴양림이 최초인 1989년에 지정되었고, 1990년의 전남 화순군의 백아산휴양림, 1991년의 전남 장흥군의 유치휴양림, 전북 장수군의 와룡휴양림 등이 비교적 일찍 조성된 경우이다.

3) 사회 · 문화적 관광지 및 관광자원

(1) 주요 문화재의 분포와 특징

전국 주요 문화재의 지역별 분포를 살펴보면, 정부가 문화재를 보존 · 보호하기 위하여 지정 관리하는 지정문화재는 전국에 총 2,835개(2004년 현재)가 있는데 광주 · 전남은 295개(전국의 10.4%)를 보유하고 있고, 전북은 169개로 전국의 6.0%를 차지하고 있다. 광주 · 전남지역은 비교적 많은 문화재를 보유하고 있지만, 서울, 부산 · 경남, 대구 · 경북에 비해 상대적으로 낮은 비율을 차지하고 있다. 전북지역의 경우, 다른 시 · 도에 비해 국가지정 문화재의 분포는 많지 않은 것으로 나타났다(표 2-8 참조).

한편, 시 · 도가 지정한 문화재의 분포를 보면, 전국적으로 대

〈표 2-8〉 전국의 주요 문화재 지정현황(2004년 8월 현재) (단위: 개)

구 분	광주 전남	전북	서울	부산 경남	대구 경북	인천 경기	대전 충남	강원	충북	제주	기타
국가지정	295	169	636	243	572	344	197	119	144	53	49
시도지정	526	340	234	754	655	456	434	232	322	93	-
문화재자료	237	149	13	361	455	127	344	110	39	2	-

자료: 문화관광부, 2004, 2004년도 관광동향에 관한 연차보고서

구·경북지역이 가장 많은 분포를 보이고 있고, 광주·전남지역 또한 526개소로 전국의 12.8%를 차지하고 있다. 전북은 경남, 경북, 전남, 충남, 경기지역에 이어 6위를 차지하고 있다. 문화재 자료 또한 광주·전남지역에는 237개소, 전북지역에는 149개소가 지정되어 관리되고 있으며, 이러한 분포는 전국 평균에 비해 낮은 수치이다. 따라서 문화재 자료는 다른 지역에 비해 상대적으로 적게 분포하고 있음을 알 수 있다.

호남권에 분포하는 문화적 관광자원을 구체적으로 살펴보면 (표 2-9 참조), 국가지정 문화재중에서 보물과 사적, 천연기념물, 중요 민속자료 등이 다른 유형에 비해 상대적으로 많이 분포하고 있다. 또한 시도가 지정하는 문화재의 분포에서는 유형문화재와 기념물이 비교적 많다.

문화재를 포함한 문화적 관광자원에서 가장 중요한 역할을 하

〈표 2-9〉 호남권의 문화재 현황(2004년 8월 현재) (단위: 개)

구분	국가지정문화재									
	국보	보물	사적	사적명승	명승	천연기념물	중요무형문화재	(보유자)	중요민속자류	소계
광주	2	6	2	0	0	0	1	3	3	14
전남	17	132	36	3	3	44	13	24	33	281
전북	7	89	31	0	1	26	2	10	13	169

구분	지방문화재					기타		합계
	유형문화재	무형문화재	기념물	민속자료	소계	문화재자료	소계	
광주	26	14	26	7	73	26	26	113
전남	203	27	188	35	453	211	211	945
전북	183	22	101	34	340	149	149	658

자료: 문화관광부, 2004, 2004년도 관광동향에 관한 연차보고서

참고자료 _세계문화유산: 고인돌

호남권에는 유네스코 세계유산으로 등록된 문화유산 중에는 고인돌유적지가 있다. 전북 고창군과 전남 화순군의 고인돌 유적은 2000년 12월에 유네스코의 세계유산으로 등록되었다.

전라북도 고창군 죽림리와 도산리 일대에 매산마을을 중심으로 동서로 약 1,764m 범위에 442기가 분포하고 있으며 우리나라에서 가장 큰 고인돌 군집을 이루고 있는 지역이다. 10톤 미만에서 300톤에 이르는 다양한 크기의 고인돌이 분포하고 있으며 탁자식, 바둑판식, 지상석곽형 등 다양한 형식의 고인돌이 분포하고 있다.

전라남도 화순군 도곡면 효산리와 춘양면 대신리 일대의 계곡을 따라 약 10㎞에 걸쳐 500여기의 고인돌이 군집을 이루어 집중분포하고 있으며 최근에 발견되어 보존상태가 좋다. 또한 고인돌의 축조과정을 보여주는 채석장이 발견되어 당시의 석재를 다루는 기술, 축조와 운반방법 등을 확인할 수 있는 유적으로 평가된다. 전남 화순군의 고인돌 유적지에서는 매년 가을에 고인돌 축제를 개최하고 있다.

는 것이 사찰이다. 호남지역에 분포하는 주요 사찰을 살펴보면, 광주광역시의 무등산자락에 위치한 증심사를 비롯하여 화엄사(구례), 백양사(장성), 연곡사(구례), 천은사(구례), 무위사(강진), 흥국사(여천), 대흥사(해남), 능가사(고흥), 불회사(나주), 불갑사(영광), 보림사(장흥), 도림사(곡성), 태안사(곡성), 도갑사(영암), 송광사(승주) 등이 전남지역에 분포하는 주요 사찰이다. 그리고 전북지역에는 송광사(완주), 미륵사지(익산), 금산사(김제), 내장사(정읍), 선운사(고창), 위봉사(완주), 내소사(부안), 실상사(남원) 등의 전국적인 지명도를 가진 사찰이 분포하고 있다. 이들 사찰은 많은 관광객을 유인하는 주요 관광지로 기능하고 있다.

(3) 관광특구

관광특구는 외국인 관광객의 유치하여 지역관광의 진흥을 위해 관광진흥법 제67조의 규정에 의해 지정된 범역을 말한다. 관광특구는 제주도, 경주시, 설악산 등 5곳이 1994년 8월에 처음으로 지정된 이래, 최근까지 전국에 22개소가 지정되어 있다. 현재 전남과 전북에는 전북 무주군의 무주구천동지구, 정읍시의 내장산지구, 그리고 전남 구례군의 구례지구 등 3개의 관광특구가 지정되어 있다(표 2-10 참조).

전북 무주구천동관광특구는 덕유산 국립공원을 중심으로 무주리조트와 수려한 자연경관이 특구의 주요 관광자원이다. 1997년 지정된 무주구천동 관광특구의 면적은 7.61km^{2}이며, 무주리조트를 중심으로 4계절형 관광객이 유입하는 대표적인 관광지이다. 전북의 정읍내장산 관광특구 또한 1997년에 지정되었으며, 지정면적은 3.50km^{2}이다. 특구내의 주요 관광지 및 관광자원으로는 내장산 국립공원, 내장사, 가을단풍 등이다.

전남의 구례군 구례 관광특구도 1997년에 지정되었다. 구례군 산동면 · 광의면 · 마산면 · 토지면 일대의 78.02km^{2}의 면적으로 구성된 구례특구는 우리나라 제1호의 국립공원인 지리산 국립공원, 국내 10대 사찰중의 하나인 화엄사를 비롯한 연곡사와 천은사, 1995년 7월에 개장한 지리산온천, 전국에서 가장 깨끗한 하천인 섬진강 등의 다양한 자연적 · 사회문화적 관광지와 관광자원을 보유하고 있다.

〈표 2-10〉 호남권 관광특구 지정 현황 (단위: km^2)

시 · 도	특구명	지정지역	면적	지정 시기	비고
전북	무주구천동	전북 무주군 설천면	7.61	1997. 1. 18.	무주리조트
전북	정읍내장산	전북 정읍시	3.50	1997. 1. 18.	내장산 집단 시설지구
전남	구례	전남 구례군 일원	78.02	1997. 1. 18.	지리산온천, 화엄사 등

자료: 문화관광부, 2004, 2004년도 관광동향에 관한 연차보고서

(4) 생태관광지 및 관광자원

오늘날 산업공해와 지나친 개발로 인해 푸르고 깨끗한 자연공간이 해마다 부족해짐에 따라 현대 도시인들은 갯벌, 탐조, 동굴, 반딧불 등 자연그대로의 모습을 보고 즐기고자 하는 체험관광이 늘어나게 되었다. 특히 최근에는 중앙정부와 지자체들이 생태자원을 최대한 보존하면서 환경친화적인 관광개발을 통해 생태관광을 정착시키기 위한 다각적인 노력을 기울이고 있다. 광주를 포함한 전남·북의 대표적인 생태관광지 및 관광자원으로는 갯벌해안, 공룡화석지, 철새도래지 등이 있다.

① 갯벌관련 생태관광지

생태관광과 관련한 대표적인 체험관광이 바로 갯벌체험관광이다. 우리나라의 서해안과 남해안에는 많은 갯벌이 분포하고 있다. 그리고 넓은 갯벌을 활용하여 '체험'이 가능한 곳도 매우 많다.

우리나라의 해안 중에서 국제적으로 중요한 갯벌로는 낙동강, 남해도, 광양만, 해남 황산, 목포 압해도, 무안군 매안일대, 함평만, 만경강·동진강 일대, 경기도 평택 홍원리, 영종도 남부, 근간하구, 천수만, 아산만, 남양만, 영종도, 강화도 북부지역 등이다. 전남·북의 해안에는 국제적으로 중요한 갯벌이 상대적으로 많이 분포해 있다. 전북 김제의 심포갯벌, 전북 고창의 하전마을, 곰소만 해안일대, 전남 신안군의 압해도, 영광군의 두우리 마을, 함평군의 석두마을, 그리고 영등축제가 매년 개최되고 있는 진도군 고군면 회동리의 '신비의 바닷길' 등이 대표적인 갯벌관련 생태관광지이다.

전북 부안과 고창군 사이의 줄포만과 주변해안에는 우리나라에서 가장 넓고 튼튼한 갯벌이 발달해 있다. 고창군 심원면 하전리는 갯벌 체험장소로 유명하다. 하전마을의 갯벌은 우리나라에서 바지락조개가 가장 많이 나는 곳이다. 갯벌은 그야말로 바지락조개를 따는 밭이나 다름없다. 또한 김제군 진봉면 심포리의 해안에는 넓은 갯벌이 발달해 있고, 한국관광공사가 지정한 갯벌체험마을로서 많은 관광객이 방문하고 있다. 심포마을 근처에는 망해사가 있으며, 인근의 광활면은 김제평야로 유명한 지역이다.

전북의 곰소만은 변산반도 아래에 깊게 패여진 내만으로, 우묵한 지형 때문에 물살이 느려져 가는 세립질의 퇴적물이 쌓여 형성된 갯벌로 이루어져 있다. 갯벌의 넓이가 약 80여km^2로 광대하며, 염생식물 군락 중 칠면조 군락이 4~5km폭으로 넓게 분포하고 있다. 곰소만의 갯벌은 광활한 넓은 면적을 이루고 있어 갯벌에 서식하는 게류들이 다량 서식하고 있으며, 이들은 육안으로 쉽게 구별할 수 있어 자연학습장으로 가치가 있다. 특히 곰소만 인근에는 변산반도 국립공원과 선운산 도립공원이 위치하고 있어 교통시설과 숙박시설이 충분히 갖추어진 훌륭한 생태관광지로 많은 관광객들이 방문하고 있다.

전남 신안군의 압해도는 우리나라 섬 가운데 가장 풍성한 갯벌을 두르고 있는 곳이다. 이곳은 예부터 낙지, 짱뚱어, 숭어, 농어 같은 어류가 많이 어획되는 것으로 유명하다. 특히 낙지는 다른 곳의 낙지에 비해 색깔과 맛이 전혀 다르다. 이곳의 낙지는 '뻘낙지'라고 해서 색깔이 갯벌을 닮은 것이 특징이다.

영광군 염산면 두우리 마을 일대의 해안에는 넓은 갯벌이 발달해 있다. 리아스식 해안을 발달한 두우리 갯벌은 체험관광이 가능한 유명한 장소이다. 특히 이곳은 진흙과 모래가 적절히 섞여 물이 빠지면 갯벌 위로 차를 운전할 수 잇을 정도로 바닥이 단단하다. 썰물 때에는 백합과 고동 등을 쉽게 잡을 수 있다. 인근에는 불교·원불교의 성지가 있어 테마관광 코스로 인기가 많다.

또한 진도군 고군면의 해안일대에서는 매년 봄·가을에 회동리에서 모도리 사이의 약 2.8km의 바다가 조수간만의 차로 인해 해저에 형성된 바닷길이 해면위로 일정 시간 드러나, 마치 바다가 갈라지는 것과 같은 현상이 나타난다. 이 기간에 회동리 일대에서는 영등축제가 개최되는 생태관광지중의 하나이다.

② 탐조관련 생태관광지: 순천만

전남 순천시의 순천만의 갈대밭과 조류서식지는 학술적 가치성과 심미적 경관을 보유하고 있어 전국적인 생태관광지로 등장하고 있다. 순천만은 갯벌과 염습지, 갈대가 함께 분포하는 지역으로 생태학적인 면에서 볼 때, 전국에서 가장 완벽한 자연생태계를 유지하고 있다. 순천만 입구에는 우리나라 다른 지역에서는 볼 수 없는 고밀도의 갈대밭이 약 15만평 정도 자연적 군락을 이루고 있으며, 이곳의 갈대밭은 약 30년 동안의 안정기를 거쳐서 최근에는 완전한 극상을 이루고 있다.

순천만의 갈대밭은 우리나라의 갈대밭 중에서 가장 넓은 면적에 해당한다. 특히 15만평의 갈대밭이 제공하는 자연경관의 아름다움은 순천만이 가지고 있는 또 다른 관광자원이다. 갈대밭은 조류의 자연적 서식지로 기능하고 있다. 순천 만에는 국제적으로 희귀한 물새를 비롯하여 11종의 천연기념물을 포함하여 약 200여종의 조류가 서식하고 있는 생태적인 보고이다. 이러한 조건을 보유한 순천만에는 매년 많은 생태관련 관광객이 방문하고 있으며, 매년 가을에는 '순천만 갈대제'가 개최되고 있다.

참고문헌

권용우외, 1995, 관광과 여가, 도서출판 한울.

권용우 · 김선희, 1994, "관광자원에 관한 지리적 연구동향", 대한지리학회지, 제29권 제2호, pp. 202-215.

김광근 외, 2001, 관광학원론, 백산출판사.

김병문, 2004, 관광지리학, 백산출판사.
김홍운, 1994, 관광지리학, 일신사.
박석희, 1989, 신관광자원론: 개발 · 이용 · 관리, 명보출판사.
건설교통부 국토지리정보원.
신우성, 2004, 관광자원의 이해, 기문사.
임주환 외, 1998, 환경친화적 관광지개발론, 백산출판사.
이정록, 2004, "전라지방 : 관광 및 여가활동", 한국지리지: 전라 · 제주편, 국토지리정보원, pp. 331-370.
岡本伸之, 2001, 觀光學入門, 有斐閣アルマ(최규환 역, 2003, 관광학입문, 백산출판사).
Gunn, C. A., 1993, *Tourism Planning: Basics, Concepts, Cases*, Washington D. C: Taylor & Francis.
Law, C. M., 1993, *Urban Tourism: Attracting Visitors to Large Cities*, New York: Mansell.
McIntosh, R. W., Goeldner, C. R. and Ritchie, J. R. B., 1995, *Tourism: Principles, Practices, Philosophies*, New York: John Wiley & Sons.

CHAPTER 3

관광선호도와 관광행태

관광활동에 대한 지리학적 연구에서 고전적으로 행해진 연구주제 중의 하나가 관광객의 인지 및 선호도와 관광행태에 관한 것이다. 관광지 및 관광자원에 대한 관광객의 인지 및 관광행태에 관한 연구는 관광목적지에 대한 지각과 인지도, 관광객의 관광행태 등에 관한 내용이 중심이다.

관광지와 관광자원에 관한 인지 및 선호와 관광행태는 관광객의 속성을 이해하는 중요한 지표로서 관광지 개발계획 수립과정에 주로 활용된다. 왜냐하면 관광지 개발계획을 수립하기 위해서는 잠재적 관광객이 어떤 유형의 관광지와 관광자원을 선호하고 방문하는가에 대한 조사가 필요하고, 관광객의 관광행태적 속성을 바탕으로 관광지 계획과 관광시설의 배치가 요구되기 때문이다(김재철 외, 1991).

이 장에서는 관광지에 대한 인지구조와 관광행태에 관한 이론적 특징을 살펴보고, 광주·전남지역을 사례로 관광지 및 관광자원에 관한 선호도와 관광행태를 이해하려고 한다. 여기에서 제시된 내용은 광주·전남지역 관광지에 관한 인지 및 선호도(이정록 외, 1991), 전남 동부지역 주민의 관광선호도와 관광행태에 관한 연구(이정록 외, 1996), 남도음식축제 관광객의 관광행태에 관한 연구(이정록 외, 1997) 등을 토대로 재정리한 것이다.

1. 관광지에 관한 인지도와 관광행태: 이론적 특징[1)]

1) 인지도와 관광행태

인간의 관광행태(tourism behavior)란 각종의 필요와 목표 하에서 다양한 정보를 통하여 자극을 받고 충동을 느끼게 되어 구체적인 행위, 즉 관광지 방문으로 나타나는 인간행위의 과정을 의미한다. 관광객의 관광행태에 영향을 미치는 요인으로는 관광지의 환경에 대한 개인의 인지적 속성인 심리적 영향력을 비롯하여 사회·경제적 요인을 들 수 있다.

잠재적 관광객의 관광행태에 영향을 미치는 사회적 요인에는 개인의 역할과 가족영향, 사회계급, 문화와 하위문화, 준거집단 등이 있고, 인지적 속성인 심리적 변수에는 지각(perception), 학습, 성격, 동기(motivations), 태도, 집단 영향력 등이 있다. 특히 관광지에 대한 잠재적 관광객의 인지구조와 관광행태 간에는 밀접한 인과관계를 가지고 있기 때문에 관광객의 인지구조를 설명하는 심리적 변수를 중심으로 인지구조와 관광행태를 파악하는 것은 매우 중요하다.

지각은 인간이 외부세계의 사물에 대해 감각기관을 통하여 탐지하고 해석하는 과정 즉, 대상과 객관적 사태를 감각에 의해 알게 되는 과정이다. 관광지에 대한 인간의 지각은 심리적인 순수한 지각이며, 여기에 관광지에 대한 경험의 영향이나 판단력의 작용이 가하여진 구체적인 지각이 관광지에 대한 인지이다.

지각에 영향을 주는 요소는 두 가지가 있는데 자극자체인 자

1) 김재철·이정록·조승현, 1991, "광주·전남지역 관광지에 대한 선호도 및 관광행태 조사분석", 현대사회과학연구, 제2권, pp. 273-277의 내용을 요약·재구성하였다.

극요소와 관광객 자신의 관심, 요구, 기대, 성격, 동기 등의 인적요소이다. 따라서 인지의 구성은 관광지 자체가 주는 요소(관광지가 주는 매력)와 관광객 개인의 관광욕구 및 동기에 의한 실제 관광경험이 결합하여 형성된 것이므로, 상호 분리하여 생각할 수 없다. 즉, 지각을 통해 그려진 이미지의 구조는 다의적 복합적 개념이며, 매우 주관적이다. 비록 관념적 비가시적 실체이지만 인간의 행동에 영향을 끼침은 물론 극히 사소한 부분만 가지고도 사물의 전체를 팽창시켜 생각할 수 있으므로 관광 이미지의 역할과 기능은 관광객의 관광지 선택과 행동을 유발하는데 있다고 할 수 있다(손대현, 1989). 이것은 자연경관의 매력요인이 개인 구상력의 작용에 의해 체험되기 때문이다.

관광지에 대한 공간적 행동의 실천은 요구-욕구-동기-행동의 과정으로 이어지는 데 일반적으로 관광행태의 생성에 필요한 심리적 원동력을 관광욕구라 부르며, 관광행태를 이끄는 심리적인 에너지를 관광동기라 한다(차복재 역, 1982). 관광욕구나 동기는 관광행동을 야기 시키는 주요인이지만 행동이 구체적으로 성립되기 위해서는 관광지에 대한 인지적 차원에서 비용, 시간, 정보 등의 조건이 구비되어 관광행동이 일어난다. 그러므로 어떤 관광지에 대해 알고 있는 인지 수준에 따라 관광행태의 패턴도 달라진다.

관광행태의 공간적 구조와 패턴은 지각을 통한 인지와 밀접한 관계를 갖고 있다. 관광지에 대한 긍정적인 인지 및 평가는 관광지의 이용현황을 파악할 수 있는 중요한 척도가 된다. 그리고 특정 관광지에 대해 긍정적인 인식 및 선호를 갖게 되면 장차 발생할 관광행태 및 관광수요와 밀접한 관련성이 있기 때문에 관광지에 관한 인지구조는 관광마케팅의 목표가 되기도 한다. 따라서 관광지에 대한 관광객의 인지구조는 특정 관광지를 방문하는 관광객의 공간적 행동과 직접적인 인과관계를 가지고

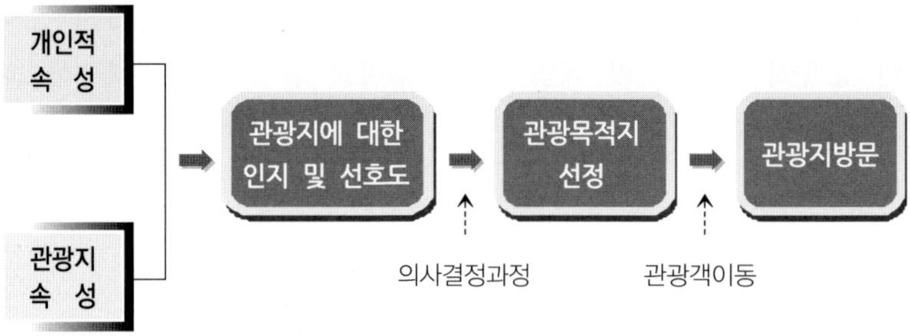

〈그림 3-1〉 관광지의 인지 및 선호도와 관광행태간의 관계

있기 때문에 관광지리학의 중요한 연구주제 중의 하나이다(그림 3-1 참조).

2) 선호도와 관광행태

관광지에 대한 가치는 관광대상이 되는 유인물의 절대적 가치와 매개물인 편익시설에 따른 상대적 가치가 결합하여 이루어지며, 관광지에 대한 가치는 그 관광지에 대한 관광수요를 결정하는데 중요한 척도가 된다.

일반적으로 관광지에 대한 평가는 관광대상은 물론이고, 편익시설의 질이나 공간적 배치에 의해 영향을 받지만, 관광의 주체인 관광객이 관광활동을 통해서 그 관광지에 대해 느끼는 인지에 따라 이루어지는 경향이 많다.

특정 관광지에 대한 잠재적 관광객의 선호구조는 각각의 관광지 속성에 대한 상대적인 중요성에 의해 결정된다. 관광지의 속성에는 여러 가지의 요소가 있지만 그 중에서도 관광지의 자연적·문화적 경관, 휴식·쇼핑·유흥·스포츠·숙박 등 편익시설 이용의 편리성, 교통의 편리성, 관광지의 접근도, 소요비용 등의 요소에 따라 선호가 달라진다.

특히 특정 관광지에 대한 잠재적 관광객의 선호구조는 장차 발생할 여행패턴 및 관광행태를 예측할 수 있기 때문에 관광지의 효율적인 보존 및 개발정책의 수립과 관광수요의 예측에 매우 중요하다.

2. 광주·전남지역 관광지에 관한 선호도와 관광행태[2)]

관광지 및 관광자원에 대한 인지 및 선호도와 관광행태는 관광지리학의 주요 연구주제 중의 하나이고, 관광지 개발계획의 수립에 중요한 기초자료를 제공하기 때문에 지금까지 많은 연구가 행해졌다.

이러한 측면에서 광주시민을 대상으로 광주·전남지역에 분포한 국립공원, 도립공원, 국민관광지 등에 관한 인지 및 선호도와 관광행태간의 관련성을 관광지리학적 관점에서 조사·분석하였다. 여기에서는 광주·전남지역에 분포한 주요 관광지에 관한 인지구조를 파악하고, 주요 관광지에 대한 선호구조를 파악하며, 관광지에 대한 선호도와 관광행태간의 관련성을 살펴보려고 한다.

광주시민을 대상으로 관광지에 관한 인지 및 선호구조를 파악하기 위하여 광주·전남지역에 분포한 5개의 국립공원, 3개의 도립공원, 그리고 17개의 국민관광지 중에서 11개의 국민관광지만을 대상으로 선정하였다(그림 3-2 참조).

광주시민을 대상으로 관광지에 관한 인지 및 선호도에 대한

---

2) 김재철·이정록·조승현, 1991, "광주·전남지역 관광지에 대한 선호도 및 관광행태 조사분석", 현대사회과학연구, 제2권, pp. 263-293의 내용을 수정·보완하였다.

자료는 설문조사를 통해 수집하였다. 설문지는 광주·전남의 관광지에 대한 인지 및 선호도 조사에 관한 부분과 관광행태에 관한 부분으로 구성되어 있다. 설문조사는 1990년 11월 1일부터 11월 말까지 광주시민을 대상으로 행하였다. 설문조사는 층화무작위 추출법을 이용하여 광주시내의 초등학교·중학교·고등학교의 학부모와 전남대학교·조선대학교·서강전문대학의 학생을 대상으로 실시하였으며, 응답한 설문지 중에서 통계분석에 유의한 423명의 설문지를 이용하여 연구를 행하였다.

분석에 활용된 표본의 속성은 423의 응답자중 남성이 257명으로 전체 응답자중 61.3%를 그리고 여성이 162명으로 38.7%를 차지하였으며, 미혼자는 151명(35.9%) 기혼자는 270명(64.1%)이다. 연령별로 보면 10대 16.9%, 20대 25.2%, 30대 22.4%, 40대 22.4%, 50대 11.0%, 그리고 60대 이상이 2.1%로 주로 관광 빈도가 높은

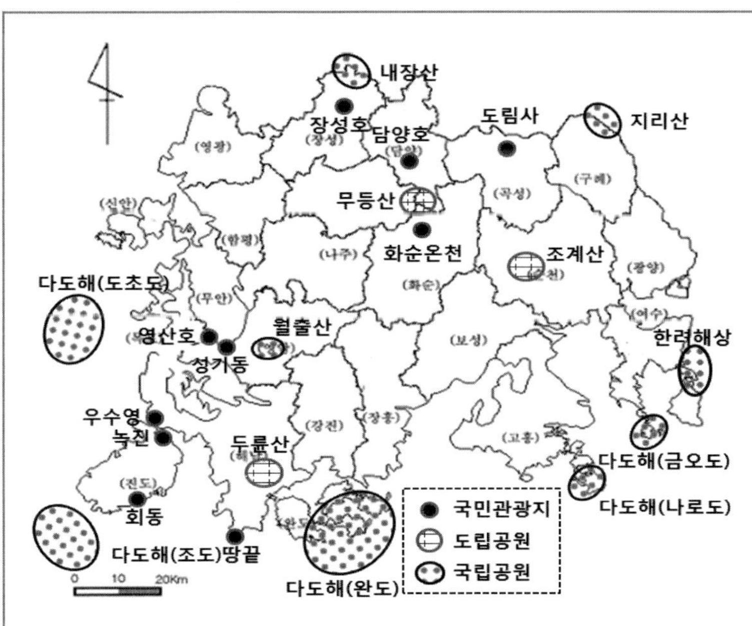

〈그림 3-2〉 분석대상의 관광지 분포

청장년층이 표본의 중심을 이루지만 비교적 다양한 연령층에서 표본이 추출되었다.

1) 광주 · 전남지역 관광지 및 편익시설에 대한 인지도

광주시민이 광주 · 전남지역에 분포한 관광지에 대해 어떻게 인지하고 있는가를 조사한 결과(표 3-1 참조), 전체 응답자의 약 70%정도가 광주 · 전남지역 관광지 및 관광자원의 우수함을 그대로 대변하고 있다. 그러나 관광지 및 관광자원의 우수함에 비해 관광지가 보유하고 있는 관광편익시설에 대해서는 약 56%가 부정적으로 인식하고 있어 관광편익시설이 매우 불량한 것으로 나타났으며, 타 지역의 관광지 편익시설과 비교하여 볼 때, 72.5%가 광주 · 전남지역 관광지의 편익시설이 상대적으로 나쁘다고 응답하였다.

〈표 3-1〉에 제시된 것과 같이, 광주 · 전남지역 관광지가 보유하고 있는 자연적 경관의 수려함 때문에 관광지로서의 가치는 높게 평가된 반면, 관광지의 관광편익시설에 대해서는 매우 낮은 평가를 보이고 있다. 이러한 특징은 관광대상인 유인물의 가치는 매우 높지만 효율적인 관광지개발이 행해지지 못하여 잠재

〈표 3-1〉 관광지 및 편익시설에 대한 인지도 (단위: %)

구 분	관광지의 인지도	편익시설의 인지도
매우 좋다	5.9	1.4
좋다	21.3	5.4
보통이다	45.4	37.4
나쁘다	19.4	43.7
매우 나쁘다	8.0	12.1
계	100.0	100.0

자료: 이정록 외(1991)

적인 관광수요를 유인하지 못하고 있음을 알 수 있다. 특히 최근의 관광행태는 단순히 보고 즐기는 관광에서 참여하는 관광으로 전환됨에 따라 단순히 주요 관광지를 방문하여 자연경관을 보는 관광에서 관광지의 시설을 이용하여 스포츠와 레저를 함께 즐기는 다목적 관광(multi-purpose tourism)으로 변화되고 있는 실정이다.

이러한 관광객의 관광행태 변화에 적극적으로 대처하여 관광수요를 확대하기 위해서는 관광객에게 양호한 관광서비스를 제공할 수 있는 효율적인 관광지 개발이 요구된다. 특히 전남지역은 수려한 자연적 관광자원을 가지고 있는 관광자원의 보고이지만 체계적인 관광지의 개발이 이루어지지 못하여 타 지역에 비해 관광지 편익시설의 조성이 매우 저조한 실정이다. 그러므로 도시민들에게 쾌적한 위락공간을 제공하고, 관광지 개발을 통한 관광자원의 가치제고, 지역경제에의 파급효과 등을 위해서는 전남지역의 주요 관광지 및 잠재적 관광자원을 효율적으로 개발·보전하기 위한 구체적인 논의가 이루어져야 할 것이다.

한편 광주·전남지역에 분포한 국립 및 도립공원과 국민관광지 중에서 전남지역의 관광지를 대표하는 관광지는 어느 관광지인가를 조사한 결과, 지리산 국립공원(30.4%), 무등산 도립공원(28.2%), 내장산 국립공원(12.2%)의 순으로 인지하고 있었다. 그리고 관광지에 대한 인지 및 방문행태를 기초로 잠재적 관광객에게 권유하고 싶은 관광지를 조사한 결과, 지리산 국립공원(18.7%), 무등산 도립공원(11.1%), 내장산 국립공원(10.1%), 그리고 해남의 땅끝(10.1%) 등이 잠재적 관광객에게 방문을 권유하고 싶은 관광지로 밝혀져 이들 관광지가 광주·전남지역을 대표하는 관광지로 밝혀졌다.

2) 광주 · 전남지역 관광지에 대한 선호도 및 관광행태

(1) 국립공원에 대한 선호도와 관광행태

① 국립공원에 대한 선호도

광주 · 전남지역에 분포하는 국립공원, 도립공원, 국민관광지를 대상으로 잠재적 관광객인 광주시민의 관광지 선호도를 분석해 보았다.

5개의 국립공원에 대한 선호도를 살펴보면(표 3-2 참조), 지리산 국립공원(50.7%), 내장산 국립공원(15.3%), 다도해 국립공원(14.6%), 한려해상 국립공원(11.7%), 월출산 국립공원(7.7%)의 순으로 전체 응답자의 과반수 이상이 지리산 국립공원을 가장 선호하는 것으로 나타났다. 국립공원에 대한 광주시민의 관광선호도는 해상형 국립공원보다는 지리산과 내장산 등 내륙형 국립공원을 선호하는 것으로 나타났고, 월출산 국립공원에 대한 선호가 가장 낮게 나타났다.

한편 성별로 구분해 보면, 남성과 여성 모두 지리산(남성: 전체의 51.0%, 여성: 50.9%)을 가장 많이 선호하였다. 그리고 연령별로 보면 선호도에는 큰 차이가 없지만, 40-60세의 연령층이 상대적으로 다도해해상 국립공원을 높게 선호하였다. 특히 국립공원 중에서 월출산 국립공원에 대한 선호도가 낮은 이유는 관광지의 속성, 즉 관광자원의 단조로운 경관과 최근에 국립공원으로 지정되어 관련된 관광편익시설의 부재가 관광선호도에 큰 영향을

〈표 3-2〉 국립공원에 대한 선호도와 관광행태 (단위: %)

구 분	지리산	내장산	다도해해상	한려해상	월출산	계
관광지 선호도	50.7	45.3	14.6	11.7	7.7	100.0
관광횟수	32.6	40.5	1.7	16.2	9.1	100.0

자료: 이정록 외(1991)

미친 것으로 판단된다.

② 국립공원에 대한 방문횟수

국립공원을 방문한 관광횟수를 살펴보면, 내장산 국립공원(40.5%), 지리산 국립공원(32.6%), 한려해상 국립공원(16.2%), 월출산 국립공원(9.1%), 다도해 국립공원(1.7%) 순으로, 광주와 지리적으로 인접한 내장산·백양사지구를 가장 많이 관광하는 것으로 나타났다. 성별로 구분해 보면, 남성은 지리산(36.9%)을 가장 많이 방문한데 비해서 여성은 내장산(47.8%)을 가장 많이 방문하였으며, 연령별로는 전체적인 관광 빈도와 거의 유사하지만, 20대(21-30세)는 지리산 국립공원을 가장 많이 방문하는 것으로 밝혀졌다(표 3-2 참조).

국립공원을 방문한 관광행태의 경우, 광주와의 지리적 거리가 관광지 선정에 중요한 영향을 미쳤다. 즉, 관광지와 거리가 멀수록 관광횟수가 감소하는 전형적인 거리조락패턴(distance-decay pattern)이 나타나 내장산과 지리산이 전체의 73%를 차지하였나. 반면에 완도·진도·신안군 중심의 다도해해상 국립공원은 이러한 경향이 더욱 뚜렷하여 비교적 높은 선호도를 가지고 있으면시도 가징 낮은 관광 빈도를 보이고 있다.

③ 국립공원에 대한 선호도와 관광행태

광주·전남지역의 국립공원에 대한 선호도와 관광지를 방문하는 관광행태간의 관련성을 분석한 결과, 관광지의 선호도와 관광행태 간에는 거의 유사한 관련성을 보여 선호도가 높은 관광지가 관광횟수 또한 높게 나타났다. 이처럼 관광지 선정과 거리와의 관련성이 높은 것은 주로 숙박관광보다는 가족중심의 1일 관광이 주류를 이루고 있기 때문이다.

그러나 다도해해상 국립공원의 경우 선호도는 관광횟수에 비해 상대적으로 높지만 실제의 관광행위는 매우 낮게 나타났다.

이는 다도해해상 국립공원을 관광하지 않았기 때문에 장차 관광하려는 관광지 선정에 있어서 우선순위를 두어 선호도가 높게 나타났음을 알 수 있다.

이와 같이 관광행태와 선호도가 다르게 나타난 주요 원인으로 거리적 요인 즉, 접근성의 영향력이 크게 작용하여, 선호가 높은 관광지일지라도 실제의 관광활동은 비교적 접근성이 양호한 관광지에서 많이 발생하기 때문이다. 따라서 광주시의 근교지역에 위치한 관광지는 선호에 비해 상대적으로 높은 관광횟수를 보이는 반면, 거주지와 멀리 떨어진 관광지의 경우 선호도가 높을지라도 시간 및 비용거리, 심리적 거리의 부담 때문에 실제의 방문관광으로 나타나지 않았다.

그러므로 높은 선호도가 선호도 그 자체로 머무르지 않고 실제 관광행동으로 연결되기 위해서는 관광활동에 편의를 제공하는 물리적 자원, 특히 물리적 거리를 극복할 수 있는 교통수단의 개선 및 확충이 필요하다. 그리고 높은 관광행동과 선호도를 유발하지 못하고 있는 관광지의 경우, 교통 및 관련된 편익시설의 개발에 중점을 두어 관광수요를 확대시킬 필요가 있다.

(2) 도립공원에 대한 선호도와 관광행태

광주 · 전남지역에 분포하고 있는 도립공원에 대한 선호도를 분석해 보면, 무등산 도립공원이 전체의 69.1%를 차지하여 광주시민들은 거주지와 인접한 무등산을 가장 선호하는 것으로 나타났고, 거주지와 상대적으로 원격성을 보이는 조계산(15.2%)과 두륜산 도립공원(15.2%)은 비슷한 선호도를 보였다. 관광지를 방문한 관광행태를 보면 관광지 선호도와 거의 유사한 패턴을 나타내지만 조계산과 두륜산 도립공원의 경우 관광선호도보다도 낮은 관광 빈도를 나타내고 있다(표 3-3 참조).

도립공원에 대한 관광지 선호도와 관광횟수를 비교해 보면,

〈표 3-3〉 도립공원에 대한 선호도와 관광행태 (단위: %)

구 분	무등산	조계산	두륜산	계
관광지 선호도	69.7	15.2	15.2	100.0
관광 횟수	94.5	2.7	2.7	100.0

자료: 이정록 외(1991)

거주지와 인접한 무등산 도립공원에 대해서는 높은 선호도와 관광횟수를 보이고 있다. 그러나 조계산과 두륜산은 선호도에 비해 관광횟수는 매우 낮아 이들 관광지를 많이 방문하지 않은 것으로 나타났다. 특히 무등산 도립공원을 많이 방문하고 높은 선호도를 보이는 주요한 이유는 거주지와 인접해 있어서 무등산 도립공원이 일일코스의 시민 휴식공간으로 역할을 하고 있기 때문이다.

이러한 현상은 서울시민들이 북한산 국립공원을 가장 많이 방문하는 것처럼 방문 관광지의 선정에 거주지와의 거리요인이 크게 작용한 결과라고 할 수 있다(김종근 · 길용현, 1988). 그러나 조계산 도립공원의 경우, 여성과 장년층의 선호도가 높고 최근에 완공된 주암댐을 보유하고 있어 앞으로 많은 관광객이 방문할 것으로 추정된다. 위의 분석결과 대도시와 지리적으로 인접한 관광지는 수요시장과의 접근성이 높기 때문에 관광지의 수용능력을 고려한 효율적인 관광지 개발방안이 필요하다.

(3) 국민관광지에 대한 선호도와 관광행태

광주 · 전남지역에는 18개가 국민관광지로 지정되어 있는데, 본 조사에서는 11개의 국민관광지를 대상으로 선호도를 분석하였다(표 3-4 참조). 국민관광지에 대한 전체적인 선호도는 해남 땅끝(19.9%)이 가장 높은 선호도를 보이고, 그 다음이 진도 녹진(13.7%), 신안 대광리 해수욕장(11.6%), 왕인박사 유적지인 영암 성기동

〈표 3-4〉 국민관광지에 대한 선호도와 관광 행태(방문 빈도)간의 관계

국민관광지 \ 구분	관광지선호 *	관광횟수 *	선호순위	빈도순위
해남 땅끝	19.9	7.3	1	5
진도 녹진	13.7	0.6	2	10
신안 대광리	11.6	0.6	3	11
영암 성기동	11.5	1.2	4	9
화순 온천	9.7	2.1	5	6
진도 회동	8.6	2.1	6	6
곡성 도림사	7.5	7.6	7	4
해남 우수영	7.5	1.8	7	8
영산호(하구언)	4.7	33.1	9	1
담양호	2.9	17.3	10	3
장성호	2.5	26.1	11	2
계	100.0	100.0		

자료: 이정록 외(1991)

* 선호 및 관광횟수의 수치는 가장 선호하는 국민관광지 세 곳을 선택하라는 질문에 응답한 수치의 비율(%)임

(11.5%), 화순 온천(9.7%), 진도 회동(8.6%) 순으로 나타났다. 국민관광지를 방문한 관광횟수를 살펴보면, 영산호(33.1%)가 가장 높은 관광 빈도를 보이고, 장성호(26.1%), 담양호(17.3%), 곡성 도림사(7.6%), 해남 땅끝(7.3%) 순으로 나타났으며, 특히 전체 응답자의 약 80%가 영산호·담양호·장성호를 방문한 경험을 가지고 있었다. 특히 국민관광지의 관광 빈도는 전술한 국·도립공원의 관광 빈도와 거의 유사한 관광구조를 나타내 거주지와 관광지 간의 거리요인에 의해 관광행태가 결정되는 경향을 보이고 있다.

국민관광지에 대한 잠재적 관광객의 선호도와 실제 방문한 관광횟수와의 관계를 파악하기 위하여 스피어만(Spearman)의 순위 상관분석을 실시하였다. 두 변수 간의 상관계수(r)는 -0.7062(유의도: 99.9%)로 상관관계가 매우 높은 전형적인 역상관을 나타냈다.

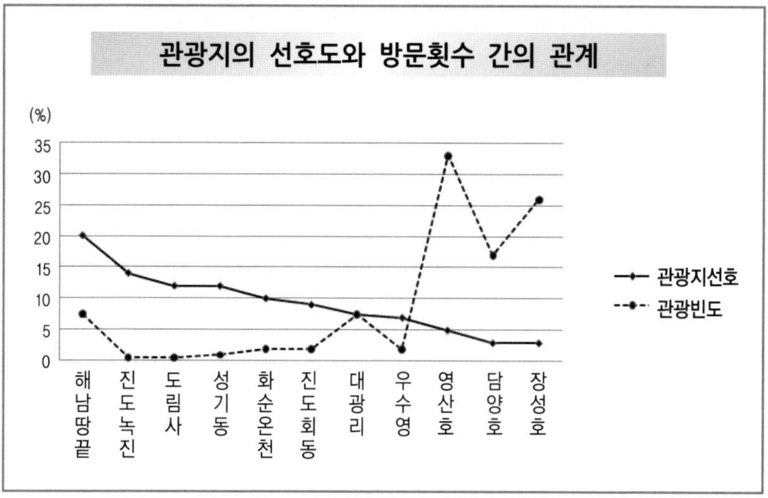

〈그림 3-3〉 관광지의 선호도와 방문횟수 간의 관계(자료: 이정록 외, 1991)

즉, 잠재적 관광객이 방문하지 않은 관광지에 대한 선호도가 높게 나타났다. 이런 결과는 지금까지 방문했던 관광지보다는 방문한 경험이 없는 새로운 관광지를 방문하려는 선호구조와 관련이 있다고 할 수 있다.

이러한 특징은 관광지별 방문횟수의 조사에서도 유사한 패턴을 나타났다. 진도 녹진, 화순 온천, 신안 대광리 해수욕장, 진도 회동, 해남 땅끝, 영암 성기동 등은 전체 응답자의 약 40% 이상이 방문하지 않은 관광지로 응답하여 기존의 방문 관광지보다는 가보지 못한 새로운 관광지를 방문하고 싶어 하는 것으로 분석되었다(그림 3-3 참조).

3) 계절별 관광지의 선호도 및 관광행태

관광지는 각각의 관광지가 보유하고 있는 관광자원의 속성에 따라 다양한 유형의 관광수요를 창출하며, 또한 관광지의 속성에 따라 계절별로 상이한 관광수요를 창출한다. 일반적으로 한국 내에서의 관광객 유동은 계절에 따라 특정관광지를 선호·방문하는 특성을 가지고 있는데, 해양관광지는 해수욕 관광객에 의해 주로 하계에 관광객이 집중하는데 비해 산악관광지는 그 관광지의 특성에 따라 계절별 차이가 크게 나타난다.

특히 계절별 관광지의 선호도 및 관광행태의 조사·분석은 관광지 개발계획에 중요한 기초 자료를 제공하기 때문에 관광지리학의 중요한 연구주제 중의 하나이다. 왜냐하면 관광지의 이용성 및 관광수요의 확대를 꾀하기 위해서는 특정 계절에 관광수요가 집중하는 것보다 연중형의 관광수요가 요구되기 때문이다. 물론 최근의 관광행태는 단순한 관광행위에서 관광과 레저를 함께 즐기는 다목적 관광행태로 전환되기 때문에 관광지의 계절적 관광수요의 차이는 점차 둔화될 전망이다.

이러한 측면에서 광주·전남지역에 분포한 국·도립공원에 대한 광주시민의 계절별 관광지 선호도를 파악하기 위하여 봄, 여름, 가을, 겨울의 4계절로 구분하여 각 계절별로 가장 가보고 싶은 관광지를 조사하였다(표 3-5 참조).

〈표 3-5〉 국립·도립공원에 대한 계절별 선호도 (단위: %)

구분	봄	여름	가을	겨울
지리산	18.4	14.0	9.1	25.1
조계산	17.2	14.2	8.1	13.7
무등산	15.5	12.5	2.2	21.0
한려해상	12.4	15.7	0.5	9.6
월출산	11.9	2.2	4.1	8.2
두륜산	11.7	8.7	13.2	11.6
다도해해상	10.9	28.7	1.4	6.0
내장산	2.9	4.1	51.4	4.8
합계	100.0	100.0	100.0	100.0

자료: 이정록 외(1991)

(1) 계절별 관광지 선호도

① 봄의 관광지 선호도

봄에 가장 가보고 싶은 관광지로는 지리산(18.4%), 조계산(17.2%), 무등산(15.5%), 한려해상(12.4%), 월출산(11.9%), 두륜산(11.7%), 다도해해상(10.9%), 내장산(2.9%)의 순서로 내장산 국립공원을 제외하면 거의 비슷한 선호를 보였다. 그리고 성별로 보면 남성은 지리산(20.7%)을, 여성은 무등산(16.4%)을 가장 선호하는 것으로 나타났다.

연령별로는 10대는 월출산(22.2%)과 지리산(20.8%), 20대는 지리산, 한려해상, 조계산에서 각각 16.2%로 비슷하고, 30대는 무등산(20.4%)과 지리산(17.2%), 조계산(17.2%) 그리고 40-50대는 조계산(20.7%)과 지리산(19.3%)에 대한 선호가 높게 나타나 연령층에 따라 다양한 선호구조를 보였다.

전체적으로 볼 때 각 관광지 간에 거의 유사한 선호도를 나타냈다. 이러한 현상은 광주·전남의 관광지가 보유하고 있는 관광자원의 속성상 봄에는 거의 비슷한 자연경관을 가지고 있기 때문에 관광지에 대한 선호가 다양하게 분산됨을 알 수 있다.

② 여름의 관광지 선호도

여름철의 선호구조를 살펴보면, 다도해해상 국립공원(28.7%)이 가장 높게 차지하고, 한려해상(15.8%), 조계산(14.2%), 지리산(14.0%), 무등산(12.5%) 순의 선호도를 점하고 있어 해수욕장을 중심으로 한 해양경관을 갖고 있는 관광지에 대한 선호가 높게 나타났다. 반면에 월출산·두륜산·내장산 등 산악경관 중심의 관광지에 대해서는 매우 낮은 선호도를 나타내 여름철의 관광선호는 관광지의 속성에 따라 큰 차이를 보이고 있다.

③ 가을의 관광지 선호도

가을철에는 전체 응답자의 과반수 이상인 51.4%가 단풍으로 유명한 내장산 국립공원을 가장 선호하였고, 두륜산(13.2%), 무등산(12.2%), 지리산(9.1%), 조계산(8.1%) 등의 순으로 나타났다. 전체적으로 수려한 산악경관을 보유한 관광지를 높게 선호하는 것으로 분석되었다. 특히 사계절의 관광지 선호도 중에서 특정 관광지에 대해 집중적인 선호도를 보이는 것이 가을철 선호구조의 특징이라 할 수 있다.

④ 겨울의 관광지 선호도

우리나라에서 관광수요가 가장 적은 계절이 겨울철이다. 관광수요가 적은 겨울철의 관광지별 선호도는 지리산(25.1%), 무등산(21.0%), 조계산(13.7%), 두륜산(11.6%), 한려해상(9.6%), 월출산(8.2%), 다도해해상(6.0%), 내장산(4.8%)의 순으로 나타나 겨울철의 선호도 역시 가을철과 유사한 산악경관 중심의 관광지를 비교적 높게 선호하고 있다. 겨울철의 선호도가 주로 산악경관의 관광지에 집중하는 주요 이유는 겨울철 등산과 설경(雪景) 때문으로 판단된다.

(2) 계절별 관광지 방문횟수

계절별 관광지에 대한 선호도 분석에 이어서 실제로 방문한 관광지의 관광횟수를 조사한 결과(표 3-6 참조), 전체 응답자의 61.2%가 여름에 관광지를 방문하여 주하형(主夏型)의 관광패턴을 나타냈다. 계절별 관광 빈도의 분포를 보면, 봄에는 무등산(24.1%)과 지리산(19%)을 가장 많이 관광했으며, 나머지 관광지는 대략 8% 미만으로 나타나 광주·전남지역의 대표적인 봄철 관광지는 무등산과 지리산이라 할 수 있다.

관광객의 유동이 가장 많이 발생하는 여름에는 지리산(20.2%), 다도해(19%), 무등산(15.5%), 한려해상(10.5%) 순으로 봄에 비해 하계에는 물이 맑고 피서지로 인기가 있는 산악공원이나 해상공원을 많이 방문했으며, 하계 휴가를 이용한 장거리 관광으로 인하여 방문 관광지가 분산되는 경향을 나타냈다. 가을에는 단풍으로 알려진 내장산(45.5%)을 비롯하여 무등산(12.9%), 조계산(12.5%), 지리산(12%) 등의 산악관광지를 많이 방문하였다.

계절별로 선호하는 관광지와 실제로 방문한 관광지 간의 관계를 살펴보면, 봄에는 지리산과 조계산을 높게 선호하는데 비해

〈표 3-6〉 계절별 방문 관광지의 관광 횟수 (단위: %)

구분	봄	여름	가을
무등산	24.8	16.0	13.1
지리산	19.5	20.8	12.2
월출산	8.9	0.8	5.2
내장산	7.7	4.4	46.3
한려해상	6.9	10.4	0.9
다도해해상	6.5	19.6	-
조계산	6.5	4.0	12.7
담양호	4.9	1.2	1.3
곡성도림사	3.3	5.2	3.5
장성호	3.3	2.8	1.3
영산호	2.0	1.6	0.4
해남우수영	1.2	1.2	-
해남땅끝	0.8	3.2	-
화순온천	0.8	1.2	-
두륜산	0.8	1.6	0.9
진도회동	0.8	0.4	-
신안대광리	0.8	4.8	0.9
영암성기동	0.4	-	0.4
진도녹진	-	0.8	0.9
합계	100.0	100.0	100.0

자료: 이정록 외(1991)
관광횟수는 1990년 1년 동안 방문한 관광지를 의미함

실제의 관광행태에서는 무등산과 지리산을 가장 많이 방문하였다. 여름에는 다도해와 한려해상 국립공원을 높게 선호한데 비하여 실제의 관광행태는 지리산과 다도해로 나타났다. 그리고 가을에는 선호 관광지와 방문 관광지가 일치하여 내장산을 가장 많이 방문한 것으로 분석되었다. 선호도와 관광행태간의 관련성을 살펴보면, 거주지와 지리적으로 인접한 관광지는 선호도는 낮지만 높은 관광 빈도를 보이는 반면, 거주지와 멀리 떨어져 비교적 방문횟수가 낮은 관광지는 오히려 높은 선호도를 보이고 있어 관광지 선호도와 실제의 관광행태 간에는 커다란 차이가 있는 것으로 밝혀졌다.

계절별 관광지 선호도와 방문 관광지의 관광 빈도 간 관련성을 파악하기 위하여 스피어만의 순위상관분석을 실시하였다. 순위상관분석에서는 관광횟수가 낮은 국민관광지를 제외한 국립 및 도립공원만을 대상으로 분석한 결과(표 3-7 참조), 여름에는 관광지 선호도와 관광횟수 간에는 비교적 높은 상관관계가 있는 반면, 봄과 가을에는 상관관계가 매우 낮아 서로 관련성이 없는 것으로 분석되었다. 따라서 여름에는 평소에 관광하기를 원했던 관광지를 주로 많이 방문하였으나 봄과 가을에는 선호도와 관계없이 관광지를 방문한 것으로 나타났다.

따라서 전체적으로 볼 때 광주시민이 가장 많이 방문하는 관광지로는 무등산, 지리산, 내장산 등이었으며, 관광지에 대한 선호도 및 관광행태는 봄·여름에는 분산되고 가을에는 집중되어

〈표 3-7〉 계절별 관광지 선호도와 관광 빈도간의 상관관계 (단위: %)

구분	봄	여름	가을
상관계수(r)	0.3333 (s:0.210)	0.6190 (s:0.051)	0.3873 (s:0.172)

자료: 이정록 외(1991)

계절별로 뚜렷한 관광패턴을 나타냈다. 그리고 국민관광지는 국·도립공원에 비해 상대적으로 낮은 방문횟수를 보였는데, 봄에는 주로 담양호·곡성 도림사·장성호, 여름에는 곡성 도림사·대광리·땅끝, 가을에는 곡성 도림사 등을 많이 방문하는 관광지로 밝혀졌다.

그리고 계절별 관광지 선호도와 관광행태를 통해 연중 관광지와 계절별 관광지로 관광지의 유형을 구분할 수 있다. 대체로 지리산이나 무등산은 전자에 해당되고, 내장산, 월출산, 다도해해상, 한려해상 관광지는 후자에 해당된다. 특히 연중 관광지로 구분된 지리산이나 무등산은 선호도와 관광 빈도가 높은 관광지로서 지리산 국립공원은 관광자원의 우수함과 관광편익시설의 양호성, 광주와의 지리적 인접성 때문에, 무등산 도립공원은 거주지와의 지리적 인접성 요인이 크게 작용하여 연중 관광지로 분류되었다. 반면에 후자의 관광지들은 관광자원의 계절적 속성에 의해 계절별 관광수요 및 선호도가 상이한 것으로 판단된다.

4) 연구내용의 요약

광주시민들을 대상으로 광주·전남지역에 분포한 5개의 국립공원과 3개의 도립공원, 그리고 11개의 국민관광지에 관한 선호도와 관광행태간의 관련성을 관광지리학적 측면에서 조사·분석한 사례연구이다. 따라서 본 연구의 연구결과를 요약하면 다음과 같다.

첫째, 광주·전남지역은 지리산 국립공원·내장산 국립공원·월출산 국립공원·한려해상 국립공원·다도해해상 국립공원과 무등산·조계사·두륜산 등의 도립공원, 땅끝을 비롯한 다수의 국민관광지와 많은 문화적 관광자원을 보유한 관광의 보고(寶庫)이다. 그래서 광주시민들은 광주·전남지역의 관광지가 가지고 있는 관광자원의 가치에 대해서는 매우 높게 평가한 반면, 각 관광지의 관광편익시설에 대해서는 낮은 평가를 보여 효율적인 관광지 개발이 행해지지 못한 것으로 인지하였다.

둘째, 광주·전남지역의 국립공원, 도립공원, 국민관광지에 대한 광주시민들의 선호도를 조사한 결과, 국립공원은 지리산을, 도립공원은 무등산을, 그리고 국민관광지는 해남 땅끝과 진도 녹진을 가장 선호하고 방문하고 싶은 관광지로 인식하였다.

셋째, 광주·전남지역의 국립공원, 도립공원, 국민관광지에 대해 광주시민들이 실제로 방문한 관광행태의 빈도를 조사한 결과, 국립공원은 내장산을, 도립공원은 무등산을, 그리고 국민관광지는 영산호·장성호·담양호 등 거주지와 지리적으로 인접한 관광지를 주로 방문하였고, 거리가 멀수록 관광 빈도는 감소하는 것으로 분석되었다.

넷째, 관광지에 대한 선호도와 관광행태간의 관련성을 분석한 결과, 국립공원의 경우 다도해해상 국립공원을 제외하면 관광지 선호도와 관광행태 간에는 거의 유사한 관련성을 보여 선호도가 높은 관광지 일수록 관광 빈도 또한 높게 나타났다. 특히 다도해해상 국립공원은 선호도는 상대적으로 높지만 실제의 관광행위는 매우 낮게 나타났는데, 선호도가 높은 주요 이유는 대부분의 응답자가 다도해해상 국립공원을 관광하지 않았기 때문으로 판단된다.

다섯째, 도립공원에 대한 선호도와 관광형태 간에는 매우 높은 정의 상관관계를 보여 선호도가 높은 관광지인 무등산을 가장 많이 관광하였다. 한편 국민관광지의 경우, 관광지의 선호도와 실제 방문한 관광횟수 간에는 상관관계가 매우 높은 전형적인 역상관을 보였다. 따라서 관광지에 대한 선호도가 높으면 높을수록 관광지를 방문한 경험인 관광횟수는 낮음을 의미하는데, 이는 기방문관광지보다는 방문한 경험이 없는 새로운 국민관광지를 높게 선호하기 때문이다.

여섯째, 계절별 관광지 선호도를 분석한 결과, 봄에는 지리산과 조계산, 무등산 등 산악관광지를 높게 선호한 반면, 여름에는 다도해와 한려해상 국립공원 등 해상관광지를, 가을에는 내장산 국립공원, 겨울에는 지리산과 무등산 도립공원을 방문하고 싶어 하는 것으로 나타났다. 그리고 1990년 1년 동안 방문한 계절별 관광행태의 분석에서는 봄의 무등산, 여름의 지리산과 다도해, 가을의 내장산 등지가 높은 관광횟수를 보였다. 한편 계절별 관광지 선호도와 관광행태간의 관련성을 분석한 결과, 여름에는 관광선호도가 높은 곳을 많이 방문한 반면, 봄과 가을에서는 선호도가 높은 곳을 많이 방문하지는 않았다.

전체적으로 볼 때, 광주시민이 가장 좋아하고 방문하고 싶어 하는 대표적인 광주·전남지역의 관광지는 지리산 국립공원, 내장산 국립공원, 무등산 도립공원 등으로 분석되었다. 지리산과 무등산은 광주시민이 연중 고르게 가장 많이 방문하는 관광지인 것으로 밝혀졌다. 반면에 무등산 도립공원에 대한 선호도가 높은 것은 거주지와의 지리적 인접성이 큰 영향을 미쳤기 때문이다.

3. 전남 동부지역 주민의 관광선호도와 관광행태[3)]

여기에서는 전남 동부지역에 분포한 관광지를 대상으로 이 지역 주민들의 관광지에 대한 인지 및 선호도와 관광행태간의 관련성을 관광지리학적 관점에서 조사·분석하였다. 조사의 주요

3) 추명희, 이정록, 김재철, 1996, "전남 동부지역 관광지의 선호도와 관광행태에 관한 연구", 한국지역지리학회지, 제2권 제1호, pp. 115-131의 내용을 수정·보완하였다.

목적은 첫째 전남 동부지역에 분포한 주요 관광지에 관한 인지도를 파악하고, 둘째 주요 관광지에 대한 선호도를 파악하며, 셋째 관광지에 대한 선호도와 관광행태간의 관련성을 고찰하는데 있다.

연구지역의 범위는 전남 동부지역에서도 광양시, 순천시, 여천시, 여수시를 그 대상지역으로 하였다. 전남 동부지역 관광자원의 속성은 크게 백운산·조계산·지리산을 중심으로 한 산악형의 내륙관광자원과 다도해의 해상관광자원으로 구분된다. 그 중에서 광양시·순천시는 주로 산악형의 내륙관광자원이 집중되어 있고, 여수시는 해상관광자원으로 특화되어 있다. 따라서 이러한 관광자원의 동질성을 기초로 하여 광양시, 순천시, 여수시(여천시 포함)를 분석대상의 공간적 범위로 설정하였다.

분석에 필요한 자료는 현지조사 및 설문조사를 행하여 수집하였다. 설문지는 전남 동부지역 관광지에 대한 인지도 및 선호도 조사에 관한 부분과 관광행태에 관한 부분으로 구성되어 있다. 설문조사는 1995년 7월 10일부터 20일까지 순천시, 여수시(여천시 포함), 광양시에 거주하는 지역주민들을 대상으로 실시하였으며, 응답한 설문지 중에서 통계분석에 유의한 650명의 설문지를 이용하여 분석하였다.

1) 전남 동부지역 관광지 및 관광자원의 개관

본 권역은 수려한 다도해의 해상경관을 가지고 있는 해상관광자원의 보고로서, 국립공원으로 한려해상 국립공원, 다도해해상 국립공원이 지정되어 있으며, 인접한 구례에는 지리산 국립공원이 지정되어 있다. 고흥군 포두면 성두도가 1991년 국민관광지로 지정되었으며, 도립공원으로서 순천시에 조계산 도립공원이 있다(그림 3-4 참조).

〈그림 3-4〉 전남 동부지역 관광지 및 관광자원 분포

(1) 자연적 관광자원

전남의 동부지역은 천혜의 수려한 육·해상의 자연경관이 관광자원의 주축을 이루고 있다. 지역의 주요 자연적 관광자원을 살펴보면, 도서 관광지로는 오동도, 거문도·백도, 소록도, 거금도 등을 들 수 있고, 해수욕장은 내발 해수욕장, 나로도 해수욕장, 방죽포 해수욕장, 남열 해수욕장, 봉래 해수욕장, 대전 해수욕장, 만성리 해수욕장 등이 있다.

그리고 산악 관광지는 백운산, 팔영산 등이 있으며, 사찰로는 흥국사, 선암사, 송광사, 등이 있다. 이 밖에 기타 관광지로 성불계곡, 향일암, 진남관, 무슬목, 낙안 민속촌, 고인돌 공원 등이 있다.

(2) 사회 · 문화적 관광자원

동부지역의 사회적 관광자원에는 여수 진남제를 비롯하여 여천시의 사도 영등제 등 남도생활의 독특한 특색을 지닌 향토적인 민속자료와 민속 문화 행사가 많다. 동부지역의 유물, 천연기념물, 무형문화재 등 문화자원으로는 국보 3종, 보물 27종, 사적 3종, 명승 3종, 무형문화재 1종, 민속자료 10종, 천연기념물 3종 등 총 50종의 국가지정문화재가 있다. 그리고 지방문화재로는 유형문화재 26종, 기념물 8종, 무형문화재 6종, 문화재자료 20종, 민속자료 4종 등 총 64종의 지방문화재를 보유하고 있다. 한편 동부지역에는 여천석유화학공업단지, 광양제철소 등의 산업적 관광자원도 보유하고 있다.

2) 관광지 및 관광시설에 대한 인지적 특성

(1) 관광지에 대한 인지도

일반적으로 관광지에 대한 평가는 관광대상은 물론이고, 편익시설의 질이나 공간적 배치에 의해 영향을 받지만, 관광의 주체인 관광객이 관광활동을 통해서 그 관광지에 대해 느끼는 인지에 따라 이루어지는 경향이 많다(김재철 · 이정록 · 조승현, 1991).

전남 동부지역 주민이 지역 내 관광지에 대해 어떻게 인지하고 있는가를 조사한 결과(그림 3-5 참조), 전체 응답자의 84% 정도가 전남 동부지역 관광지 및 관광자원에 대하여 비교적 긍정적

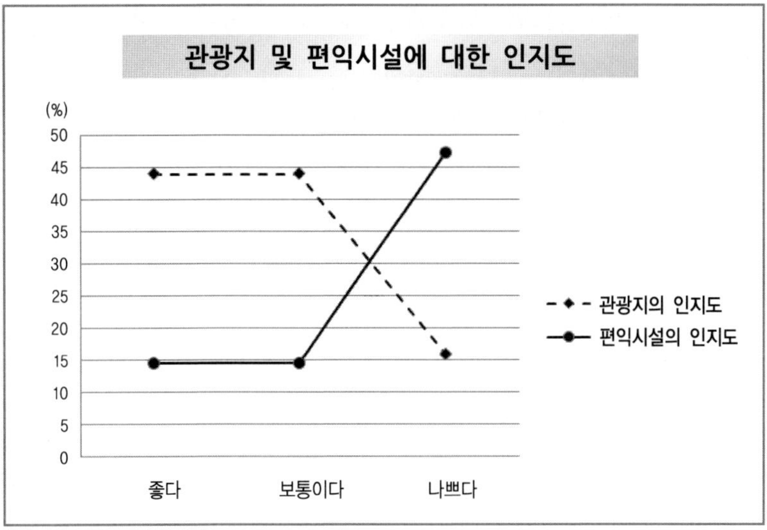

〈그림 3-5〉 관광지 및 편익시설에 대한 인지도(자료: 이정록 외, 1996)

인 인식을 가지고 있는 것으로 밝혀졌다. 이는 전남 동부지역 관광지 및 관광자원의 우수함을 그대로 대변하는 것이라 볼 수 있다. 그러나 관광지 및 관광자원의 우수함에 비해 관광지가 보유하고 있는 관광편익시설에 대해서는 47.2%가 부정적으로 인식하고 있어 관광편익시설의 개발과 확충이 필요한 것으로 나타났다. 그리고 타 지역의 관광지 편익시설과의 비교에서는 61.4%가 전남 동부지역 관광지의 편익시설이 상대적으로 나쁘다고 응답하였다.

이러한 인지도 분석에서도 나타난 바와 같이, 전남 동부지역 관광지가 보유하고 있는 자연적 경관의 수려함 때문에 관광지로서의 가치는 높게 평가된 반면, 관광지의 관광편익시설에 대해서는 매우 낮은 평가를 보이고 있다. 따라서 관광대상인 유인물의 가치는 비교적 높지만 효율적인 관광지 개발이 행해지지 못하여 잠재적인 관광수요를 유인하지 못하고 있음을 알 수 있다.

응답자의 개인적 속성에 따른 관광지 평가는 다음과 같다. 우선 성별 특징을 보면, 남성과 여성 모두 '좋다'가 각각 41.6%, 47.1%로 나타났다. 그리고 연령별로 보면, 전체적으로 '좋다'가 높은 순위를 차지하였는데, 50세 이상 노년층의 관광지에 대한 평가는 '매우 좋다'가 1순위를 차지하였다. 30-49세의 장년층은 '보통이다'가 1순위, 19세 미만과 20세의 청년층은 '좋다'가 1순위를 차지하였다.

학력별로 살펴보면, 대졸에서는 '좋다(50%)', 고졸과 중졸, 그리고 국졸 이하에서는 보통이다(42.6%)가 가장 높은 비율을 차지하였다. 직업별로 보면, 전체적으로 '좋다'가 가장 높은 비율을 차지하였으며, 이 중 농・임・어업에 종사하는 응답자의 비율(60.0%)이 가장 많았다. 다음으로 소득별 결과를 보면, 전체적으로 '좋다'가 가장 높은 비율을 차지하였다. 이를 각 평가별로 살펴보면 '좋다'는 70만원 이상(49.9%)에서, '보통이다'는 100만원 미만(44.7%)에서, '나쁘다'는 90만원 미만(20.6%)에서 가장 높은 비율을 차지하여 이 지역 일대 관광지에 대한 평가는 전반적으로 응답자의 주요 특성과 관계 없이 긍정적으로 인식하고 있는 것으로 나타났다.

관광편익시설에 대한 응답자의 주요 특성별 평가에서, 성별로 보면 남자는 '나쁘다(44.7%)', 여자는 '보통이다(43.7%)'가 가장 높은 비율을 차지하였다. 연령별로 보면, 19세 미만(75.0%)과 20-29세(42.9%)의 연령대에서는 '보통이다'가 가장 높은 비율을 차지하였고, 30대에서 60세 이상의 연령층에서는 '나쁘다'가 가장 높은 비율을 차지하였다. 직업별에서는 전문직(57.8%)과 경영관리직(47.1%)에서는 '나쁘다'가 가장 높은 비율을 차지하였고, 그 외의 다른 직업별에서는 '보통이다'가 가장 높은 비율을 차지하였다. 소득별 결과를 보면, '나쁘다'로 평가한 150만원 이상의 소득층(48.8%)을 제외한 나머지 소득층에서는 '보통이다'가 가장 높은 비율을 차지하였다.

(2) 관광지 개발과 관광시설에 대한 인지도

동부지역의 관광단지 개발의 필요성에 대한 인식에 있어서 '매우 필요하다(49.7%)'와 '필요하다(42.0%)'가 전체의 91.7%를 차지하여 새로운 관광지 개발의 필요성을 강조하였다(그림 3-6 참조). 이에 대한 관광단지 개발 유형 선호도는 해상경관 중심의 관광단지가 60.6%로 내륙의 산악경관 중심의 관광단지(39.4%)보다 높게 나타나 다수의 수려한 해상경관을 보유하고 있는 본 권역의 지역적 특성을 살릴 수 있는 해상경관 중심의 관광단지를 선호하고 있는 것으로 분석되었다.

이와 같이 동부지역 주민의 대다수는 지역 내의 대규모 해상관광단지 개발에 대해 긍정적으로 인식하였다. 그리고 동부지역은 우수한 해상경관을 바탕으로 남해안 최대의 해상관광지로 기능할 수 있는 잠재력을 가지고 있으며, 또한 최근 관광객들의 관광행태가 산악경관 중심의 관광행태에서 해상경관을 감상하고 해상관광지의 시설을 직접 이용하는 관광행태로 변모되고 있어 지역의 관광자원 개발에 긍정적인 영향을 미칠 것으로 사료된다.

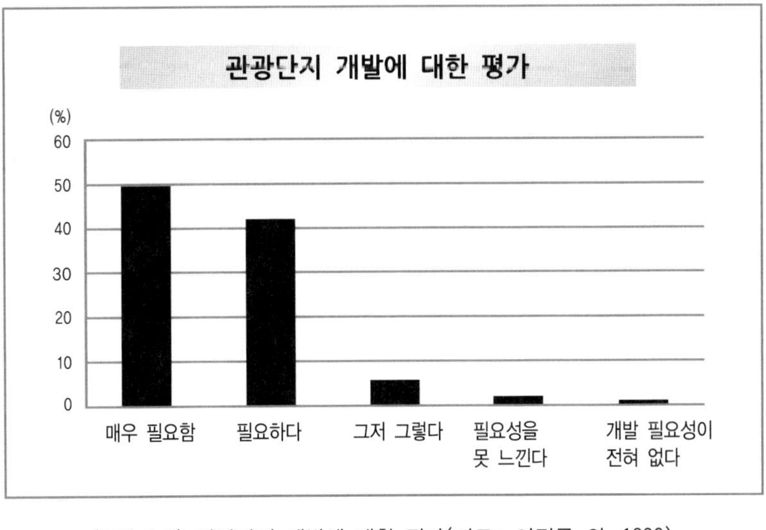

〈그림 3-6〉 관광단지 개발에 대한 평가(자료: 이정록 외, 1996)

이러한 측면에서 지역주민의 해상관광단지개발의 시설물들에 대한 인식을 조사한 결과, 휴양시설이 25.2%로 가장 많았고, 위락시설(22.6%), 스포츠 시설(18.9%)순으로 나타나 레저·스포츠 중심의 선진국형 관광위락시설의 도입을 선호한 것으로 나타났다.

동부지역 내에 있는 관광관련 사업체에 대한 평가를 보면(표 3-8 참조), '불만족(49.7%)'과 '보통이다(37.7%)'가 비교적 높게 나타나 수려한 자연경관을 보유하고 있음에도 불구하고 동부지역 내의 관광산업이 활성화되지 않은 것으로 나타났다. 호텔 및 숙박시설 이용에 대한 평가에서는, '편의시설의 부족'이 47.2%로 가장 높게 나타났으며, 비용이 너무 비싸다(23.0%), 불친절한 서비스(22.7%) 순으로 나타나 새로운 관광수요를 충족시킬 수 있는 편의시설의 도입과 개발이 요구되었다.

한편 동부지역 내의 여행사 이용 빈도 구조를 보면, 2-3회(45.0%)와 1회(42.6%)가 87.6%로 대부분을 차지하고 있는 것으로 나타나 지역 내의 여행사 이용률은 낮은 것으로 나타났다. 그리고 여행사 이용에 대한 평가에서는 '관광 프로그램이 빈약하다'가 42.5%로 가장 높게 나타났고, '경비가 비싸다(22.2%)', '서비스가 불친절하다(21.1%)' 순으로 나타나 다양하고 참신한 관광 프로그램의 개발과 서비스 의식의 제고가 필요한 것으로 분석되었다.

〈표 3-8〉 관광관련 사업체에 대한 평가 (단위: %)

구 분	매우 만족	만족	보통	불만족	매우 불만족	계
관광 관련사업체에 대한 평가	0.7	6.7	37.7	49.7	5.2	100
숙박시설에 대한 평가	0.7	6.8	52.4	33.9	6.3	100

자료: 이정록 외(1996)

3) 전남 동부지역 관광지에 대한 선호도와 관광행태

(1) 관광지에 대한 선호도

동부지역 내에 분포하는 주요 관광지에 대하여 '어느 관광지를 가장 좋아하고 방문하고 싶어 하는가'하는 관광지에 대한 선호도를 조사하였다. 대부분의 응답자들은 내륙의 산악 및 사찰 관광지보다는 해상의 관광지를 선호하고 있는 것으로 나타났다. 응답자가 가장 선호하는 관광지는 돌산읍의 '향일암'으로 나타나 전체 응답자의 약 27%가 이곳을 방문하고 싶어 하는 것으로 밝혀졌다. 2순위는 거문도·백도(12.1%), 3순위는 오동도(9.9%), 4순위는 송광사(8.1%) 등의 순으로 나타났다(그림 3-7 참조). 따라서 이러한 선호도를 관광행태로 연결시키기 위해서는 해상관광지의 효율적인 개발이 필요 하겠다.

한편, 거주지별 선호순위를 살펴보면, 여수, 여천, 순천 지역 모두에서 '향일암'이 1위를 차지하였고, 광양시는 '백운산'이 1위로 나타났다. 다음으로 응답자의 주요 특성 중에서 성별로 구분

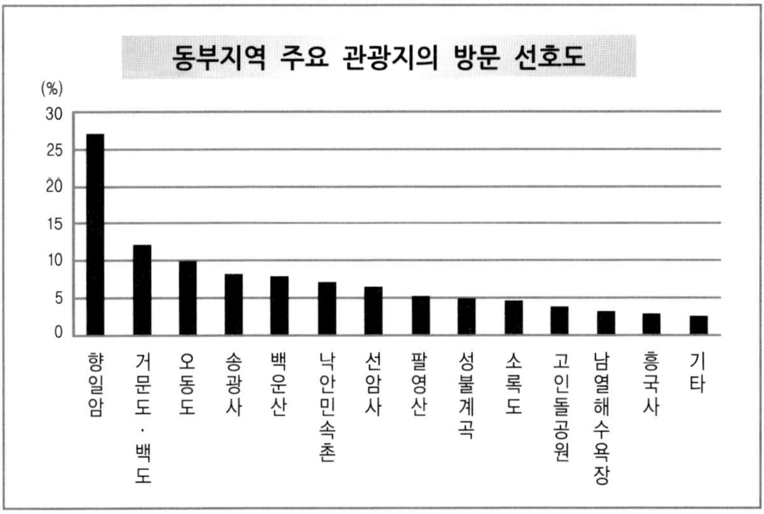

〈그림 3-7〉 동부지역 주요 관광지의 방문 선호도(자료: 이정록 외, 1996)

해 보면, 남성(24.9%)과 여성(30.7%) 모두 '향일암'을 가장 많이 선호하였다. 그리고 연령별로 보면, 선호도에서는 큰 차이는 없지만, 50-59세(백운산: 13.4%)를 제외한 전 연령대가 '향일암'을 가장 선호하고 있는 것으로 나타났다. 학력별로 보면, 학력별 모두에서 '향일암'을 가장 선호하고 있는 것으로 나타났으며, 이 중 고졸(31.7%)이 가장 높은 선호도를 보였다.

이와 같이 가장 높은 선호도를 차지한 여천군 돌산읍의 향일암은 돌산대교를 지나 금오산 기암절벽 사이에 위치하고 있는 작은 암자로서, 수평선 일출의 장관을 볼 수 있는 자연적 경관이 뛰어난 관광지이다. 이러한 향일암의 높은 선호도에 영향을 미친 주요 원인으로는 잠재적 관광객의 선호도에 영향을 미치는 제요소들 중 특히 관광지의 자연적 경관요소가 큰 영향을 미친 것으로 판단된다.

(2) 관광지에 대한 계절별 선호도

관광지는 각각의 관광지가 보유하고 있는 관광자원의 속성에 따라 다양한 유형의 관광수요를 창출하며, 또한 관광지의 속성에 따라 계절별로 상이한 관광수요를 창출한다. 일반적으로 한국 내에서의 관광객 유동은 계절에 따라 특정 관광지를 선호·방문하는 특성을 가지고 있는데, 해양관광지는 해수욕 관광객에 의해 주로 하계에 관광객이 집중하는데 비해 산악관광지는 그 관광지의 특성에 따라 계절별 차이가 크게 나타난다.

특히 계절별 관광지의 선호도 및 관광행태의 조사·분석은 관광지 개발계획에 중요한 기초 자료를 제공하기 때문에 관광지리학의 중요한 연구주제 중의 하나이다. 왜냐하면 관광지의 이용성 및 관광수요의 확대를 꾀하기 위해서는 특정 계절에 따른 관광수요가 요구되기 때문이다.

이러한 측면에서 지역주민의 계절별 관광지 선호도를 파악하기 위해 본 지역의 전형적인 해상경관 중심의 관광자원을 특성상 겨울을 제외한 봄, 여름, 가을의 3계절로 구분하여 조사하였다. 계절별 관광지의 선호도 분석결과(그림 3-8 참조), 봄에는 '오동도(27.2%)'가 가장 많았고, 백운산(12.8%), 거문도·백도(9.5%), 팔영산(9.5%), 향일암(9.3%), 선암사(7.5%), 송광사(6.5%), 흥국사(4.7%), 낙안 민속촌(3.8%), 소록도(3.2%), 성불계곡(2.0%) 등의 순으로 관광지 간 거의 유사한 선호도를 나타냈다. 이러한 현상은 관광자원의 속성상 봄에는 거의 비슷한 자연경관을 가지고 있기 때문에 관광지에 대한 선호가 다양하게 분산됨을 알 수 있다.

여름철에 선호하는 관광지는 거문도·백도(19.2%)가 1순위이며, 성불계곡(16.4%), 방죽포해수욕장(14.2%), 나로도해수욕장(13.4%), 소록도(5.3%), 내발해수욕장(4.0%), 대전해수욕장(3.5%), 남열해수욕장(3.3%), 백운산(3.3%), 향일암(3.3%), 오동도(2.8%), 무슬목 유원지(2.3%), 흥국사와 선암사(1.8%), 송광사(1.5%), 팔영산(1.2%) 등의 순

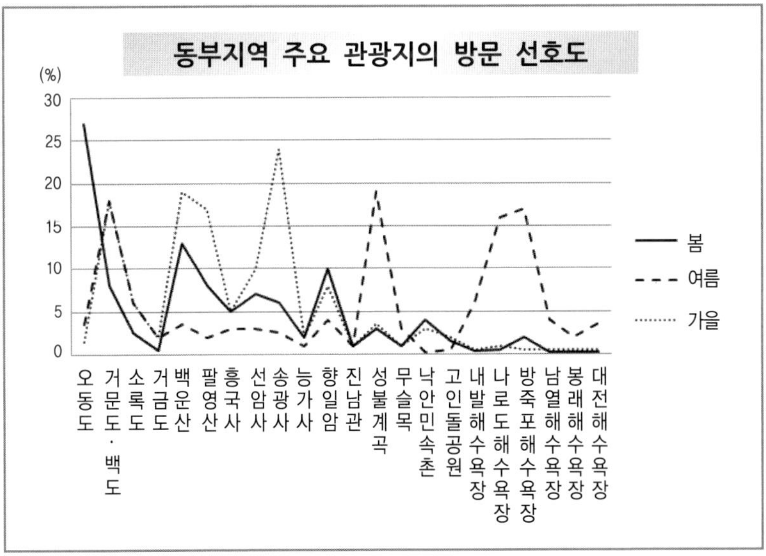

〈그림 3-8〉 계절별 관광지의 선호도 순위(자료: 이정록 외, 1996)

으로 나타나 해양지향적 관광지에 대한 선호가 높게 나타났다. 반면에 백운산·팔영산 등 산악경관 중심의 관광지에 대해서는 매우 낮은 선호도를 나타내 여름철의 관광선호는 관광지의 속성에 따라 큰 차이를 보이고 있다.

가을철에 선호하는 관광지는 송광사(23.5%)가 1순위이고, 백운산(19.0%), 팔영산(18.0%), 선암사(12.3%), 향일암(6.7%), 흥국사(4.3%) 등의 순으로 산악경관을 보유한 관광지를 높게 선호하는 것으로 나타났다. 특히 사계절의 관광지 선호도 중에서 특정 관광지에 대해 집중적인 선호도를 보이는 것이 가을철 선호구조의 특징이라 할 수 있다.

전남 동부지역의 계절별 선호관광지를 각 거주지별로 분석한 결과는 다음과 같다. 봄철의 경우 조사 지역 모두에서 '오동도'가 1위를 차지하였다. 거주지별로 구체적으로 살펴보면, 광양시는 '오동도'에 이어 백운산이 2위를, 거문도·백도, 팔영산, 선암사, 송광사가 각각 3위를 차지하였다. 순천시는 오동도가 1순위이고, 백운산, 향일암이 2위, 거문도·백도가 3위를 차지하였다. 여천시는 오동도가 1순위이고, 향일암이 2위, 팔영산이 3위를 차지하였고, 여수시는 거문도·백도, 백운산이 3위를 차지하였다.

여름철의 경우, 순천, 여천, 여수지역에서는 거문도·백도가 1순위로 평가되었고, 광양시에서는 성불계곡을 1순위로 선호하였다. 이러한 분석결과는 전남 동부지역이 보유하고 있는 도서관광지 및 해양관광지의 특성을 잘 반영하고 있으며, 계절(여름)의 특성상 계곡과 해안의 피서형 관광지의 선호가 높게 나타났다. 마지막으로 가을의 경우, 광양과 여수는 '백운산'이, 순천과 여천은 '송광사'가 1위를 차지하여 이 시기의 전반적인 관광지선호는 가을 단풍놀이 및 사찰 중심의 산악형 관광지의 선호도가 높게 나타났다.

(3) 주요 관광지에 대한 관광횟수

① 관광지별 방문횟수

지역주민의 관광 행태적 속성을 파악하기 위하여 주요 관광지에 대한 방문횟수를 조사하였다. 지역 내 주요 관광지 방문빈도를 살펴보면(그림 3-9 참조), 제 응답자의 40.7%가 '오동도'를 방문한 것으로 나타나 오동도가 방문횟수에서 1순위를 차지하였다. 다음으로 선암사(15.9%), 송광사(9.0%), 흥국사(7.4%), 향일암(6.9%), 백운산(6.2%), 방죽포 해수욕장(2.5%) 등의 순으로 나타나 본 지역 내 관광자원의 특성인 해양형 관광지의 방문빈도는 상대적으로 낮은 비중을 차지한 것으로 조사되었다.

특히 방죽포 해수욕장을 제외하면, 이 지역의 주요 해양형의 관광지에 대한 방문빈도가 낮아 지역의 관광개발에 대한 문제점을 시사하고 있다. 해양형의 관광지에 대한 방문빈도가 낮은 것은 지역 내에 분포하는 해양관광지의 관광편의시설 부재, 관광루트의 미설정, 교통편의시설의 부족 등이 주요 원인으로 보인다.

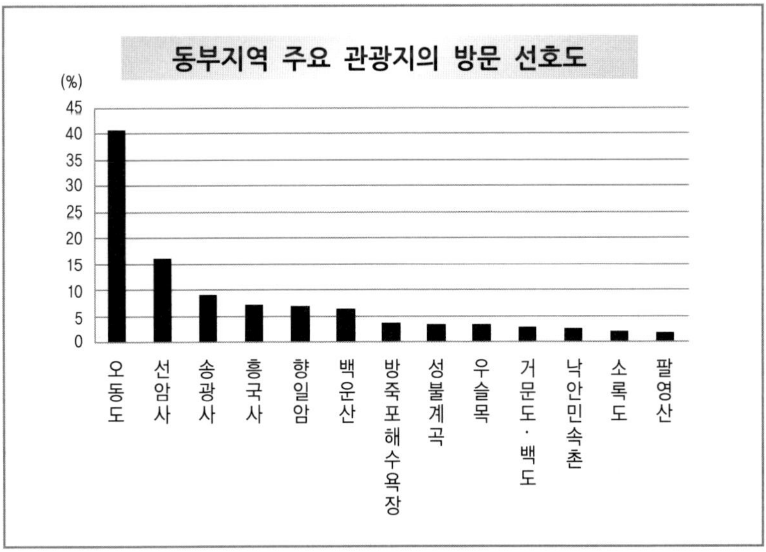

〈그림 3-9〉 주요 관광지의 방문횟수별 순위(자료: 이정록 외, 1996)

② 거주지별 관광지의 방문횟수

지역주민의 거주지별로 관광지 방문횟수를 살펴보면, 순천시를 제외한 광양, 여수, 여천지역 모두 여수시 오동도가 1순위를 차지했다. 이는 한려해상 국립공원에 걸쳐 있는 오동도의 높은 지명도를 반영한 것이라 볼 수 있다. 또한 순위별 관광지를 각 거주지별로 살펴보면, 광양은 오동도에 이어 백운산이 2위를, 선암사가 3위를 차지하였다. 여수시는 오동도에 이어 향일암이 2위, 흥국사가 3위를 차지하였다. 여천시도 역시 오동도에 이어 흥국사가 2위, 선암사가 3위를 차지하였으며, 순천시는 다수의 문화재 및 보물을 보유하고 있는 선암사가 1위를 차지하였고, 오동도가 2위, 송광사가 3위를 각각 차지하였다(표 3-9 참조).

〈표 3-9〉 거주지별 관광지의 방문횟수 순위

구분	1순위	2순위	3순위
순천시	선암사	오동도	송광사
여수시	오동도	향일암	흥국사
광양시	오동도	백운산	선암사
여천시	오동도	흥국사	선암사

자료: 이정록 외(1996)

③ 개인적 속성별 관광지의 방문횟수

또한 응답자의 주요 특성별에 따른 관광지 방문빈도를 성별로 구분해 보면, 남성(39.0%)과 여성(43.3%) 모두 '오동도'를 가장 많이 방문하였다. 연령별로는 전체적인 관광 빈도와 거의 유사하게 19세 미만에서 60세 이상까지의 전체 연령층에서 '오동도'가 1순위로 평가되었다. 그리고 학력별에서도 역시 국졸이하(29.4%: 송광사)를 제외하고 모든 학력별에서도 '오동도'를 가장 많이 방문하고 있는 것으로 나타났다.

특히 많은 관광지 중에서 '오동도'에 대한 높은 방문빈도를 나타내는 주요 원인으로는 오동도가 과거 1970년대 후반까지 여수반도를 중심으로 한 전남 동부지역 관광지 및 관광자원을 대변했던 대표적인 관광지였다는 점을 들 수 있다. 따라서 과거 이 지역 일대가 오동도로 통칭되던 지역관광이미지와 관광지명도가 관광지 방문에 큰 영향을 미친 것으로 판단된다.

이러한 관광지 방문을 더욱 확대·발전시킬 수 있는 방안으로, 항구도시로서의 특성을 살린 여수시 오동도 일대에 도시민을 대상으로 한 대규모의 선상유원지를 조성하는 것이 필요하다. 그리고 선상유원지를 중심으로 해안 경관을 구경할 수 있는 소형 유람선을 운행하는 방안도 고려해 볼 수 있다. 따라서 선상유원지가 조성되면, 전남 동부지역에 있는 여수반도의 관광특성을 반영하고 지역문화를 홍보하는 다양한 관광이벤트의 장소로서도 활용할 수 있을 것이다. 또한 지역 주민들에게 휴식·관광·위락공간을 제공하면서 오동도로 알려진 지역의 관광이미지를 확산시킬 수 있을 것이다.

(4) 종합: 관광지 선호도와 방문횟수

관광지에 대한 선호도와 관광행태(방문횟수) 간의 관련성을 살펴보면, 관광지를 방문한 횟수의 경우, 거주지와의 거리보다는 관광지의 지명도가 관광지 선정에 중요한 영향을 미쳐 '오동도'와 '선암사', '송광사'가 전체의 65.8%를 차지하였다. 반면에 향일암과 거문도·백도는 높은 선호도를 가지고 있으면서도 실질적인 관광지 방문행위로 연결되지 않아 관광행태에서는 낮은 관광횟수를 보이고 있다(그림 3-10 참조).

특히 여천 향일암의 경우, 관광객의 선호도에 영향을 미치는 여러 요소들 중, 자연적 경관요소가 뛰어나 높은 선호율을 나타낸 반면, 휴식·쇼핑·유흥·스포츠·숙박 등 편익시설이 제대로 갖추어져 있지 않아 지역주민의 관광수요를 충족시키지 못하

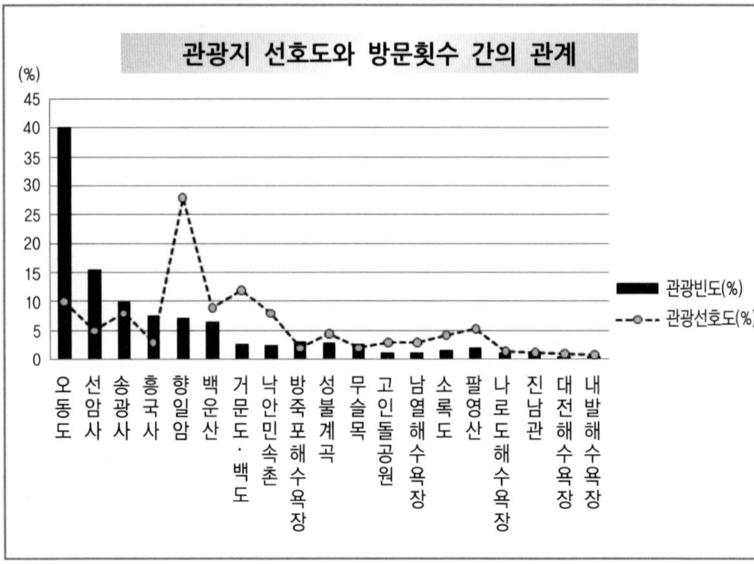

〈그림 3-10〉 관광지 선호도와 방문횟수 간의 관계(자료: 이정록 외, 1996)

고 있다.

따라서 높은 선호도가 선호 그 자체로 머무르지 않고 실제 관광행동으로 연결되기 위해서는 관광활동에 편의를 제공하는 물리적 자원의 개선 및 확충이 필요하다. 그리고 높은 관광행동과 선호도를 유발하지 못하고 있는 관광지의 경우, 관련된 편익시설 및 교통시설의 개발에 중점을 두어 관광수요를 확대시킬 필요가 있다.

4) 연구내용의 요약

전남 동부지역 주민들을 대상으로 주변의 관광지에 관한 인지 및 선호도와 관광행태를 분석한 결과를 요약하면 다음과 같다. 첫째, 지역 주민들은 전남 동부지역에 분포한 관광지 및 관광자원에 대해 매우 긍정적인 인식을 가지고 있어 전남 동부지역 관광지 및 관광자원의 우수함을 그대로 대변하고 있는 것으로 분석되었다. 그러나 관광지 및 관광자원의 우수함에 비해 관광지가 보유하고 있는 관광편익시설에 대해서는 부정적으로 인식하고 있어 관광편익시설의 개발 및 확충이 필요한 것으로 나타났다.

둘째, 지역 주민들이 가장 선호하는 대표적인 관광지는 향일암, 거문도·백도, 오동도로 분석되었으며, 방문 빈도가 가장 높은 관광지는 오동도로 방문 빈도에 있어서 1순위를 차지하였다. 그리고 선암사, 송광사, 흥국사, 향일암, 백운산 등 의 순으로 나타나 본 지역 내 관광자원의 특성인 해양형 관광지의 방문빈도는 상대적으로 낮은 비중을 차지한 것으로 조사되었다.

셋째, 계절별 관광지 선호도를 분석한 결과, 봄에는 오동도와 백운산을 높게 선호한 반면, 여름에는 거문도·백도와 성불계곡 등 해상관광지를, 가을에는 송광사와 백운산 등 사찰 중심의 산악형 관광지를 가장 방문하고 싶어 하는 것으로 나타났다.

넷째, 선호도와 관광행태간의 관련성을 살펴보면, 관광지를 방문한 관광행태의 경우, 거주지와의 거리보다는 관광지의 지명도가 관광지 선정에 중요한 영향을 미쳐 오동도, 선암사, 송광사가 전체의 65.8%를 차지하였다.

본 지역은 관광개발에 필수적 요소로 작용하는 각종 자원은 풍부하나 현새까시 방치되어 있거나 단순 행락중심의 대싱으로밖에 이용되지 못하고 있는 실정이어서 관광의 효과가 제약되어 있는 실정이다. 그리고 관광행정 및 지원체계가 원활하지 못하여 관광객 유치를 위한 효율적인 홍보가 이루어지지 못한 것으로 판단된다.

4. 낙안음식축제 방문객의 관광행태[4)]

전남지역은 예로부터 다른 지역과 차별성을 갖는 독특한 지역적 문화를 가지고 있기 때문에 문화적 관광자원으로 활용이 가능한 많은 자원을 보유하고 있다. 따라서 전남지역은 다양한 특색의 음악제, 음식축제, 미술축제 등 다양한 지역문화를 바탕으로 이벤트 관광의 개발이 매우 양호한 지역이다.

따라서 전남의 대표적인 관광이벤트로 자리 잡은 순천시 낙안면 민속촌에서 매년 가을에 개최되는 남도음식축제를 사례로 방문객의 관광행태를 분석하였다. 남도음식축제를 사례로 선정한 이유는 전남지역에서 행해지고 있는 다양한 이벤트 관광 중에서 비교적 역사가 짧지만, 전국적인 이벤트로 발전하였고 앞으로 전남의 대표적인 이벤트관광으로 성장할 잠재력이 높기 때문이다.

설문조사는 1996년 10월 10일부터 13일까지 전남 순천시 낙안면의 낙안읍성에서 열린 남도음식축제(제3회)를 방문한 관광객들을 대상으로 실시하였으며, 응답한 설문지 중에서 통계분석에 유의한 762명의 설문지를 이용하여 분석하였다.

1) 남도음식축제 개관과 표본집단의 통계적 속성

(1) 남도음식축제의 개관

남도음식축제는 1994년부터 시작되어 1996년 현재 제3회가 개최되었다. 순천시가 주관하는 이 축제는 매년 10월 전남 승주군

4) 이정록 · 추명희, 1997, "이벤트관광 관광객의 행태적 특성분석: 전남 낙안의 남도음식축제를 사례로", 지리학연구, 제29집, pp. 59-84의 내용을 수정 · 보완하였다.

낙안읍성 민속마을에서 열린다. 1996년 10월 10일부터 13일까지 승주군 낙안읍성 민속마을에서 개막된 제3회 남도음식축제는 전남지역의 24개 시·군지역의 전통요리에서부터 현대인의 입맛에 맞춘 개발요리, 폐백요리, 사찰음식 등 희귀음식에 이르기까지 약 4백여 가지의 남도음식이 소개되었다. 이러한 음식전시판매 행사이외에도 전통혼례식 재현, 다시래기·북춤 등 무형문화재 공연, 도립국악단 축하공연, 남도음악회, 관광사진전시회, 제4회 전국대학생 풍물놀이 한마당 등 남도의 고유한 멋과 문화를 경험할 수 있는 다양한 문화적 볼거리가 제공되었다.

남도음식축제는 비록 역사는 짧지만 특색 있는 향토축제를 관광 상품화시켜 전남지역의 대표적인 이벤트 관광으로 성공한 사례이다. 제3회 남도음식축제를 관광하기 위해 방문한 관광객은 물론 전국 각지에서 연일 5만 명 정도가 관람하여 축제기간 동안에 약 30만 명의 관광객이 방문한 것으로 추정된다. 또한 낙안면과 지리적으로 인접한 광주·전남지역 주민들이 방문 관광객의 대부분을 차지하지만, 전체 관광객의 약 15% 정도가 타 지역에서 방문한 관광객들이고, 일부는 일본·대만·필리핀·중국·태국 등지의 관광객도 포함되었다.

이러한 현상은 남도특유의 음식축제를 비롯하여 주변에 분포한 유명 관광지의 지명도가 갖는 흡인요인이 관광객들의 관광목적지 선정에 강력한 매력요소로 작용하여 원거리로부터 많은 관광객들이 남도음식축제를 방문한 것으로 판단된다. 낙안읍성마을은 전남 승주군 낙안읍성 주변에 분포한 대표적인 관광지로는 전국 3대 사찰 중의 하나인 송광사와 다수의 보물과 문화재를 보유한 선암사로 대표되는 사찰관광지가 있다. 그리고 이들 사찰관광지 외에도 고인돌공원과 주암호 등 다수의 관광지가 분포하고 있다.

(2) 표본집단의 개인적 속성

특정 이벤트와 이벤트 활동은 특정성별 또는 연령을 표적시장으로 설정하는 경우가 있다. 그리고 이벤트의 주제나 이미지, 활동유형 등이 특정그룹을 이벤트에 방문하도록 동기화시키거나 다른 것에서부터 관심을 특정 이벤트로 유인하는 사례도 있다(정강환, 1996). 캐나다의 이벤트 관광객 조사에 의하면, 일반적인 방문객들이 주로 여자이면서, 미혼여성들이고, 학력수준이 높고, 연령이 25세 이하이거나 55세 이상의 노인층이 많은 것으로 나타났다(Smith, 1988).

남도음식축제를 방문한 관광객의 성별 특성을 살펴보면(표 3-10 참조), 남자(55.1%)가 여자(44.9%) 보다 많았다. 관광객의 연령별 특성을 보면, '20대 미만'이 전체 29.6%로 가장 높은 비율을 보였고, 30대(29.1%), 40대(21.4%), 50대(13.6%), 60대(6.3%) 순으로 나타나

〈표 3-10〉 축제 방문객의 개인적 속성

구 분		구성비(%)	구 분		구성비(%)
성별	남자	55.1	직업	농임어업	5.8
	여자	44.9		생산직	4.2
연령	19세 미만	3.4		판매서비스	17.9
	20-29세	26.2		전문사무직	29.9
	30-39세	29.1		경영관리직	0.9
	40-49세	21.4		학생	13.2
	50-59세	13.6		주부	20.7
	60세 이상	6.3		기타	7.4
교육정도	국 졸	3.9	월평균소득	50만원 이하	12.8
	중 졸	11.4		50-100만원	25.3
	고 졸	41.2		100-200만원	46.2
	대졸 이상	43.5		200만원 이상	15.7

자료: 이정록 외(1997)

청장년층이 주류를 이루는 것을 알 수 있다. 학력별로는 '대졸 이상'이 전체 43.5%(327명)이며, 고졸(41.2%), 중졸(11.4%), 국졸(3.9%) 순으로 나타났다.

직업별로는 '전문사무직'이 전체 29.9%로 가장 많았고, 주부(20.7%), 판매·서비스(17.9%), 학생(13.2%) 등의 순으로 나타났다. 개인소득별로는 '100-200만원'이 전체 46.2%로 가장 많았고, 50-100만원(25.3%), 200만원 이상(15.8%) 순으로 나타났다. 전체적으로 볼 때, 남도음식축제를 방문한 관광객의 개인적 속성은 20대를 전후한 청장년층의 남자로 대졸 이상의 전문사무직에 종사하는 사람들이 주류를 이루었다.

2) 관광객의 거주지별 공간구조

관광객의 거주지별 공간구조의 특성은 관광지의 관광세력권을 측정하는 매우 유용한 지표중의 하나로서 관광지리학의 주요 연구주제이다. 관광지를 중심으로 관광객의 거주지별, 거리별, 방위별 특성을 분석하는 이유는 관광객의 공간구조를 통하여 관광지의 관광시장과 관광세력권을 설정하는데 중요한 요소이기 때문이다. 여기서 말하는 관광세력권이란 관광객에 의한 관광지 세력권으로서 관광지 그 자체가 갖는 경관, 역사적 조건, 사회적 조건, 관광 홍보 등에 의한 특정 관광지의 흡인력을 말한다(이정록, 1985). 일반적으로 대부분의 이벤트는 향토지역인 핵심시장, 근교의 지역권시장(1일 여행권) 지역에 의존하는 데, 관광객의 공간적 분포는 이벤트 관광객의 표적시장 설정에 유용한 지표를 제공한다.

남도음식축제를 방문한 관광객의 거주지별 분포를 보면, '광주시'가 전체의 23.6%를 차지하였고, 순천시(19.5%), 여수·여천시군(7.9%), 광양시(5.4%) 순으로 나타났다. 한편 위의 시군을 제외한

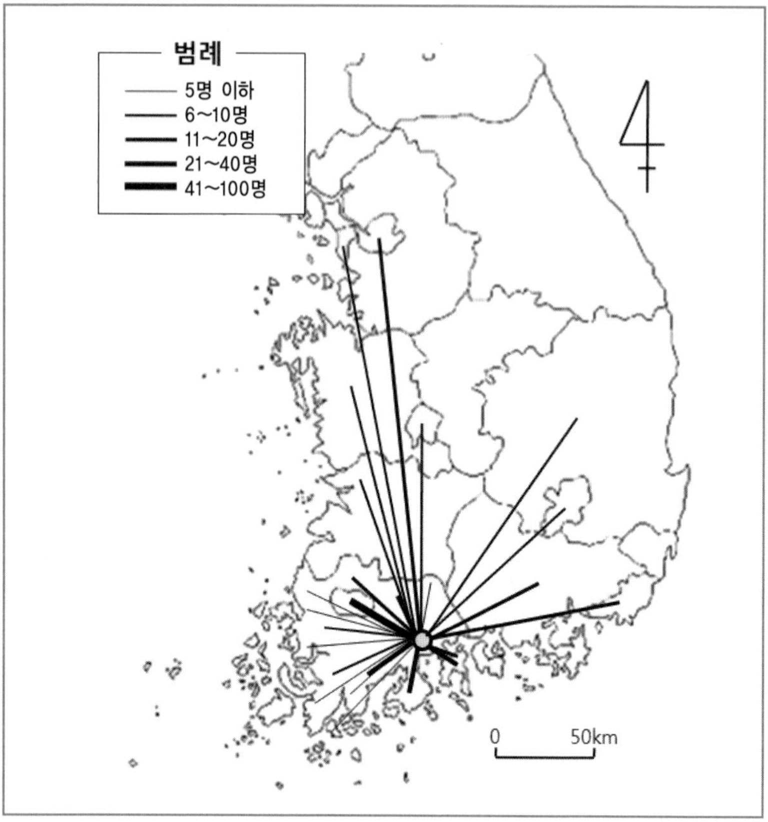

〈그림 3-11〉 관광객의 거주지별 공간분포(자료: 이정록 외, 1997)

전남의 기타 시군에서 거주하는 방문객은 전체의 29.5%를 차지하였다.

특히 남도음식축제를 방문한 관광객 중에서 전남의 동부지역에 거주하는 관광객이 전체의 32.8%를 차지한 이유는 거주지와의 지리적 접근성과 관광지 선호도가 주요한 영향을 미친 것으로 판단된다. 전남 동부지역 주민들은 가을에 단풍놀이 및 사찰중심의 산악형 관광지를 많이 선호하기 때문에(추명희 외, 1996) 사찰관광지와 인접한 남도음식축제를 많이 방문하였다.

한편, 광주 · 전남지역의 관광객으로는 부산시(3.5%), 서울시(3.1%),

대구 · 경북(2.3%), 경남(2.1%), 인천 · 경기(1.4%), 전북(1.0%), 대전 · 충남(0.9%) 순으로 분석되었으며, 전체 조사자의 14.3%가 '광주 · 전남'을 제외한 타 시도에서 방문한 것으로 나타났다. 남도음식축제의 역사가 짧은 점을 고려할 때, 타 지역에 거주하는 관광객이 비교적 많이 방문한 배경에는 남도음식축제의 전국적인 홍보정책과 남도 특유의 음식축제가 관광객 유인에 결정적인 영향을 미친 것으로 생각된다(그림 3-11 참조).

3) 관광객의 관광행태 특성분석

(1) 관광객의 관광형태 구조

축제를 방문하는 관광객의 관광형태별 특성은 이벤트 프로그램의 개발에 중요한 지표를 제공한다. 그래서 이벤트 관광에 참여하는 관광객의 행태적 속성분석은 이벤트 활성화에 있어서 매우 중요한 주제이다. 이런 측면을 고려하여 관광객의 관광형태별 특성을 체재유형, 방문횟수, 동반형태, 교통이용수단, 소요경비, 지출내역 등으로 구분하여 살펴보았다.

관광객의 체재유형별 구조를 보면, '당일' 관광객이 전체의 81.7%(616명)로 가장 많았고, 방문횟수는 '처음' 방문한 관광객이 전체의 54.3%로 과반수이상을 차지하였다. 그리고 관광객의 동반형태를 보면, '가족' 단위 관광객이 전체의 44.1%(334명)로 가장 높게 나타났으며, 친구 및 친지(25.0%), 직장 동료(16.2%), 친목계(5.7%), 혼자서(4.4%) 등의 순으로 나타났다.

관광객의 교통이용수단을 살펴보면, '자가용'이 전체 67.5%(514명)를 차지하여 가장 높은 비율을 점유했다. 다음으로는 관광버스(7.9%), 시외버스(4.0%), 시내버스(3.2%) 순으로 나타났다. 이러한 현상은 최근 급격히 늘어난 자가용 보급의 확대와 이로 인한 가족 동반의 1일 왕복 관광수요의 증가를 단적으로 나타내주고 있으며, 이러한 소규모 여행이 바로 이벤트 관광의 중요한 관광수요가 되고 있는 것으로 판단된다.

관광객이 지출한 소요경비를 살펴보면, '3-6만원'이 전체의 34.7%로 가장 많았고, 1-3만원(30.5%), 6-10만원(14.8%), 1만원 이하(12.0%), 10-20만원(4.8%), 20만원 이상(3.1%) 순으로 나타났다. 관광객이 지출한 경비내역을 보면, '식비'가 전체의 74.1%(550명)로 가장 많았고, 교통비(9.3%), 유흥오락비(7.3%) 순으로 나타났다(표 3-11 참조).

남도음식축제를 방문한 관광객의 전체적인 관광형태의 특징은 주로 자가용을 이용한 가족단위의 관광객이 주종을 이루었으며, 이들이 지출한 소요경비는 최소 1만원에서 최대 6만원의 범위로 밝혀졌고, 이 중에서 음식비가 대부분을 차지하였다.

〈표 3-11〉 관광객의 관광형태별 특성

구 분		구성비 (%)	구 분		구성비 (%)	구 분		구성비 (%)
체재유형	당 일	81.7	방문회수	처음	54.3	소요경비	1만원 이하	12.0
	1박 2일	10.4		2회	25.3		1-3만원	30.5
	2박 3일	3.4		3회	20.4		3-6만원	34.7
	3박 4일 이상	4.5					6-10만원	14.8
							10-20만원	4.9
							20만원 이상	3.1
동반형태	혼 자 서	4.4	교통수단	자가용	67.5	지출내역	식 비	74.1
	가 족	44.1		고속버스	16.0		교통비	9.3
	여행사모집	0.4		관광버스	8.0		유흥오락비	7.3
	진구/ 친지	25.0		기 차	2.2		숙박비	3.0
	학생단체	4.2		기 타	6.3		기 타	6.3
	직장동료	16.2						
	친 목 계	5.7						

자료: 이정록 외(1997)

(2) 관광객의 관광일정 및 방문관광지 구조

남도음식축제를 방문한 관광객의 방문일정을 보면, '음식축제만을 목적'으로 방문한 경우가 전체 78.0%로 대부분을 차지하였으며, '음식축제 이외의 관광지를 방문'하는 경우도 22.0%로 나타났다. 음식축제 외에 다른 주요 방문목적 관광지를 살펴보면 다음과 같다. 음식축제를 방문하기 전의 관광지는 '송광사'와 '선암사'가 각각 17.5%(10명)로 가장 많았고, 고인돌 공원(5.3%), 주암호(3.5%) 순으로 나타났다. 음식축제를 방문한 후 관광지는 '선암사'가 25.4%(33명)로 가장 많았고, 송광사(17.7%), 고인돌 공원(7.7%), 주암호(1.5%) 순으로 나타났다(표 3-12 참조).

방문관광지 중에서 송광사와 선암사가 높은 비율을 차지한 배경은 이들 사찰이 전국적인 지명도와 다수의 문화재 및 보물을 보유하고 있는 전남 동부지역의 대표적인 관광지이기 때문이다. 그리고 가을철 전반적인 관광지 선호도는 가을 단풍놀이 및 사찰 중심의 산악형 관광지가 높게 나타난다. 결국, 이러한 관광지 방문에 가장 큰 영향을 미친 요인으로서 이들 관광지가 가을철 이 지역 일대 관광지 중에서 가장 높은 선호도를 보이는 대표적인 관광지(추명희 외, 1996)라는 점이 관광객들의 관광지 방문에 크게 작용을 한 것으로 판단된다. 따라서 남도음식축제가 보다 활성화되기 위해서는 이와 같은 인근 관광지와의 연계 방안과 함께 체류형 관광을 유도하기 위한 방안이 모색되어야 할 것이다.

〈표 3-12〉 축제 전과 후의 목적 관광지 비교 (단위: %)

구분	고인돌공원	송광사	선암사	주암호	기타	합계
방문 전	5.3	17.5	17.5	3.5	56.1	100
방문 후	7.7	17.7	25.4	1.5	47.7	100

자료: 이정록 외(1997)

(3) 음식축제에 대한 정보습득방법

이벤트 관광객들이 어떠한 정보매체를 통해서 이벤트 또는 축제에 참여하게 되는지를 파악해 보면 각 정보매체에 근거한 시장세분화가 가능하게 된다. 또한 이러한 세분화를 통해서 효과적인 매체에 맞춰 집중적인 초점을 둔 전략을 수립할 수 있다.

향토축제의 정보매체에 대해 Plant(1984)는 22년 전통의 '엘미라 메이플시럽 축제'(Elmira Maple Syrup Festival)에서 관광객들이 가장 자주 언급하는 매체는 친구・친척 등을 통한 구전이었다고 주장하였다. Getz(1991)는 일반 방송언론 매체 중에서는 TV가 가장 효율적이고 신문이 두번째로 효과적이라고 주장하였다.

음식축제 방문객들이 어떤 매체를 통하여 축제정보를 듣고 참석하게 되었는지를 분석한 결과, '신문・TV・잡지' 등의 정보매체를 통해서 정보를 얻은 경우가 전체 66.2%로 가장 높게 나타났다. 그 다음으로 '친구・친척'을 통하여 축제에 대한 정보를 얻는 경우가 22.0%로 나타나 남도음식축제의 경우 신문・TV・잡지 등의 광고매체가 가장 효과적인 정보전달 매체로 작용을 하였음을 알 수 있다. 따라서 앞서 언급한 기존 외국의 연구결과들과는 상반된 결과를 보였다.

이러한 이유로는 역사가 오래지 않는 축제나 신생이벤트의 경우에는 TV나 신문 등의 방송언론 매체에 크게 의존하기 때문이다. 따라서 1996년 현재 3회가 개최된 남도음식축제 역시 TV나 신문 등의 방송언론 매체에 크게 의존한 것으로 나타났다.

그러나 앞으로의 향토축제의 홍보효과는 신문, 잡지 등의 광고매체들보다는 방문객들의 경험에 따라 전파되는 구전효과가 더욱 중요하다고 할 수 있으며, 축제조직자가 방문객의 만족도를 높이는 전략을 세우는 것이 곧 홍보효과 극대화와 직결된다고 할 수 있을 것이다.

4) 남도음식축제 방문객의 평가분석

(1) 남도음식축제에 대한 인지 및 평가

남도음식축제에서는 음식전시회 이외에도 다양한 볼거리가 펼쳐져 전국 각지에서 많은 관광객들이 방문하였다. 다양한 거주지에서 방문한 관광객들을 대상으로 남도음식축제에 대한 사전 인지도를 접근방법, 축제종류, 그리고 축제일정 등으로 구분하여 조사하였다.

음식축제에 대한 사전 인지도를 분석한 결과, 접근방법에 대한 사전 인지도는 전혀 몰랐다가 58.6%로 비교적 낮게 나타났다. 반면에 축제종류와 축제일정에 대한 사전 인지도는 비교적 높게 나타났다(표 3-13 참조).

이를 개인적 속성별로 살펴보면, 접근방법은 여자(14.7%)가 남자(8.9%)보다 더 많이 알고 있었으며, 연령별로는 20대(22.1%)와 60세 이상(13.3%)의 사전인지도가 높은 것으로 나타났다. 직업별에서는 학생(15.4%)과 사무직(15.4%) 및 판매서비스업(15.4%), 가정주부(10.5%) 등이 비교적 잘 알고 있는 것으로 나타났다.

축제종류에 대한 개인속성별 사전 인지도를 보면, 남자·여자 모두 비교적 잘 알고 있는 것으로 나타났으며, 연령별로는 19세 이하(21.7%)와 20세 이상(20.5%)의 인지도가 높은 것으로 나타났다. 직업별로는 학생(25.3%)과 농임업(20.5%)에 종사하는 사람들이

〈표 3-13〉 축제에 대한 정보의 인지도 (단위: %)

구분	잘 알고 있다	보통이다	전혀 몰랐다	계
접근 방법	11.5	30.0	58.6	100
축제 종류	14.2	47.9	37.9	100
축제 일정	25.0	36.8	38.3	100

자료: 이정록 외(1997)

인지도가 비교적 높게 나타났다. 다음으로 '행사일정'에 대한 개인속성별 사전인지도를 살펴보면, 남자(24.0%) · 여자(26.2%) 모두 비슷한 인지도를 나타냈으며, 연령별로는 20대가 32.6%로 가장 높았다. 직업별로는 학생(38.9%)과 판매서비스업(31.9%)의 사전인지도가 높은 것으로 나타났다.

거주지에 따른 축제의 인지도를 살펴보면 관광객의 거주지와의 지리적 접근성과 축제장소에 대한 접근방법에 대한 인지도 간에는 커다란 차이가 나타나지 않았다. 즉, 축제장소와 지리적으로 인접한 전남(69.5%)과 전북(57.1%)의 인지도와 제주(66.7%) 및 충남(50.0%)에 거주하는 관광객의 접근방법에 대한 인지도는 큰 차이가 없었다. 축제종류에 대한 인지도는 제주지역(66.7%)과 충남(50.0%), 대전(40.0%)지역에 거주하는 관광객의 인지도가 비교적 높았다.

전체적으로 볼 때, 남도음식축제와 지리적으로 인접한 관광객은 축제에 대한 정보의 인지도가 낮은 반면, 원거리에 거주하는 관광객은 축제에 대한 충분한 정보를 가지고 방문하였다. 이러한 배경에는 근거리에 거주하는 관광객들은 목적지에 대한 친숙성 때문에 축제에 대한 정보의 중요성을 낮게 인식 · 평가한 것으로 사료된다.

(2) 축제 프로그램에 대한 선호도와 만족도

① 축제 프로그램에 대한 선호도 평가

남도음식축제에서 펼쳐진 다양한 축제행사에 대한 관광객들의 선호도 및 만족도, 그리고 이에 대한 평가분석을 행하였다. 축제행사에 대한 전체적인 선호도를 살펴보면, '음식전시회'에 대한 선호도(50.0%)가 가장 높았고, 그 다음으로 각종 민속놀이(22.8%), 성곽돌담(13.9%), 음식(10.7%) 등의 순으로 나타났다. 각종 민속놀이의 경우 전통혼례식, 북춤, 도립국악단 축하공연, 풍물

놀이 한마당 등은 음식전시회 못지않게 다양한 볼거리행사였다는 평가를 받았다. 따라서 앞으로 음식전시회 뿐만 아니라 남도음식축제의 성격을 잘 살릴 수 있는 효과적인 볼거리행사 프로그램 구성 또한 중요한 이벤트 관광전략중의 하나라고 할 수 있겠다.

축제행사의 선호도를 성별로 분석하면, 남자(47.3%)·여자(53.3%) 모두 음식전시회에 대한 선호도가 가장 높았지만, '음식전시회'에 대한 관심은 여자가 더 높은 비율을 나타냈다. 연령별로 보면, '음식전시회'에 대한 선호도는 30대 후반에서 높게 나타났고, '각종 민속놀이'에 대한 선호도는 10대와 20대에서 높게 나타났다(표 3-14 참조).

이러한 결과로 볼 때, 남도음식축제가 세계속의 유명행사로 발전하기 위해서는 현재의 단순한 음식전시·판매행사에서 탈피하여 남도의 독특한 음식 맛을 전할 수 있는 개성 있는 부대행사와 함께 관광객들이 함께 참여하는 방안도 강구돼야 할 것으로 판단된다.

〈표 3-14〉 개인속성별 행사선호도 (단위: %)

구 분		음식전시회	민속놀이	늠 식	성곽몰담	기 타	계
성별	남	47.3	25.1	11.2	13.2	3.2	100
	여	53.3	19.9	10.1	14.9	1.8	100
연령	19세 이하	25.0	37.5	16.7	8.3	12.5	100
	20-29세	45.4	26.0	10.7	16.3	1.5	100
	30-39세	55.3	21.4	10.2	11.6	1.4	100
	40-49세	51.9	21.5	11.4	12.7	2.5	100
	50-59세	51.5	18.4	11.7	14.6	3.9	100
	60세 이상	50.0	20.8	6.3	18.8	4.2	100

자료: 이정록 외(1997)

② 방문객을 위한 편익시설에 대한 만족도 평가

남도음식축제를 방문한 관광객을 위한 편익시설에 대한 평가를 분석해 보면, '편의시설의 부족'과 '휴식공간의 부족'이 각각 전체의 21.7%로 가장 높은 비율을 차지하였다. 그 다음으로 시중보다 비싼 음식가격(18.8%), 사전홍보 부족(10.0%), 안내판 부족(9.8%), 주차공간 협소(8.9%), 행사장 부족(7.4%) 등의 순으로 나타났다. 그리고 편의시설 중에서 가장 부족한 시설은 '휴식공간(27.5%)'으로 나타났고, 그 다음으로 화장실(21.4%), 식수대(15.9%), 주차장(12.3%), 행사장 안내판(7.9%), 공중전화(5.9%) 순이었다(표 3-15 참조).

전체적으로 보면, 음식전시회를 비롯한 각종 부대행사는 성공적인 평가를 받았다. 그러나 불충분한 관광객의 편익시설 때문에 편의시설에 대해서는 매우 부정적인 평가를 하였다. 그러므로 남도음식축제를 전국적인 이벤트로 개발하기 위해서는 관광객을 위한 각종의 편익시설 확충이 우선적으로 이루어져야 할 것으로 판단된다.

〈표 3-15〉 낙안음식축제의 편익시설에 대한 평가

구 분	순 위	비 율(%)
각종 편의시설 부족	1	21.7
휴식공간의 부족	1	21.7
시중보다 비싼 음식가격	3	18.8
사전홍보 부족	4	10.0
안내판 부족	5	9.8
주차공간 협소	6	8.9
행사장 부족	7	7.4
기타	8	1.7
계		100

자료: 이정록 외(1997)

③ 축제에 대한 만족도 평가

남도음식축제 행사에 대한 관광객들의 만족도를 크게 음식전시회, 민속놀이, 행사시설 등으로 구분하여 분석하였다. 먼저 '음식전시회'에 대한 만족도는 전체 관광객의 79.6%가 '기대보다 못하다'거나 불만족스럽다고 응답하였다. 민속놀이에 대한 만족도에서도 관광객의 43.4%가 '기대보다 못하다'라고 응답하였다. '행사시설'에 대한 만족도는 '그저 그렇다'가 41.4%, '기대보다 못하다'는 34.9%를 차지하였다. 반면에, 음식의 질에 대한 만족도는 전반적으로 긍정적으로 나타났다(표 3-16 참조).

이러한 결과로 볼 때, 남도 특유의 문화자원이라고 할 수 있는 향토음식의 우수성은 뛰어난데 반해, 음식축제행사에 대한 관광객들의 만족도는 전체적으로 낮다고 볼 수 있다. 따라서 음식축제를 전남의 대표적인 관광상품으로 육성하기 위해서는 관광객의 만족도를 높이는데 필요한 각종 부대행사 및 프로그램 전략이 시급한 것으로 판단된다.

〈표 3-16〉 음식축제에 대한 만족도 (단위: %)

구분	매우 만족	대체로 만족	그저 그렇다	기대보다 못함	매우 불만족	계
음식전시회	1.1	3.7	15.6	49.8	29.8	100
민속놀이	1.0	6.5	30.6	43.4	18.4	100
행사시설	2.3	11.3	41.4	34.9	10.1	100
음식의 질	6.1	17.1	37.4	31.0	8.4	100

자료: 이정록 외(1997)

5) 연구내용의 요약

남도음식축제를 방문한 관광객의 속성별 특징과 거주지별 분포를 분석한 결과, 남도음식축제를 방문한 관광객의 개인적 속성은 20-30대를 전후한 청장년층이 가장 많았다. 관광객의 거주지별 분포를 보면, 광주시가 전체의 23.6%를 차지하였고, 순천시(19.5%), 여수·여천시군(7.9%), 광양시(5.4%) 순으로 나타났다. 그리고 광주·전남 이외의 다른 지역에서도 약 14.5%가 방문하여 음식축제가 전국적인 이벤트로 성장할 수 있는 가능성을 보여 주었다.

관광객들의 전체적인 관광형태별 특징은 주로 자가용을 이용한 가족단위의 관광객이 주를 이루었으며, 이들이 지출한 소요경비는 1만원~6만원 범위 내에서 식비가 주요 지출원인 것으로 나타났다. 그리고 음식축제 이외의 방문관광지는 송광사와 선암사가 가장 높은 비율을 차지하였다. 음식축제를 방문한 관광객들의 정보습득방법은 신문·TV·잡지 등의 정보매체를 이용하였다.

음식축제에 대한 사전 인지도를 분석한 결과, 접근방법에 대한 사전 인지도는 전혀 몰랐다가 58.6%로 비교적 낮게 나타났다. 반면에 축제종류와 축제일정에 대한 사전 인지도는 비교적 높게 나타났다. 남도음식축제에서 펼쳐진 다양한 축제행사에 대한 전체적인 선호도는 음식전시회에 대한 선호도(50.0%)가 가장 높았다.

남도음식축제 행사에 대한 관광객들의 만족도를 크게 음식전시회, 민속놀이, 행사시설로 구분하여 살펴본 결과, 음식전시회에 대한 만족도는 전체 관광객의 79.6%가 '기대보다 못하다'거나 불만족스럽다고 응답하였고, 민속놀이와 행사시설에 대한 만족도도 부정적으로 나타났다. 반면, 음식의 질에 대한 만족도는 전반적으로 긍정적인 것으로 나타났다.

음식축제에 대한 관광객들의 평가를 분석한 결과, '편의시설의 부족'과 '휴식공간의 부족'이 각각 전체의 21.7%로 가장 높은 비율을 차지하였다. 그리고 편의시설 중에서 가장 부족한 시설은 '휴식공간(27.5%), 화장실(21.4%), 식수대(15.9%) 등으로 밝혀졌다.

전체적으로 볼 때, 남도 특유의 문화자원이라고 할 수 있는 향토음식의 우수성은 뛰어난데 반해, 음식축제 행사에 대한 관광객들의 만족도는 전체적으로 낮았다고 볼 수 있다. 따라서 음식축제를 전남을 대표하는 관광상품으로 육성하기 위한 정책적 지원이 필요한 것으로 나타났다. 뿐만 아니라 남도음식축제 인근에 분포한 선암사, 송광사, 고인돌 공원 등 비교적 지명도가 높은 관광지와의 연계방안과 체류형 관광을 유도하기 위한 방안도 모색되어야 한다.

참고문헌

길용현 · 김종근, 1988, 관광지리학, 집문당.

김성기, 1988, 관광자원론: 이론과 실제, 녹원출판사.

김정배, 1988, 관광자원론, 설영출판사.

김진섭, 1984, 관광학원론, 대왕사.

김홍운, 1989, 관광지리학, 일신사.

박석희, 1989, 신관광자원론: 개발 · 이용 · 관리, 명보출판사.

손대현, 1989, 관광론: 관광과 문화행동, 일신사.

오남삼, 1991, "관광지 주민의 관광행태에 관한 연구", 지리학논총, 11호, 서울대학교 지리학과.

윤길진, 1988, "관광지의 선호와 이미지에 관한 연구", 지리학 제37호, 대한지리학회.

이광진, 1995, 한국관광문화정책론, 백산출판사.

이정록, 1985, "전남지역 관광객의 행태 및 수요분석", 전남대 논문집, 제30집, 전남대학교, pp. 145-171.

정강환, 1996, 이벤트 관광전략, 일신사.

추명희 · 이정록 · 김재철, 1996, "전남 동부지역 관광지의 선호도와 관광행태에 관한 연구", 한국지역지리학회지, 제2권 제1호, pp. 115-131.

차복재 역, 1982, 관광개론, 계명대학교 출판부.

Getz, D., 1991, *Festival, Special Events & Tourism*, VNR, New York.

Smith, S., 1983, Recreation Geography, Longman, London and New York.

Smith. 1988.

CHAPTER 4

관광축제와 관광활동

현대인의 생활은 축제와 이벤트의 연속으로 많은 도시에서 다양한 축제와 이벤트가 개최되고 있다. 오늘날 주요 도시에서 개최되는 관광축제와 이벤트는 중요한 관광대상으로 등장하고 있고, 관광객의 목적지 선정에 커다란 영향을 미치고 있다. 특히 지역축제와 이벤트는 개최지역의 관광산업 활성화, 사회간접자본시설의 개선, 대규모 공공투자사업의 진행, 지역이미지 제고 등에 긍정적인 영향을 미치고 있다(이정록, 2005).

관광축제는 지리학을 비롯하여 관광학, 사회학, 인류학 등의 주요한 연구주제 중의 하나이다. 축제가 주요 관광자원으로 기능하여 지역의 관광 진흥과 장소마케팅에 크게 기여하고 있기 때문에 최근 관광학을 비롯한 사회과학 분야에서 축제의 기능과 역할, 축제와 지역발전과의 관계 등에 관한 연구가 활발하게 이루어지고 있다. 그리고 축제에 관한 지리학적 연구의 주요 관심사는 축제가 어디에서, 어떻게, 그리고 왜 개최되는가 하는 축제분포의 지리적 특성을 파악하는 것이다(이정록 · 우연섭, 2003).

이 장에서는 관광축제의 특징, 축제에 참여하는 관광객의 관광행태, 우리나라에서 개최되고 있는 축제의 종류와 관광축제로의 성장과정 등을 살펴보려고 한다. 여기에 소개된 주요 내용은 전남지역 문화축제에 관한 이정록 · 우연섭(2003)의 연구, 함평나비축제의 관광객 행태분석에 관한 연구(이정록, 2003), 우리나라 축제의 공간확산에 관한 이정록(2005)의 연구 등을 바탕으로 재구성한 것이다.

1. 이벤트와 문화관광축제: 이론적 특징1)

1) 축제와 이벤트

(1) 축제와 이벤트의 개념

축제 및 이벤트와 관련한 용어는 매우 많다. 지역축제, 민속축제, 관광이벤트, 관광축제, 문화관광축제 등 다양하게 통용되고 있는 것이 현실이다. 그러나 축제(festival)와 이벤트(event)에 대한 개념 규정은 학자와 학문분야, 그리고 관심 영역에 따라 상이하다. 축제와 이벤트는 구성원의 참여와 관광상품화 가능 여부 등에 따라 구분되기도 하지만, 축제와 이벤트에 대한 명확한 개념은 존재하지 않고 그 차이를 규정하는 것 또한 쉽지 않다(Janiskee, 1991). 축제를 홍보목적으로 이벤트라고 부르는 경우가 많기 때문이다.

축제는 넓은 의미의 제의(祭衣)의 한 형태로서 근본적으로 인간문화를 대변하는 사회적 현상임과 동시에 하나의 이벤트이다. 축제의 5가지 기본요소는 특별한 행사로서 축하의 기회, 유명한 인물이나 사건 또는 중요한 생산물의 추수에 대한 감사와 연례행사, 일련의 예술작품을 만드는 과정 및 문화적 이벤트, 지역의 전시회, 일반적 제례의식과 향연 등이 포함된다.

반면에 이벤트는 인류 역사상 모든 시대와 문화권에 존재해 온 인간 활동으로, 일반적으로 마케팅과 관련된 판촉활동을 위한 특별 행사라는 개념으로 통용되고 있으며, 박람회, 컨벤션과 전시회, 콘서트, 패션쇼, 축제, 스포츠 게임 등과 유사한 용어로 사용되고 있다(McDonnell, Allen and O'toole, 1999).

---

1) 이정록 · 우연섭, 2003, "전남지역 문화관광축제의 공간적 전개과정과 특징", 한국지역지리학회지, 제9권 제3호, pp. 235-236을 수정 · 보완한 것이다.

(2) 축제와 이벤트의 분류와 특성

축제를 포함한 이벤트는 규모와 내용에 따라 다양하게 분류된다. 일반적으로 규모에 따라서는 대형 이벤트, 우량 이벤트, 그리고 주요 이벤트 등 3가지로 구분된다. 대형이벤트(mega event)는 규모가 커서 국가경제에 커다란 영향을 미치고 세계적인 주목을 받는다. 우량 이벤트(hallmark event)는 마을이나 도시 또는 지역의 정신이나 기상을 나타내기 위한 이벤트로서 지명이 많이 들어가며, 연례적으로 개최되는 이벤트를 의미한다. 그리고 주요 이벤트(major event)는 언론의 주목을 받는 대규모의 콘서트나 전시회, 스포츠 경기 등과 관련된 이벤트를 말한다(McDonnell, Allen, and O'toole, 1999).

이러한 분류에서 가장 일반적인 유형이 우량 이벤트이다. 우량 이벤트에는 정기적 또는 1회씩 개최되는 주요 박람회(fairs), 축제와 카니발, 전시회, 문화·종교 이벤트, 스포츠 이벤트 등이 있다(Hall, 1992). 우량 이벤트에 대한 정의는 학자에 따라 상이하다. Ritchie(1984)는 제한된 기간 동안 1회 또는 지속적으로 개최되는 이벤트로, 주로 단기 또는 장기적 관점에서 관광지의 인지도, 매력, 경제적 이익을 높이기 위해 개발된 것으로 이벤트의 성패는 관심을 끌 수 있는 적절한 시기와 이벤트의 독창성에 달려 있다고 정의하였다. 그리고 Getz(1997)는 이벤트를 개최하여 발생하는 경제적 관점에서 정의하고 있는데, 우량 이벤트란 지속적으로 개최되는 이벤트로서 전통, 매력도, 이미지, 홍보적인 측면에서 개최지에 커다란 파급효과를 미치며, 나아가 개최도시의 경쟁력을 강화시키는 이벤트로 규정하였다.

우량 이벤트는 지역과 주민의 특성이 반영되기 때문에 행사에 대한 지역주민의 참여도가 매우 높고 자부심 또한 강한 것이 특징이다. 그리고 이벤트는 개최지역의 관광수입 증대는 물론 지역 마케팅에 크게 기여하고 있다. 이런 우량 이벤트(hallmark event)에 해당하는 대표적인 사례에는 브라질의 리우데자네이루 카니발 외에 스코틀랜드 에딘버러 페스티벌, 투어드 프랑세, 독일 뮌헨의 옥토페스트 등이 있으며, 우리나라의 경우 진도영등축제, 금산인삼축제 등이 이에 해당한다.

특히 우량 이벤트의 주요 기능은 개최지에 특정기간동안 관광시장으로서 탁월한 기능을 확보하는 기회를 제공한다. 그래서 이벤트를 개최하는 도시는 많은 관광객을 견인하게 되는 데, 그러한 사례는 2002년 한일 월드컵을 비롯하여 경주문화엑스포, 진도영등제, 금산인삼축제, 함평나비축제 등에서 잘 나타나고 있다.

따라서 우량 이벤트에는 대형 이벤트뿐만 아니라 작은 도시나 농촌지역에서 개최되는 다양한 지역축제까지도 범주에 포함되며, 최근에는 이벤트로서 지역축제의 역할이 강조되고 있다. 지역축제가 관광객들에게 관광매력물로 기능하고 나아가 관광지 개발에 영향을 줄 때, 축제는 이벤트가 된다(Getz, 1991). 이와 같이 오늘날에는 축제와 이벤트가 동일한 개념으로 혼용되고 있고, 이들 활동이 기본적으로 관광과 연계되기 때문에 관광이벤트로 불리기도 한다.

우리나라의 지자체에서 개최되고 있는 다양한 지역축제는 지역의 고유한 문화와 전통을 알리고 나아가 축제를 통해 지역관광과 지역경제의 활성화를 도모하기 위해 기획·연출된 하나의 이벤트이다. 그래서 지역축제를 우량 이벤트로 분류할 수 있다. 이들 축제는 지역의 정신이나 정체성을 나타내는 이벤트로서 대부분 연례적으로 열리고 있으며, 개최지역의 관광매력성과 인지도를 높이고 경제적 이익을 창출하기 위해 개발되었기 때문에 우량 이벤트로 분류하는 것이 가능하다.

2) 관광자원으로서 축제와 이벤트[2)]

축제는 넓은 의미에서 보면 특정 이벤트에 포함된다. 다양한 장소에서 특정 시기에 열리는 축제는 공공이벤트로서 열리게 되고 원거리로부터 관광객을 유인하는 독특한 매력요인으로 작용한다. 이러한 이벤트의 전형적인 사례가 축제이며, 각종 퍼레이드, 행사 및 대회 등도 모두 이벤트에 속한다. 그리고 모든 이벤트는 그 개최목적을 최대화시키기 위해서 축제라는 이름을 붙일 수 있다.

축제가 개최되는 목적에는 여러 가지가 있는데, 그 중 가장 중요한 목적은 지역경제를 활성화시키고 지역의 이미지를 외부에 널리 홍보하기 위함이다. 아주 작은 규모의 각종 기념행사들도 자원봉사자들의 노동력과 기부금 및 서비스의 후원을 받기 때문에 재정적으로 성공을 거둘 수 있다. 준비가 잘 된 축제들은 원거리의 관광객들을 끌어들인다. 그리고 이러한 관광객들이 축제의 중요한 수입원이 될 뿐만 아니라 그 지역 이미지를 외부에 널리 홍보하는 효과를 제공한다. 따라서 최근에 지방자치단체나 지역민간단체가 주관하는 다양한 이벤트 행사는 원거리로부터 외부 관광객들을 끌어들여 지역의 관광개발 및 관광진흥에 새로운 활력을 불어넣고 있다.

세계적으로 유명한 축제들은 국내외 많은 관광객을 유인한다. 미국 뉴올리언스(New Orleans) 마드리드 그래스(Mardi Gras) 행사는 세계 도처로부터 사람들을 견인하며, 추수감사절에 열리는 뉴욕의 메이시(Macy) 퍼레이드를 구경하기 위해 매년 수천의 사람들이 그곳을 방문한다. 캐나다 퀘벡(Quebec)시와 미국 미네소타주

2) 이정록 · 추명희, 1997, "이벤트관광 관광객의 행태적 특성분석: 전남 낙안의 남도음식축제를 사례로", 지리학연구, 제29집, pp. 62-63을 수정 · 보완하였다.

의 세인폴(St. Paul)시는 오랜 동절기로 인한 관광비수기를 극복하기 위해 겨울축제(winter carnival)를 개최하고 있다.

올림픽과 세계박람회 같은 대형이벤트(mega event)도 역시 특정 장소에 수많은 관광객들을 끌어들인다. 이러한 대형 이벤트를 유치함으로써 얻을 수 있는 효과 중 가장 대표적인 것은 그 이벤트가 끝났을 때 그 지역주민이 사용할 수 있게끔 만든 공공시설과 사회간접자본시설의 건설을 들 수 있다. 대형이벤트를 준비하기 위해 진행된 공공투자사업은 매우 눈에 띠고, 기능적인 건축물을 건조하여 이벤트의 유산(legacy)으로 남게 된다. 일례로, 일련의 연속적인 대형이벤트를 개최한 프랑스 파리와 캐나다 몬트리올은 이벤트 유치준비로 인해 도시모습을 변형시키면서 더욱 매력적인 국제도시로 부각된 경우라 할 수 있다.

전술한 것 외에도 각종 음악축제, 콘서트 역시 관광객을 끌어들이는 매력요소로 작용한다. 대표적 사례로서 미국 콜로라도 주의 애스펀(Aspen) 음악축제(Music Festival)와 뉴욕의 우드스턱(Woodstock)에서 열리는 옥외 콘서트(Outdoor Concert)는 전세계적으로 많은 학생들과 젊은이들을 끌어들이고 있다. 이와 같이 관광객의 관광활동을 자극·유인하는 매력요소인 특정 이벤트를 관광상품화시켜 이를 관광하는 일체의 행위가 바로 다음에서 말하고자 하는 이벤트 관광(event tourism)이다.

3) 축제와 이벤트의 주제[3)]

이벤트 관광에서는 어떻게 이벤트 주제를 모든 부분에서 일관되게 반영하느냐가 중요하다. 모든 축제는 주제를 가지고 있는

3) 이정록·추명희, 1997, "이벤트관광 관광객의 행태적 특성분석: 전남 낙안의 남도음식축제를 사례로", 지리학연구, 제29집, pp. 63-64를 수정·보완한 것이다.

데 주로 지역유산이나 특유생활방식을 기념하고 경축한다. 그러나 주제는 단지 기념하는 대상물 이상의 의미를 갖는다. 그것은 주제가 이벤트의 모든 부분에 스며들어 이벤트를 단일화하고, 또 주제는 프로그램의 방향과 일관성을 제시하기 때문이다. 그래서 이벤트 관광객들이 이벤트를 쉽게 이해할 수 있는 근거를 마련해 주는 것이다. 그러므로 주제를 이벤트에 현실화한다는 것은 이벤트 프로그램들에 일관성을 부여하고, 이벤트의 이미지를 생성하게 하는 것이 된다.

Festival Sourcebook에 의하면, 18가지의 주제별로 축제를 유형화시킬 수 있다. 즉 농업, 유적, 예술, 전통공예품, 지역성, 민속춤, 민속이벤트, 영화, 민족이벤트, 민속, 음식·음료, 역사, 해양, 음악, 계절, 극장·연극, 야생동물, 국가박람회 등이 그것이다. 그러나 사실 모든 지역에서 열리는 축제들의 주제는 너무 다양하고 광범위하기 때문에 이러한 범주에 속하지 않는 경우도 많이 있다.

주제별 축제의 분류에서 미국의 경우를 살펴보면, 거의 절반(47%)이 지역성, 예술, 전통공예품, 또는 민속, 토착문화 등과 관련된 주제들이다. 이 이외의 나머지 주제들을 보면, 음악, 민속춤, 음식 및 음료, 농업, 계절, 그리고 역사에 관한 주제들이다.

따라서 이벤트의 주제는 지역의 문화와 지역주민들의 의지가 반영된 지역특유의 향토적인 것을 설정하는 것이 일반적인 경향이다. 국제적으로 영국 에든버러의 군악대축제(Military Tattoo), 캐나다 캘거리의 스탬피드(Stampede), 오스트리아 짤즈부르크의 음악축제, 독일 뮌헨의 맥주축제로 불리는 10월 축제(Oktoberfest), 일본 삿포로의 눈축제 등이 주제설정의 대표적 사례로 꼽을 수 있다. 국내적으로는 진도의 영등제, 이천의 도자기축제, 진해의 군항제, 금산의 인삼제, 순천시 낙안음식축제 등이 지역의 특성과 문화가 반영된 대표적인 사례들이다(표 4-1 참조).

〈표 4-1〉 주제별 지역축제의 대표적인 사례

주 제	축 제 사 례
(농업)특산물	금산인삼제, 보성다향제
(전통·공예)특산물	일본 세끼 시의 칼(刀物) 축제 이천 도자기 축제, 이탈리아 베니스 카니발
지역의 기후·지형적 특성	캐나다 퀘벡 겨울축제(Winter Carnival) 일본 삿포로 눈축제, 신안갯벌축제
꽃(식물)	말레이시아 꽃축제(Floral Fest) 네덜란드 튤립축제, 고양꽃축제
음식·음료	홍콩 요리축제, 독일 뮌헨 맥주축제(Oktoberfest) 남도 음식축제, 광주 김치축제
역사적 사건·인물	영국 에든버러 군악대축제(Military Tattoo) 남원 춘향제, 장성 홍길동 축제, 곡성 심청축제 등
문화(연극)	춘천 인형극제, 일본 도가무리 연극축제, 프랑스 아비뇽 연극제
문화(음악)	오스트리아 짤즈부르크 음악제, 미국 애스펜 음악축제, 통영음악축제

출처: 이정록 외(1997)를 토대로 수정함

4) 우리나라 문화관광축제의 성장과정과 특징[4)]

우리나라에서도 1990년대 중반부터 지역관광의 활성화와 지역마케팅을 목적으로 하는 이벤트가 경쟁적으로 만들어졌다. 지역활성화를 위한 이벤트 전략의 일환으로 기존의 지역축제에 관광활동과 기능을 부가한 새로운 유형의 문화관광축제와 이벤트가 전국의 시·군에서 활발하게 열리기 때문에 축제의 홍수를 이루고 있는 상황이다. 그러나 이들 축제는 외부 관광객의 유인, 지역경제의 활성화, 지역홍보와 특산물의 판촉활동, 지역민의 단합

4) 이정록·우연섭, 2003, “전남지역 문화관광축제의 공간적 전개과정과 특징”, 한국지역지리학회지, 제9권 제3호, pp. 233-247의 내용을 수정·보완한 것이다.

과 지역문화의 발굴, 도시와 농촌 그리고 국제간 문화교류 등에 크게 기여하고 있다(이정록 외, 1997; 정강환; 1998, 추명희, 1999).

오늘날 우리나라의 시·군에서 개최되는 축제와 이벤트의 정확한 통계자료는 없지만 약 1,000여개를 상회하고 있다. 축제와 이벤트는 1979년에 90여건에 불과했지만, 1999년 500여건으로 지난 20년 동안 약 6배로 증가하였다. 그리고 지방자치단체에서 개최되고 있는 크고 작은 이벤트와 축제까지 포함하면 현재 약 1,000여개의 축제가 전국에서 개최되고 있다. 문화관광축제는 외부 관광객의 유치를 통해 지역의 관광과 경제활동을 활성화시키기 위한 목적으로 개최되고 있으며, 이들 축제는 지역주민에게는 지역문화를 보존·전수할 수 있는 기회를 제공해주는 동시에 관광객에게 지역의 문화와 이미지를 널리 홍보하는 효과도 제공하고 있다.

우리나라의 지자체들이 축제의 이벤트 전략에 관심을 갖기 시작한 것은 1995년 이후이다. 지방자치제가 실시되면서 대부분의 지자체는 지역경제의 활성화를 위해 투자비용이 비교적 적게 소요되는 관광부문에 관심을 가졌다. 그 결과, 대규모 관광지 개발보다는 지역의 관광자원을 홍보하여 외부 관광객을 유치하기 위한 전략으로 축제의 이벤트화에 치중하였다. 그리고 축제가 가진 지역의 마케팅 효과, 지역주민의 화합 등의 효과 때문에 축제의 이벤트 전략은 주민의 직접투표로 선출된 지자체 장들에게 대단히 매력적인 요인이 되었으며, 이러한 특성이 지역축제를 양산시킨 배경이 되었다. 그리고 1998년 민선 2기가 출범하면서 지역축제의 관광이벤트 전략은 더욱 확대되었다.

한편 축제의 속성과 지역내부의 정치·사회적 배경과 함께 1995년부터 실시한 중앙정부 문화관광축제의 육성정책 또한 지역축제의 확산과 대중화에 크게 기여하였다. 문화관광부는 1995년부터 지역축제 중에서 관광상품성이 우수한 축제를 문화

〈표 4-2〉 문화관광부 선정 우리나라의 우수축제(2002-2003)

구분	우수축제
2002년	정월대보름들불축제, 청도소싸움축제, 한국의 술과 떡잔치(경주), 영암왕인문화축제, 진도영등축제, 남원춘향제, 대구약령시축제, 춘천국제마임축제, 기장멸치축제, 하동야생차축제, 한산모시문화제, 세계태권도문화축제2002, 보령머드축제, 강진청자문화제, 고성공룡나라축제, 대전사이언스페스티벌, 무안연꽃축제, 무주반딧불축제, 금산인삼축제, 난계국악축제, 충주세계무술축제, 안동국제탈춤페스티벌, 통영나전칠기축제, 풍기인삼축제, 양양송이축제, 김제지평선축제, 부산자갈치축제, 광주김치대축제, 강경전통맛갈젓축제
2003년	경주한국의술과떡잔치(경주), 영암왕인문화축제, 진도영등축제, 한산모시문화제(서천군), 함평나비축제, 춘향제(남원시), 대구약령시축제, 춘천국제마임축제, 하동야생차축제, 보령머드축제, 강진청자문화제, 대전사이언스페스티벌, 무주반딧불축제, 금산인삼축제, 안동국제탈춤페스티벌, 양양송이축제, 김제지평선축제, 충주세계무술축제, 난계국악축제(영동군), 부산자갈치축제, 강경젓갈 축제(논산시), 광주김치대축제, 풍기인삼축제(영주시)

자료: 문화관광부(2002, 2003)

관광축제로 지원하고 육성하는 정책을 실시하였다. 그 결과 1997년 정부가 지원하는 우수한 문화관광축제가 10개여 불과했지만 1997년 10개, 1998년 18개, 1999년 21개, 2000년 25개, 2001년 개, 2002년 31개, 2003년 30개로 크게 증가하였다(표 4-2 참조).

그리고 정부의 축제지원정책으로 인해 일부 경쟁력을 가진 지역축제들은 새롭게 이벤트 요소를 수용하여 문화관광축제로 전환되기 시작하였다. 특히 지역의 전통·역사와 관련된 지역축제가 관광상품성을 부가한 새로운 유형의 이벤트형 문화축제로 전환되고 있고, 동시에 새로운 문화관광축제가 많이 생겨나고 있다.

현재 우리나라의 지자체에서 개최되고 있는 대부분의 지역축제들은 전통적인 축제의 형식과 내용에 이벤트 요소를 추가하여 새롭게 관광이벤트의 기능을 수행하고 있다. 문화관광부에서 지원하는 지역의 우수한 문화관광축제가 여기에 해당한다.

2. 우리나라의 문화관광축제: 특징과 확산과정을 중심으로5)

우리나라에서는 1995년 민선자치 제1기가 시작되면서 지역관광의 활성화와 지역마케팅을 목적으로 하는 축제와 이벤트가 경쟁적으로 만들어졌고 전국적으로 확산되었다. 1995년 이후 지역관광의 활성화, 지역주민의 화합, 지역의 장소마케팅 등을 목적으로 기존 축제의 이벤트화 또는 새로운 관광축제의 개발이 전국의 지자체에서 다양한 유형으로 나타났다.

그리고 축제의 과도한 상업성, 축제특성의 부재, 행사의 중복성, 프로그램의 획일화 등의 비판에도 불구하고 이들 축제와 이벤트의 관광상품화 전략은 전국의 지자체에서 경쟁적으로 수용되었으며, 일부 축제는 전국적인 지명도를 갖는 축제로 성장하였다. 진도영등축제, 함평나비축제, 하동야생차축제, 보령머드축제, 무주반딧불축제, 양양송이축제, 안동국제탈춤페스티벌, 금산인삼축제 등이 문화관광부의 지원을 받아 전국적인 지명도를 가진 축제로 성공한 사례에 해당한다.

이런 관점에서 우리나라에서 개최되고 있는 문화관광축제의 종류와 지리적 분포, 축제의 확산과정에 나타난 공간적 특징, 그리고 확산과정에 따른 축제의 유형화와 모델화 등을 분석하였다. 문화관광축제의 확산과정에 나타난 공간적 특성을 파악하기

---

5) 이정록, 2005, "문화관광축제의 공간확산에 관한 연구", 한국경제지리학회지, 제8권 제3호, pp. 431-445를 수정・보완한 것이다.

위해 혁신의 확산이론(diffusion theory)을 원용하여 축제의 공간적 확산과정을 분석하였다. 그리고 전국의 시・군・구에서 독자적인 추진체계를 가지고 연례적으로 개최되는 우량 이벤트(hallmark event)만을 연구대상으로 설정하였다.

한편 전국의 253개 시・군・구(2002년 현재)에서 개최되고 있는 문화관광축제에 대한 최초 개최연도, 축제의 주제와 내용, 개최시기(월별), 개최기간(일수), 추진주체 등에 관한 기본적인 현황을 파악하기 위해, 지자체의 인터넷 홈페이지에 등재된 관광문화축제를 기본 자료로 이용하였다. 그리고 인터넷 홈페이지에 등재된 축제자료를 바탕으로 문화관광부의 지역축제 데이터베이스(DB)자료, 광역시・도의 관광관련 부서에서 발간한 행정자료 및 인터넷 홈페이지의 자료 등과 비교하여 분석에 필요한 최종의 데이터베이스를 구축하였다. 이런 과정을 걸쳐 수집된 691개의 축제를 기본 자료로 축제의 개최지역・개최시기・주제・개최목적・속성변화 등의 유형화 분석을 시도하였다.

1) 문화관광축제의 공간적 분포와 특징

(1) 축제의 공간적 분포

우리나라에서 개최되고 있는 문화관광축제는 오랜 역사를 가지고 있지만, 대부분의 축제는 1990년대에 주로 만들어졌다. 전국의 시・군・구에서 개최되고 있는 축제를 살펴보면, 691개(2002년 말 현재)로 지역별 차이가 있다.

경남(87개), 경기(84개), 강원(78개), 경북(78개) 등지에서 축제가 비교적 많이 개최되고 있다. 그러나 지자체별로 개최되는 평균 축제수를 비교해 보면, 지역 간 차이가 뚜렷하게 나타난다. 즉, 지역경제에서 관광이 차지하는 비중이 가장 높은 제주가 5.3개의 축제가 열리고 있고, 경남(4.4개), 강원(4.3개), 충북(4.0개) 등의

〈표 4-3〉 전국 축제의 지역별 분포

구분	축제수 (A)	지자체수* (B)	평균축제수 (A/B)
서울	29	25	1.2
부산	38	16	2.5
대전	6	5	1.2
대구	9	8	1.1
광주	10	5	2.0
인천	17	10	1.7
울산	19	5	3.8
경기	84	46	1.8
강원	78	18	4.3
제주	21	4	5.3
충남	56	15	3.7
충북	52	13	4.0
경남	87	20	4.4
경북	78	25	3.1
전남	58	22	2.6
전북	49	16	3.1
합계	691	253*	2.7

자료: 이정록(2005)
* 지자체수는 전국 시 · 군 · 구의 합계임(2002년)

순으로, 경남을 제외하면 지역총생산액(GRDP)이 비교적 낮은 지역에서 축제가 많이 개최되고 있는 것이 특징이다(표 4-3 참조).

축제개최지의 행정구역별 현황(2002년 기준)을 보면, 광역시에서 128개(전체의 18.5%), 시단위에서는 274개(39.7%), 군단위에서는 289개(41.8%)의 축제가 개최되고 있다. 지자체(시 · 군 · 구)별 축제의 평균을 비교해 보면, 광역시의 구는 평균 1.9개, 시는 3.7개, 군은 3.4개로 군부보다는 시부지역에서 축제가 약간 많았다. 한편, 행정구역별(광역시 제외) 축제개최지의 상위 순위를 보면(표

〈표 4-4〉 축제개최지의 상위순위 분포(2002년 말 현재)

구분	10개 이상	9개	8개	7개	6개
시	마산시(12) 부천시(12)	강릉시	공주시 공주시 충주시	군산시 남원시	밀양시, 서귀포시, 이천시, 영주시, 전주시, 춘천시, 태백시
군	단양군(11)	울진군 정선군	남해군 하동군	남제주구 산청군 영덕군	부여군 완주군 울주군

자료: 이정록(2005)

4-4 참조), 마산시, 부천시, 단양군, 강릉시, 정선군, 울진군, 충주시, 공주시, 원주시, 남해군, 하동군 등지에서 축제가 비교적 많이 개최되었다. 부천 · 이천 · 원주 등지를 제외하면, 지역의 역사성과 고유한 문화적 특성을 보유한 지역에서 축제가 많이 개최된 것이 특징이다.

(2) 축제개최의 시간적 특징

일반적으로 축제의 개최시기는 축제의 개최에 적합한 기후적 조건과 관련이 높기 때문에 계절적 영향을 많이 받으며, 주로 봄과 가을에 집중하는 것이 특징이다(Janiskee, 1991). 이런 특징을 고려하여 우리나라에서 개최되고 있는 축제의 계절별 분포를 파악해 보았다.

계절별로 보면, 가을 196개(43.1%), 봄 199개(29.0%), 여름 121개(17.6%), 겨울 70개(10.2%)의 순으로, 가을과 봄에 축제가 집중적으로 개최되고 있다. 그리고 봄철에는 꽃이나 식물 등 자연환경과 관련된 축제가 많이 개최되고 있고, 여름에는 바다와 수변을 활용한 축제가 많았다. 가을철에는 주민화합 및 문화 · 예술관련 축제가 많이 열리며, 겨울은 기후적인 조건 때문에 일출과 일몰

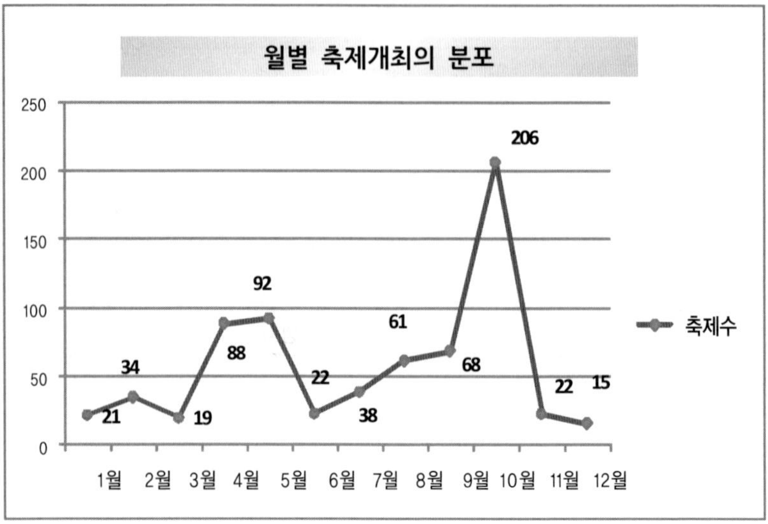

〈그림 4-1〉 월별 축제개최의 분포(자료: 이정록, 2005)

관련 축제를 제외하면 거의 없는 실정이다. 특히 Janiskee(1991)가 제시한 축제의 개최시기와 기후적 조건과의 관련성이 우리나라에서 개최되는 축제에도 그대로 적용되었다.

축제가 열리는 월별 분포를 보면(그림 4-1 참조), 10월에 가장 많은 206개(30.0%)가 개최되고, 5월에 92개(13.3%)의 축제가 열렸다. 그리고 4월(88개), 9월(68개), 8월(61개) 등의 순으로 나타났고, 특히 이들 5개월 동안에 515개(75.1%)의 축제가 개최되어 월별로 커다란 차이를 보였다. 반면에 겨울에 해당하는 12월(15개), 1월(21개), 3월(19개) 등에는 축제가 상대적으로 적게 열렸다. 이와 같이 특정 기간에 축제의 개최가 집중하는 것은 전술한 기후적인 조건과 관련된다고 할 수 있다.

축제의 개최일수별 분포를 보면(표 4-5 참조), 전체의 307개(44.4%)가 2-4일 동안 개최되어 비교적 개최일수가 그렇게 길지 않은 것이 특징이다. 그리고 개최일수가 1일인 축제는 197개(28.5%)나 되며, 주로 주민화합형 축제가 이런 유형에 속한다. 반

〈표 4-5〉 개최일수별 축제의 지역분포

구 분	서울	부산	울산	대전	대구	광주	인천	경기	충남	충북	경남	경북	전남	전북	강원	제주	전국
1일	13	11	10	1	2	7	7	29	14	16	16	24	10	11	21	5	197
2∼4일	9	19	9	3	2	1	5	25	23	26	42	36	35	22	39	11	307
5∼10일	6	7	-	2	4	2	5	18	14	8	21	15	9	15	16	3	145
11일 이상	1	1	-	-	1	-	-	12	5	2	8	3	2	3	2	2	42

자료: 이정록(2005)

면에 11일 이상의 축제는 42개로 문화관련 축제가 주류를 이루었다. 전체적으로 보면, 단기간형 유형에 속하는 축제는 역사적 인물과 자연환경과 관련된 주제가 주종을 이루었고, 장기간에 해당하는 축제는 문화 및 생태관련축제가 많았다. 그리고 전자는 주로 농촌지역에서, 후자는 도시지역에서 많이 개최된 것이 특징이다.

2) 문화관광축제의 공간적 확산과정

(1) 축제의 개최시기별 전개과정

전국의 시·군·구에서 개최되고 있는 축제의 시계열적 변화과정과 지역별 분포의 특징을 파악하기 위하여 축제가 최초로 개최된 시기를 지표로 시계열적 변화과정을 분석하였다. 연도별 신규축제의 개최현황을 보면 다음과 같다.

1980년 이전이 114개로 전체의 16.5%를 차지하였고, 1981-1990년 115개(16.7%), 1991-1995년 118개(17.1%), 1996-2000년 299개(33.1%), 2001년 이후 45개(6.5%) 등으로 우리나라에서 개최되고 있는 축제는 대부분 1990년 이후에 신설된 것이다. 특히 1990년대에 신규로 개최된 축제 중에서도 1996년부터 1999년까지 4년 동안에 전체 축제의 37.0%(256개)가 집중적으로 수용된 것이 특

〈그림 4-2〉 연도별 신규개최 축제수의 변화(자료: 이정록, 2005)

징이다(표 4-4 참조). 그리고 시기별로는 1996년에 78개(전체의 11.3%)가 신규로 개최되어 가장 많은 비율을 점하였다. 그리고 1999년(66개), 1997년(63개), 1998년(49개), 1995년(48개) 등의 순으로 나타났다(그림 4-2 참조).

한편, 개최시기별로 축제개최의 공간적 차이가 나타났다. 1980년대 이전에는 전북, 충남, 경남, 울산, 강원 등지에서 비교적 축제가 많이 개최되었다. 1980년대에는 강원, 경남, 충남, 충북, 대구가, 1990년대에는 제주, 강원, 충북, 충남, 경남, 경북, 울산 등지에서 상대적으로 많이 개최되었다. 그리고 2000년대에는 제주, 강원, 경남, 울산, 전남 등지에서 신규축제가 많이 확산되었다.

전체적으로 보면, 제주 · 경남 · 강원 · 충남 · 충북 · 울산 등이 평균이상의 개최수를 보인 반면에 광역시는 평균이하의 수치를 나타냈다(표 4-6 참조). 경남과 울산을 제외하면, 지역경제에서 관광이 차지하는 비중이 비교적 높고, 관광을 통해 지역경제의 활

〈표 4-6〉 지역별 신규축제의 평균개최수* 변화

구 분	~1980	1981~1990	1991~1995	1996~2000	2001~
합 계	114	115	118	299	45
전국평균	0.45	0.45	0.47	1.18	0.18
서 울	0.04	0.24	0.48	0.32	0.08
부 산	0.25	0.19	0.56	1.38	-
인 천	0.10	0.10	0.50	0.90	0.10
대 구	0.13	0.50	0.25	0.25	-
대 전	-	0.20	0.40	0.60	-
광 주	0.60	0.40	0.40	0.60	-
울 산	0.80	0.20	0.60	1.80	0.40
경 기	0.33	0.48	0.26	0.63	0.13
강 원	0.66	0.94	0.56	1.83	0.33
제 주	-	0.50	2.00	2.00	0.75
충 남	0.87	0.67	0.67	1.40	0.13
충 북	0.54	0.62	0.62	2.08	0.15
경 남	0.80	0.85	0.70	1.60	0.40
경 북	0.48	0.40	0.32	1.72	0.20
전 남	0.41	0.32	0.23	1.45	0.23
전 북	1.00	0.25	0.50	1.23	0.19

자료: 이정록(2005)
평균개최 수=신규축제 개최 수/시군구 총수(2002년 기준)

성화를 꾀하려는 지역에서 신규의 지역축제가 개최된 것이 특징이다. 특히 제주와 강원지역이 대표적인 사례라고 할 수 있다.

(2) 확산단계별 특징

사회 및 문화현상의 확산과정에 관심을 갖는 지리학자들은 확산과정에서 나타나는 공간적 특징을 도출하려고 노력하였다. 특히 Hägerstrand는 혁신수용의 확산과정을 초기단계(primary stage), 확산기(diffusion stage), 심화 및 포화기(condensing and saturation stage)

등의 확산단계별로 구분하여 설명하였다. 본 연구에서도 지역축제의 공간적 확산과정을 확산단계별로 구분하여 그 특징을 분석하였다.

축제의 전국적 확산과정에서 나타난 특성을 파악하기 위하여 확산이론에서 설명하고 있는 Logistic 곡선과 신규로 개최되는 축제수의 변화 등을 고려하여 확산단계를 구분하였다. 지역축제의 확산단계는 1995년 이전까지를 초기단계, 전국의 지자체에서 다양한 유형의 축제가 개최되기 시작한 1995년부터 1999년까지를 확산기, 그리고 신규축제의 개최보다는 기존 축제의 정비와 통폐합 등의 과정이 나타나기 시작한 2000년 이후를 심화기로 구분할 수 있다. 그러나 2000년 이후에도 여전히 신규축제가 개최되고 있기 때문에, 지역축제의 확산과정은 아직 포화기에 도달하지 않은 것으로 판단할 수 있다(그림 4-3 참조).

확산단계별 축제수를 분석해 보면, 확산의 초기단계(1995년 이전)에 299개(43.3%), 확산기에 304개(44.0%), 심화기에 88개(12.7%)의

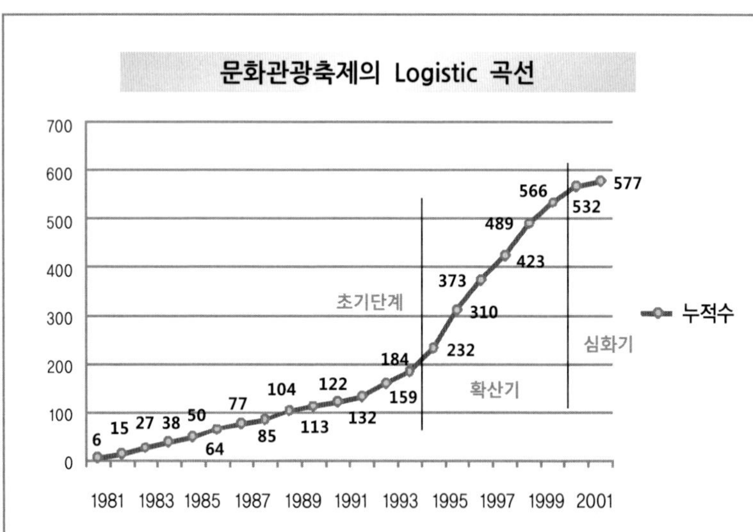

〈그림 4-3〉 문화관광축제의 Logistic 곡선(자료: 이정록, 2005)

각각 새로운 축제가 신설되었다. 1981년 이전부터 개최되기 시작한 기존의 축제를 제외하면, 확산기에 전체의 52.7%가 새롭게 출현하였다. 확산기에는 경북, 강원, 전남, 경기 등지에서 신규 축제가 가장 많이 확산되었고, 심화기에는 경남, 경북, 강원, 충남, 전남, 전북 등지에서 비교적 많이 발생하였다. 한편 행정구역별로는 시보다는 군에서 축제가 상대적으로 많이 개최되었다.

전국에서 개최되고 있는 문화관광축제는 1990년대에 주로 만들어졌고, 지방자치제가 실시된 1995년 이후에 본격적으로 확산되기 시작하였다. 이러한 특징은 누적분포인 Logistic 곡선에도 잘 나타나 있다. 즉, 지자체간 경쟁이 치열하게 전개되고 지역간 차별성을 부각시키기 위한 새로운 지역개발정책이 수립·집행되면서 문화관광축제의 확산은 빠르게 진행되었다. 따라서 지역축제의 급속한 확산은 지방자치제의 실시와 밀접한 관련이 있다고 설명할 수 있다. 또한 이런 확산과정에는 지자체의 정치적 상황과 밀접한 관련이 있다. 지방자치제의 실시에 따라 취임한 민선 제1·2기 단체장들은 지역주민의 화합 도모와 지역경제의 활성화를 위한 전략으로 기존 축제의 이벤트화 또는 새로운 축제의 개발에 치중함에 따라 다양한 지역축제가 양산되었다. 이런 특성은 시부지역보다도 군부지역에서 강하게 나타났다.

지역축제 확산과정의 공간적 특징을 요약하면, 1995년 지방자치제의 실시와 함께 문화관광축제가 전국의 모든 시·군·구에서 무작위적으로 수용되면서 확산의 유형을 도출하기는 쉽지 않았다. 특히 확산의 초기단계에서는 확산기간의 너무 길어서 확산유형의 패턴을 파악하기가 매우 힘들었다. 그러나 확산기에는 인접한 지자체에서 축제가 개최됨에 따라 지자체간 경쟁심리가 작용하여 새로운 축제가 개발되는 인접효과의 경향을 뚜렷하게 보였다. 그리고 인접효과에 의한 전염확산의 유형은 강원·제주·충북·경북·전남 등지의 군부지역에서 뚜렷하게 나타났다.

심화기에서는 경남 · 경기 · 강원 · 경북 · 전남 등지의 군부지역에서 국지적으로 신규축제가 발생했고, 경쟁력을 확보하지 못한 축제는 폐지 또는 통합되는 과정을 보였다. 주로 경제적 낙후지역을 중심으로 새로운 지역축제가 개최된 것이 특징이다.

3) 확산과정별 축제의 유형화 및 모델화

(1) 개최목적별 축제의 유형화

축제와 이벤트를 개최하는 목적은 다양하며, 축제의 내용과 프로그램 또한 개최목적에 따라 복잡하게 구성된다. 축제를 개최목적에 따라 구분하는 것은 축제속성과 개최지역의 특성, 개최효과의 분석 등에 유용하다(Butler and Smale, 1991; Getz, 1991). 축제와 이벤트는 내용과 특성, 규모에 따라 다양하게 분류할 수 있고 학자들의 접근방법에 따라 복잡하다.

여기에서는 지역축제의 개최목적을 주민화합형 · 관광형 · 산업형 · 특수목적형 등의 4가지 유형으로 구분하여 축제의 유형화를 시도하였다. 주민화합형은 지역사회에 거주하는 주민의 일체성과 화합을 도모하기 위한 목적의 축제로 시 · 군민의 날이 대표적이다. 관광형은 관광객을 유인하기 위해 지역자원을 매개로 하거나 지역특성과 관련이 없는 새로운 축제를 기획하여 개최하는 경우로 보령머드축제, 함평나비축제, 안동국제탈춤페스티벌 등이 대표적인 사례이다. 산업형은 지역에서 생산되는 농수임산물과 공산품을 판촉하기 위한 목적의 축제로, 인제군 황태축제, 금산인삼축제, 보성다향제, 양양송이축제 등이 해당된다. 특수목적형은 환경보호, 역사적 인물이나 사실의 재현과 추모 등을 목적으로 하며, 영월단종문화제, 진주논개제, 완도장보고축제 등이 주요 사례이다.

〈표 4-7〉 개최목적과 확산단계와의 관계 (단위: 개, %)

구 분	초기단계	확산기	심화기	합 계
주민화합형	224(65.7)	96(28.2)	21(6.1)	341(100.0)
관광형	46(23.8)	119(61.7)	28(14.5)	193(100.0)
산업형	23(16.4)	81(57.9)	36(25.7)	140(100.0)
특수목적형	6(35.3)	8(47.1)	3(17.6)	17(100.0)

자료: 이정록(2005)

개최목적별 축제를 구분해 보면(표 4-7 참조), 주민화합형이 341개(49.3%)로 가장 많고, 관광형(193개), 산업형(140개), 특수목적형(17개) 등의 순으로 나타났다. 확산의 초기단계에는 주민화합을 목적으로 하는 축제가 전체의 75%를 차지하였다. 반면에 확산기에는 주민화합형 축제보다는 축제의 이벤트화를 통해 관광객을 유인하기 위한 관광형(39.1%)이 가장 많이 개최되었고, 주민화합형(31.6%), 산업형(26.6%), 특수목적형(2.6%)의 순으로 나타났다. 주민화합형에서 관광형 축제로의 전환이 나타난 시기가 확산기이다. 그리고 이런 특징은 전국의 시·군·구에서 거의 공통적으로 나타났다. 심화기에는 산업형(40.9%), 관광형(31.8%), 주민화합형(23.9%), 특수목적형(3.4%)의 순으로 개최되었다. 즉, 관광형에서 지역의 특산물을 홍보·판촉하기 위한 목적의 산업형이 많이 개최되었고, 산업형의 유형에는 농수산물(쌀, 한우, 과일, 차 등)·음식 등이 주종을 이뤘다.

전체적으로 보면, 축제목적은 확산단계에 따라 상이한 특징을 나타냈다. 일반적으로 초기에 개최되는 많은 축제는 지역의 고유한 전통과 문화를 보전·발전시키면서 지역공동체의 화합을 추구하는 주민화합형 축제가 많은 비중을 차지하는 데(Hall, 1992; Wilson and Udall, 1982), 이런 특징이 초기단계에서 그대로 나타났다. 그러나 지방자치제가 실시되고 지역간 경쟁이 치열하게 전개되면서, 확산기에는 관광산업 진흥과 지역경제 활성화를 목적으로 하는 관광형과 산업형 축제가 많이 개최되었다. 그리고 심화기에도 산업형과 특수목적형이 많이 개최되었다. 관광형과 산업형 축제가 많이 개최되는 주요 이유는 대부분의 지자체들이 지역의 마케팅과 관광객 유인을 목적으로 지역축제를 개발한 결과이다.

(2) 주제별 축제의 유형화

축제의 주제는 외부의 관광객에게 축제의 이미지와 상징성을 알리는 중요한 요소이며, 축제주제는 축제의 내용을 구성하고 결정하는 핵심적인 요소이다. 그러나 축제는 주제와 관련된 다양한 프로그램으로 구성되기 때문에 축제를 하나의 유형으로 구분하는 것은 쉽지 않다(McDonnell, Allen and O'toole, 1999).

전국에서 개최되는 축제를 주제별로 유형화하기 위해 기존의 연구 성과를 종합하여(이정록, 2003), 지역전통 · 역사인물 · 자연특성 · 생태환경 · 예술 · 산업경제 등의 6개 주제로 분류하였다. 전국의 지역축제를 주제별로 분류해 보면(표 4-8 참조), 지역전통성과 관련된 축제가 235개(34.0%)로 가장 많고, 산업경제 139개(20.1%), 자연적 특성 135개(19.5%), 예술 94개(13.6%), 역사인물축제 76개(11.0%), 생태환경 11개(1.6%) 등의 순이다.

전체적으로 보면, 자연특성과 관련된 축제에는 산 · 꽃 · 단풍 · 갈대 · 바다 등 지역의 자연환경을 반영한 축제가 주종을 이루며, 주로 비도시적 성격이 강한 군부(郡部)지역에서 많이 확산되었다. 반면에 예술은 군부지역보다는 시부(市部)지역에서 많이 개최된다. 산업경제와 관련된 축제는 지역의 농수산관련 특산물을 주제로 한 축제이며, 주로 군부지역에 해당한다. 역사인물은 시 및 군부지역에서 공통적으로 나타났다.

확산단계에 따른 주제별 유형변화를 분석한 결과, 확산단계에

〈표 4-8〉 축제주제와 확산단계와의 관계 (단위: 개, %)

구 분	초기단계	확산기	심화기	합계
지역전통	162(68.9)	62(26.4)	11(4.7)	235(100.0)
역사인물	43(56.6)	24(31.6)	9(11.8)	76(100.0)
자연특성	33(24.5)	83(61.0)	20(14.5)	136(100.0)
생태환경	0(00.0)	8(72.7)	3(27.3)	11(100.0)
예 술	40(42.6)	42(44.7)	12(12.7)	94(100.0)
산업경제	21(15.1)	85(61.2)	33(23.7)	139(100.0)

자료: 이정록(2005)

따라 축제주제는 크게 달라졌다. 확산의 초기단계에서는 지역전통을 주제로 한 축제가 161개(전체의 53.8%)로 가장 많이 개최되었다. 그러나 확산기에서는 자연적 특성(82개)과 산업경제(85개)와 관련된 축제가 상대적으로 많았고, 심화기에서는 산업경제형 축제가 가장 많이 개최되었다. 전체적으로 보면, 지역전통을 주제로 한 축제가 초기에 많이 개최되었지만 시간이 경과함에 따라 자연적 특성과 산업경제, 생태환경 등의 축제가 상대적으로 많이 개최되었다.

(3) 축제속성의 변화에 의한 유형화

일반적으로 경쟁력이 없는 축제는 폐지되거나 기존의 축제와 통폐합되거나 새로운 축제로 대체된다(Hall, 1992). 게다가 정기적으로 개최되는 축제도 경쟁력을 높이기 위해 초기의 주제와 내용에 새로운 프로그램을 보완하거나 외부 방문객의 참여를 확대하기 위해 상업적 내용을 추가해 축제의 속성을 변형시킨다(Wilson and Udall, 1982). 이와 같이 축제는 자체의 내부적인 속성뿐만 아니라 개최지역의 여건과 정책, 그리고 주변지역의 여건에 따라 축제속성이 변화한다.

이런 특징은 우리나라의 지자체에서 개최되는 축제에서도 그대로 나타났다. 실제로 전국에서 개최되는 지역축제 또한 축제의 경쟁력을 향상시키고 외부의 관광객을 유치하기 위한 전략으로 기존의 제례의식에 상업적 요소를 포함하거나 시·군민의 날이 상업용 축제 및 이벤트로 전환되면서 축제의 속성이 변하였다.

따라서 Wilson and Udall(1982)은 지역축제를 5개의 유형으로 구분하였다. 토착축제(indigenous festivals)는 지역의 고유문화를 소재로 하는 축제로서 지역주민이 참가자이자 주최자이다. 진화토착축제(evolving indigenous festivals)는 토착축제에 외부 방문객의 참여를 유도하기 위하여 상업적인 요소가 포함된 축제로서 축제주제는 지역의 문화를 벗어나지는 못하는 유형이다. 상업토착축제(commercialized indigenous festivals)는 관광기획자나 기업에 의해 개발된 축제이지만, 지역에 기반을 둔 문화가 축제의 주제이다. 비지역 단일문화축제(non-community monocultural festivals)는 지역에 기반이 없는 주제를 가지고 외부인이 주최자가 되어 기획하는 축제이다. 다문화민속예술축제(multicultural folk arts festivals)는 비교적 개최년 수가 짧고 다양한 문화가 결합된 축제이다.

Wilson and Udall(1982)의 분류방법을 원용하여 우리나라에서 개최되고 있는 축제를 토착형, 진화토착형, 상업토착형, 비지역 단일문화형 등의 4개 유형으로 구분하여, 전국에서 개최되고 있는 지역축제의 속성변화에 나타난 특징을 파악하였다.

축제의 속성별 분류를 보면, 진화토착형 축제가 311개로 가장 많고, 토착형(309개), 상업토착형(45개), 비지역 단일문화형(26개) 등의 순으로 나타났다(표 4-9 참조). 기존에 개최된 지역축제에 관광객을 유인하고 지역을 홍보하기 위해 새로운 프로그램을 부가시킨 진화토착형 축제, 그리고 지역문화를 바탕으로 지역주민의 화합 및 지역정체성 강화하는 토착형 축제가 전체의 90%를 차

〈표 4-9〉 축제의 속성변화와 확산단계와의 관계 (단위: 개, %)

구 분	초기단계	확산기	심화기	합계
토착형	207(67.0)	90(29.1)	12(3.9)	309(100.0)
진화토착형	80(25.7)	180(57.9)	51(16.4)	311(100.0)
상업토착형	7(15.6)	24(53.3)	14(31.1)	45(100.0)
비지역 단일문화	5(19.2)	10(38.5)	11(42.3)	26(100.0)

자료: 이정록(2005)

지하였다. 반면에 상업용 목적의 이벤트와 비지역 단일문화형은 상대적으로 적은 비율을 나타냈다.

그리고 축제의 속성변화는 확산단계에 따라 차이를 보였다. 초기단계에는 토착형 축제가 많았지만, 확산기에는 진화토착형 축제가 압도적으로 많이 개최되었고, 심화기에도 진화토착형 축제가 높은 비율을 점하였다. 그러나 토착형은 초기단계에, 진화토착형과 상업토착형은 확산기에, 비지역 단일문화형은 심화기에서 각각 우세하게 수용된 것으로 나타났다. 이런 축제의 속성변화는 확산기 및 심화기에서 관광형과 산업형 축제가 많이 개최된 것과 관계가 깊다.

(4) 축제 확산과정의 모델화

축제의 개최목적과 축제주제를 비롯하여 축제의 프로그램, 규모, 개최기간, 추진조직과 방식, 마케팅과 경영전략 등 전반적인 내용과 속성은 개최지역의 내외적 여건과 상황에 따라 변화한다(Bramwell, 1997; Janiskee, 1991, 1994). 그리고 정기적으로 개최되는 우량 이벤트(hallmark event)도 여러 요인에 의해 개최시기와 기간, 프로그램과 내용, 추진조직 등이 달라지는 것이 일반적인 특징이다(이정록, 2003).

이러한 측면을 고려하여, 우리나라의 시·군·구에서 개최되

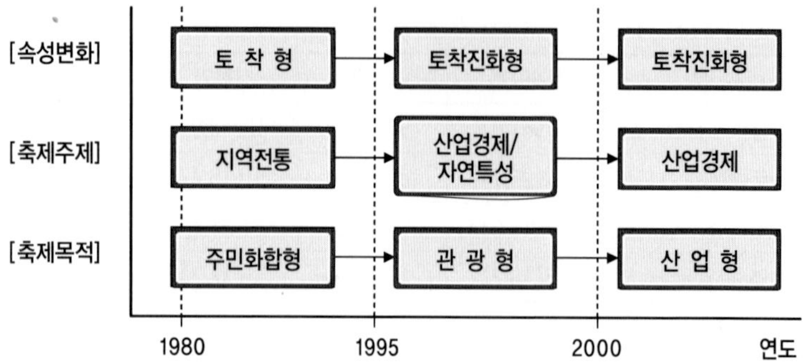

〈그림 4-4〉 확산단계별 축제의 변화과정 모식도(자료: 이정록, 2005)

고 있는 축제가 확산단계에 따라 어떤 변화를 나타내는 가를 파악하기 위해 축제목적, 축제주제, 그리고 축제의 속성변화를 지표로 유형별 전개과정의 모델화를 시도하였다(그림 4-4 참조). 유형별 전개과정의 모델화는 시·군·구 단위지역의 축제 및 관광정책의 전체적인 흐름을 파악하는 데 유용하며, 경쟁력 있는 축제정책의 수립에 중요한 시사점을 제공하는 장점도 있다. 전국에서 개최되고 있는 문화관광축제는 축제목적, 축제주제, 그리고 축제의 속성변화 등이 확산단계에 따라 뚜렷한 차이를 보이며 전개되었다.

축제목적의 경우, 초기의 주민화합형에서 확산기에는 관광형으로, 그리고 심화기에는 산업형으로 전개되었다. 이런 변화는 축제목적이 지역주민 중심에서 축제를 방문하는 시장지향 및 고객지향적 축제로 전환되고, 축제에 상업적·이벤트적 요소를 부가해 지역마케팅과 지역특산물의 판촉을 통해 지역경제의 활성화에 중점을 두는 축제를 장려하는 지자체의 관광정책 결과라 할 수 있다.

축제주제는 초기단계의 지역의 역사와 문화를 소재로 하는 전통형에서 확산기에는 산업경제와 자연특성형 축제로, 심화기에는 산업경제형 축제로 전환되었고, 최근에는 산업경제형 축제가 상대적으로 많이 개최되었다. 확산기에는 단위지역이 보유하는 자연적 특성을 소재로 한 축제를 많이 개최했지만, 심화기에는 축제개최를 통한 지역특산물의 판매를 강조하는 산업형 축제가 신규축제로 등장하고, 이런 경향이 전국적으로 확산되었다. 이런 변화는 제2기 지방자치단체장의 출범과 실용주의적 관광정책으로의 변화와 관련이 깊다. 축제의 속성 또한 초기단계의 토착형에서 확산기에는 토착진화형으로 전환되었다.

확산단계별 축제변화의 모델화에 나타난 특징을 종합하면, 우리나라의 지역축제는 지역의 전통과 문화를 주제로 주민화합을 목적으로 개최되기 시작하였다. 그러나 지방자치제가 실시된 1995년을 기점으로 축제목적과 속성이 변화되어 관광객 유치, 지역특산물의 마케팅, 그리고 지역경제의 활성화 등을 목적으로 관광·산업형 축제로 전환되었다. 축제 주제 또한 지역의 자연환경과 지역전통에서 탈피하여 지역특산물을 홍보하는 산업경제형으로 확대되었고, 축제의 내용과 프로그램에 상업적·이벤트적 요소가 추가되어 축제의 속성이 변화하였다.

4) 연구내용의 요약

우리나라의 축제는 1995년 이후 본격적으로 확산되었다. 전국에서 개최되는 문화관광축제는 691개(2002년 현재)이며, 경남(87개), 경기(84개), 강원(78개), 경북(78개) 등이 비교적 많고, 전남(58개), 충남(56개), 전북(49개), 충북(52개) 등은 중간규모이며, 광역시와 제주는 상대적으로 적게 개최되었다. 그러나 지자체(시·군·구별) 평균수를 비교해 보면, 제주에서 가장 많은 5.3개의 축제가 개최되고, 경남, 강원, 충북의 순으로 지역총생산액이 낮은 지역에서 축제의 개최수가 많았다. 특히 단위지역별로는 마산시(12개), 부천시(12개), 단양군(11개), 강릉시(9개), 울진군(9개), 정선군(9개) 등이 상위 순위를 기록하였다.

축제개최의 시간적 특징을 보면, 계절별로는 가을(196개)과 봄(199개)에 집중해 있으며, 월별로는 10월(206개), 5월(92개), 4월(88개)의 순으로 나타났다. 봄과 가을에 축제가 집중한 것은 개최시기의 기후적 조건이 영향을 미친 결과이다. 개최일수별로 보면, 2-4일(207개), 1일(197개), 5-10일(145개), 10일 이상(42개)의 순으로 개최기간은 비교적 단시간형이 주류를 이루었다.

확산단계별 공간적 특징을 보면, 초기단계에 299개(43.3%), 확산기에 304개(44.0%), 심화기에 88개(12.7%)의 축제가 신규로 확산되었다. 확산의 초기단계에는 전국에서 무작위로 축제가 수용되어 확산의 공간적 특징을 도출하기 어려웠다. 반면에 확산기에는 경북, 강원, 전남, 경기 등지에서 신규축제가 가장 많이 확산되었고, 심화기에는 경남, 경북, 강원, 충남, 전남, 전북 등지에서 비교적 많이 발생하였다. 확산기에는 인접효과에 의한 전염확산이 우세하였고, 심화기에도 농촌지역을 중심으로 비슷한 유형의 확산패턴이 나타났다.

확산과정별 축제의 유형화를 분석한 결과, 개최목적별로는 주민화합형이 가장 많이 개최되었고, 초기단계에는 주민화합형, 확산기에는 관광형, 심화기에는 산업형이 각각 주류를 이루면서 확산되었다. 축제주제별로는 지역전통·산업경제·자연특성형이 전체의 73.8%를 차지하였고, 초기단계의 지역전통형, 확산기의 산업경제형과 자연특성형, 심화기의 산업경제형 축제가 우세하게 개최되었다. 축제의 속성변화는 진화토착형과 토착형이 전체의 90%를 차지하였고, 초기단계에는 토착형, 확산기 및 심화기에는 진화토착형이 각각 확산의 주류를 형성하였다.

우리나라 관광문화축제의 공간적 확산의 특징을 전체적으로 요약하면, 제1기 민선자치가 행해진 1995년 이후 지역축제의 확산은 급속하게 진행되어 전국의 모든 지자체에서 평균 2.7개의 축제를 개최하고 있다. 초기에는 지역의 전통과 문화를 바탕으로 주민화합형 축제가 많이 개최되었지만, 1995년을 기점으로 축제목적과 속성이 변화되어 관광객 유치, 지역특산물의 마케팅, 지역경제의 활성화 등을 목적으로 하는 관광·산업형 축제가 크게 증가하였다. 축제의 주제도 지역전통과 자연환경형에서 산업경제형으로 변화되었고, 상업 및 이벤트적 요소가 추가되면서 축제의 속성 또한 변화하여 토착진화형 축제가 높은 비율을 점하였다.

3. 함평나비축제 방문객의 관광행태: 제4회 축제를 사례로[6)]

1995년 지방자치제가 실시되면서 전국 대부분의 지자체에서는 지역축제의 관광이벤트화에 관심을 갖기 시작했다. 그 결과 많은 지자체에서 새로운 축제를 개발하거나 기존의 축제에 관광이벤트의 속성을 부가한 변형된 축제를 만들기 시작하였다. 그리고 많은 지역축제가 새롭게 개최되면서 경쟁력을 가진 일부의 축제는 전국적인 축제로 성장한 반면, 그렇지 않은 축제는 소멸되기도 하였다. 이러한 축제 중에서 전국적인 경쟁력을 가진 관광문화축제로 성장한 축제가 전남의 함평군에서 개최되는 '함평나비축제'이다.

함평군은 전남의 서부에 위치한 전형적인 농촌지역이다. 함평군에서는 전형적인 농업지역으로서 농가의 소득증대를 위한 획

6) 이정록, 2003, "함평나비축제 관광객의 행태적 특성: 제4회 축제를 사례로", 한국경제지리학회지, 제6권 제2호, pp. 339-354의 내용을 수정·보완한 것이다.

기적인 방안이 필요했다. 또한 지역의 새로운 이미지를 구축하여 장소마케팅을 통한 지역경제의 활성화, 특히 농산물의 판촉 전략이 필요했다. 이러한 목적에서 새롭게 개발된 나비축제를 계기로 함평군은 지역마케팅에 성공한 사례로 주목받고 있다. 나비축제가 갖는 주제의 독창성과 다양한 프로그램의 개발에 힘입어 함평군은 낙후된 전형적인 농촌에서 탈피하여 친환경적·생태적 농업지역이라는 새로운 지역 이미지를 만들고 있다(이정록, 2002).

따라서 여기에서는 제4회 나비축제(2002년)에 참가한 관광객의 행태적 특성을 살펴보려고 한다. 나비축제에 참가한 방문객의 행태분석을 위한 자료는 2002년 5월 4일부터 5월 5일까지 2일간에 걸쳐 설문조사를 통해 수집하였다[1]. 통계분석에 이용된 표본수는 853개이다. 수집된 853개의 표본을 분석하여 나온 결과를 토대로 인구통계적 특성, 관광행태적 특성, 프로그램에 대한 평가, 함평군 이미지 그리고 지출구조 등으로 구분하여 서술하였다. 그리고 통계분석은 SPSS-PC를 사용하였다.

1) 함평지역의 개관

함평군은 우리나라의 남서부에 위치하며, 전라남도의 서북부에 해당하는 전형적인 농촌지역이다. 함평군은 나주시, 장성군, 영광군, 무안군 등과 경계를 이루고 있고, 목포에서 광주로 이어지는 국도 1호선이 통과하며, 광주광역시와 약 46.1㎞ 정도 떨어져 있다. 함평군은 동고서저, 북고남저의 저평하고 완만한 지형과 지세를 이루어 함평천과 고막원천 주변에 넓은 평야가 발달해 있다. 함평군의 서부는 서해안과 면해 있고, 갯벌이 넓게 발달해 있지만, 해안지역에는 관광자원이 많지 않다.

함평군은 전남의 21개 시·군중에서 지역경제가 매우 열악한 지역에 속한다. 함평군의 면적은 393km^2(전남의 3.3%)이고, 인구는 2001년 현재 43,667명(전남의 2.1%)이다. 특히 65세 인구는 8,559명(전남의 3.2%)으로 전체 인구의 약 19.6%를 차지할 정도로 인구의 노령화가 심하다. 지역의 산업구조는 농수산업 71%, 서비스업 23%, 광공업 6% 등으로 지역경제에서 농수산업이 차지하는 비율이 매우 높다. 지역특산품으로는 함평천지한우, 왕골돗자리, 엽삭젓, 함평천지토속주 등이 있지만 전국적인 지명도는 비교적 낮은 편이다.

함평군의 관광산업 또한 전남의 다른 시·군에 비해 크게 활성화되지 못하였다. 최근 '나비축제'의 성공적 개최를 통해 지역의 관광산업 진흥을 모색하고 있지만, 지역의 자연적·사회적 속성이 지역관광의 활성화에 장애요인으로 작용하고 있다. 함평군은 전국적인 지명도를 가진 대표적인 관광지가 없고, 관광자원 또한 해안형의 자연적 관광자원에 국한되어 자원의 가치성이 매우 빈약하다. 함평군이 보유하고 있는 자연적, 역사·문화적 자원은 단순하고 관광자원의 가치성도 높지 않다. 최근 '함평나

〈표 4-10〉 함평군의 주요 관광지 및 관광자원

구 분	주요 관광지 및 관광자원	잠재적 관광자원
자연적 자원	모악산, 돌머리해수욕장, 안악해수욕장·해수찜	갯벌, 대동호, 함평평야 자연생태공원
역사·문화적 자원	용천사, 보광사, 자산서원, 예덕리 고분군, 고인돌공원, 고막천 석교	호남가(함평천지)
사회적 자원	함평나비축제, 나산유물박물관, 한국민물고기생태관	솟대·장승공원, 사포나루터, 난대축제, 기산제, 창포단지
기 타 (지역특산물)	함평오리쌀, 자운영쌀, 나비쌀, 엽삭젓, 한과, 왕골돗자리, 죽림필방, 동충하초, 토하젓, 천지토속주, 단감, 딸기, 메론 등	나르다(Nareda), 함평한우(육회비빕밥)

자료: 이정록(2003)

비축제'가 지역의 새로운 관광자원으로 등장하고 있지만, 그 이전에는 함평군을 대표하는 관광지는 돌머리 해수욕장을 제외하면 전무한 실정이었다.

함평군의 자연적 관광자원 특징을 보면, 전국적으로 유명한 산과 하천이 없는 것이 특징이다. 함평군은 나주평야의 중앙에 위치하여 대부분의 지형이 저평한 구릉성 산지와 평야부로 이루어져 있다. 특히 모악산(347m)을 비롯한 주요 산의 해발고도가 매우 낮기 때문에 등산객을 포함한 관광객을 유인할 수 없었다. 이러한 속성 때문에 산악경관 중심의 군립공원 하나도 없는 실정이다. 그리고 해안 및 하천경관 또한 관광자원의 가치성이 비교적 낮다. 서해안의 해안지역에는 갯벌이 많이 분포하고 있고, 상대적으로 사빈(beach)의 발달이 미약하여 돌머리 해수욕장과 안악해수욕장 2개소만이 분포하고 있는 실정이다. 또한 서해안과 접해 있는 20.6㎞의 해안선은 독특하고 수려한 해상경관을 제공하지 못하고 있다. 고막원천과 함평천이 유입되는 영산강은 함평군의 남부를 관통하고 있지만, 사포나루터를 제외하면 하천경관의 관광자원성도 매우 낮다.

역사 · 문화적 관광자원 중에서 문화재와 역사적 유물 또한 많지 않다. 용천사와 보광사 등의 사찰이 있지만, 해발고도가 높은 산이 없기 때문에 규모가 크고 유명한 사찰도 없다. 그리고 예덕리 고분군과 고인돌공원, 고막석교, 자산서원 등이 있지만, 이들 문화재 및 유적은 관광지로 기능하지 못하고 있다. 사회적 관광자원 또한 많지 않다. '나비축제'를 제외하면, 관광자원으로 활용이 가능한 자원이 별로 없다. 산업적 관광자원 또한 전무하며, 지역특산물의 관광상품화도 매우 미약한 실정이다.

전체적으로 보면, 함평지역에는 수려한 자연적 관광자원이 거의 없고, 사회적 · 문화적 자원 또한 매우 빈약하여 관광객을 유인할 수 있는 전국적인 인지도를 가진 관광지가 없는 실정이다. 관광자원의 다양성 부족과 관광가치성이 낮은 것이 주요한 특징이다. 이러한 단조로운 관광자원성 때문에 함평군의 관광수요는 전남지역내로 한정되어 있고, 지역이 보유하고 있는 관광지 및 관광자원의 가치성이 낮아 많은 관광수요를 견인하지 못하였다.

2) 함평나비축제의 전개과정

1995년 지방자치제가 실시되면서 우리나라 대부분의 지자체에서는 관광객의 유인을 통한 지역경제의 활성화가 많은 관심을 가졌다. 외부의 관광객을 지역내로 유인하기 위해서는 새로운 관광지 및 관광자원에 대한 홍보가 필요했고, 이러한 관광정책은 지역축제의 관광이벤트 전략으로 구체화되었다.

지방자치의 실시와 함께 장소마케팅(place marketing)에 대한 중요성이 강조되는 상황에서 함평군도 새로운 지역의 이미지를 만드는 작업이 필요했다. 축제의 이벤트 전략이 갖는 경제적 장점 때문에 전남의 대부분 시·군에서도 지역의 관광지 및 관광자원을 활용한 새로운 유형의 관광이벤트가 많이 개최되었다. 실제로 1998년까지 전남의 시군에서는 약 43개의 지역축제가 개최되었다. 그러나 1998년까지 함평군에서는 지역을 대표하는 축제가 개최되지 못했다. 이와 같이 당시 대부분의 지자제들이 지역축제의 이벤트화를 통한 장소마케팅 전략을 많이 채택하였기 때문에 함평군 또한 지역축제의 개최에 대한 필요성을 인식하였다.

그러나 함평군의 경우, 외부의 관광객을 유인할 수 있는 대표적인 관광지가 없고, 관광자원의 가치성이 낮아 관광이벤트의 개최가 쉽지 않았다. 또한 지역에서 전통적으로 개최된 역사·문화축제도 없었다. 왜냐하면 1999년 제1회 '함평나비축제'가 개최되기 이전에는 함평지역에 대한 독특한 지역적 이미지가 없었기 때문이다. 호남가의 첫마당에 나오는 '함평천지', 그리고 1970년대에 발생한 농민운동인 함평 고구마 사건이 지역을 대표하는 이미지에 해당한다. 함평군이 뚜렷한 지역적 이미지를 확립하지 못한 배경에는 함평지역이 가진 자연적 · 사회적 환경과 관련이 있다. 함평지역은 저평한 나주평야의 중간에 위치하여 해발고도가 높은 산이 없고 유명한 사찰도 없다. 그리고 나주평야의 주변에 위치한 전형적인 농촌지역이라는 단순한 이미지에서 크게 벗어나지 못했다. 그래서 전남의 다른 시 · 군에 비해 함평군에서는 새로운 축제의 발굴과 개최가 늦어졌다.

함평군에서 새로운 지역축제의 개최를 통한 지역마케팅 전략이 구체화된 것은 제2기 민선 지자체장이 취임한 1998년 이후였다. 1990년대 중반 우리나라의 시 · 군에서 개최된 축제는 지역의 자연적 · 사회문화적 자원을 활용한 유형과 지역의 자원과는 관련이 없는 새로운 주제를 발굴하여 개최한 유형으로 대별된다. 그러나 전자의 유형이 대부분을 차지한 반면, 후자의 사례는 그렇게 많지 않다. 1999년부터 시작된 나비축제는 후자에 속한다. 전술한 것과 같이, 함평군에는 지역을 대표하는 산과 사찰, 관광지가 없다. 그래서 지역이 보유한 관광자원을 활용한 축제는 경쟁력이 없기 때문에 지역을 대표하는 새로운 주제의 발굴

〈표 4-11〉 나비축제의 개최 일시와 부제

구 분	개최 일시	축제의 부제
제1회	1999. 5. 5. ~ 5. 8.	-
제2회	2000. 5. 5. ~ 5. 8.	새천년을 함평나비와 함께
제3회	2001. 5. 5. ~ 5. 8.	한국 방문의 해를 함평나비와 함께
제4회	2002. 5. 4. ~ 5. 12.	나비와 꽃, 천연염색의 만남!
제5회	2003. 5. 3. ~ 5. 11.	자연과 인간, 문화예술의 만남!

자료: 이정록(2003)

이 절실했다. 이러한 필요성에 의해 인위적으로 개발된 축제가 바로 1999년부터 시작된 나비축제이다.

3) 관광객의 행태적 특성분석

(1) 관광객의 행태적 특성

① 관광객의 거주지 특징

제4회 나비축제에 참가한 관광객의 행태적 특성을 파악하기 위하여, 거주지 분포, 관광일정, 동반자 유형, 교통수단, 재방문율 등으로 구분하여 분석하였다. 나비축제에 참가한 관광객의 성별 구조를 보면, 전체적으로 여자의 비율이 51.5%로 과반수를 점하였다. 연령별로는 20대가 29.0%, 30대가 35.6%로 20~30대의 방문율이 높은 비율을 차지하였다.

나비축제 관광객의 거주지별 분포를 보면, 개최지역인 함평을 제외한 외래 방문객이 전체의 약 86.5%로서 외래 방문객이 대부

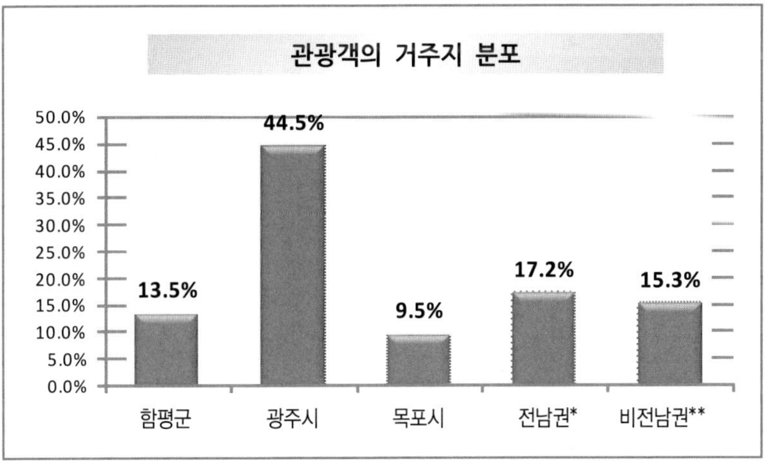

〈그림 4-5〉 관광객의 거주지 분포(자료: 이정록, 2003)

* 전남권은 함평, 목포를 제외한 전남지역 거주자를 의미함

** 비전남권은 광주광역시와 전라남도를 제외한 관광객을 의미함

분을 차지하였다(그림 4-5 참조). 이러한 조사는 제3회의 외래 관광객 비율(75.0%)보다 약 11.5% 정도 증가한 것으로 나타나 함평나비축제의 관광세력권이 더욱 확대되었음을 의미한다. 외래 관광객의 거주지를 보면, 광주 시가 전체의 44.5%를 차지하여 가장 높은 비율을 점하였다. 그리고 인접한 목포시 주민은 약 9.5%이며, 목포시와 함평군을 제외한 전남지역 관광객이 전체의 17.2%를 차지하였다. 한편 광주·전남지역을 제외한 관광객이 전체의 15.3%를 차지한 것으로 조사되었다.

② 여행일정

축제에 참가한 관광객의 여행일정을 보면(그림 4-6 참조), 1일 방문이 전체의 82.4%, 1박 이상의 유형이 17.6%로서 당일 관광객이 절대적으로 높은 비율을 차지하였다. 이러한 특징은 관광객의 거주지 분포와 관련시켜 설명할 수 있다. 즉, 광주와 전남을 제외한 관광객의 비율(15.3%)과 1박 2일 이상의 관광활동과 상호 관련성이 있는 것으로 유추할 수 있다.

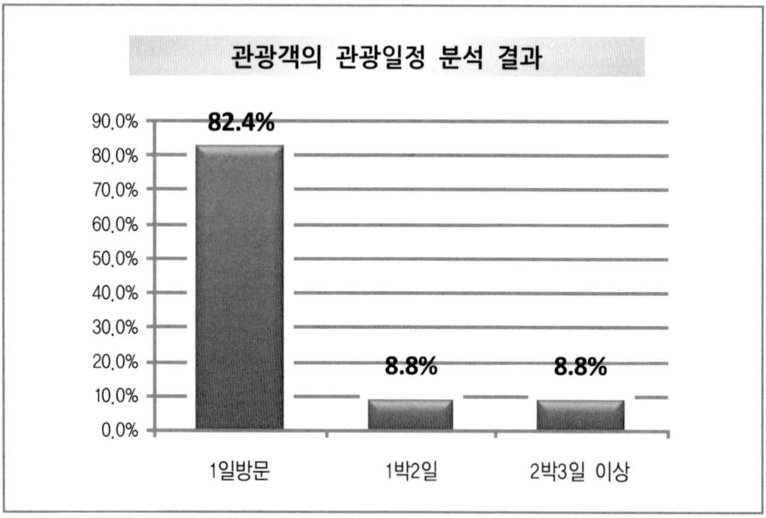

〈그림 4-6〉 관광객의 관광일정 분석 결과(자료: 이정록, 2003)

③ 동반자 유형

축제에 참가한 관광객의 동반자 유형을 살펴보면 가족단위 방문객이 63%를 차지함으로서 다수를 점하였으며, 친구 및 친지(24%), 학생 및 단체(6.3%), 직장동료(2.7%) 등의 순으로 나타났다. 특히 가족단위 방문객의 약 62%가 어린이를 동반한 것으로 조사되었다. 또한 거주지별로 구분해 보면, 함평지역보다 타 지역의 방문객과 어린이를 동반한 가족동반형이 약 2배 정도 많은 것으로 밝혀졌다. 이러한 특성은 축제의 개최 기간이 어린이날과 중복되기 때문이며, 어린이를 위한 나들이 장소로서 함평나비축제를 선택한 것으로 판단된다.

④ 교통수단

관광객이 이용한 교통수단으로는 승용차(75.9%), 관광 및 전세버스(10.6%), 고속버스(4.7%), 기차(2.5%), 기타(6.4%) 등으로, 대부분의 관광객들이 승용차를 이용한 것으로 조사되었다. 교통수단에서 승용차의 비율이 높은 것은 5인 이하의 소규모 또는 가족 중심의 관광객이 대부분을 차지하기 때문이다. 이러한 특징은 관광버스를 이용한 단체관광객의 낮은 비중(10.6%)을 통해 파악할 수 있다.

⑤ 관광객 재방문율

축제에 참가한 관광객의 재방문율은 축제 경쟁력과 관광객 견인력에 대한 지속성을 평가할 수 있는 중요한 지표중의 하나이다. 제4회 나비축제를 참가한 관광객의 재방문율을 살펴보면 다음과 같다(그림 4-7 참조).

제3회 축제에 이어 제4회 축제에도 참가한 관광객이 전체의 약 35%이고, 처음으로 참가한 관광객이 전체의 64.6%를 차지하여 재방문율이 상대적으로 낮았다. 그리고 관광객의 재방문율은 거주지에 따라 상이한 패턴을 보였다. 즉, 함평에 거주하는 주민의 약 86.6%는 제3회 축제에 이어 제4회 축제에도 참가하였지만, 타 지역에 거주한 방문객의 재방문율은 13.4%로서 매우 낮았다. 특히 나비축제에만 참가하는 단일목적의 관광객이 전체 응답자의 약 81%를 차지한 것도 재방문율을 낮게 하는 요인이 되고 있다. 그러나 관광객의 재방문율이 낮은 것은 함평지역의 관광여건 및 축제의 짧은 연혁성과 관련시켜 설명할 수 있다. 함평지역은 우수한 관광상품성을 가진 관광지가 부족하여 다양한 잠재적 관광객을 견인하지 못하고 있다. 또한 관광객의 재방문율이 낮은 것은 방문객을 지속적으로 견인할 수 있는 축제의 경쟁력이 부족하기 때문이다. 왜냐하면 나비축제를 개최한 경험이 일천하여 일정한 규모의 안정된 관광시장을 확보하지 못해 관광객의 재방문율이 낮다.

이런 사례는 오랜 역사를 가진 진도군의 영등축제와 비교해 유추할 수 있다. 진도군의 제26회 영등축제(2003년)의 경우, 처음 방문한 관광객이 51.9%, 재방문한 관광객이 48.1%로 분석되어 재방문객 비율이 상대적으로 낮았다. 그러나 제25회 영등축제

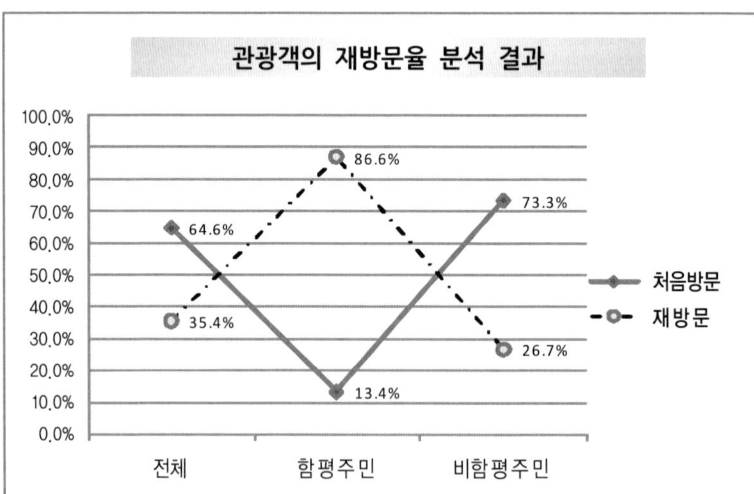

〈그림 4-7〉 관광객의 재방문율 분석 결과(자료: 이정록, 2003)

(2002년) 방문객 조사결과(재방문율 38.6%)와 비교하면, 재방문객의 비율이 약 9.5% 정도 증가하였다(진도군 영등축제추진위원회, 2003).

⑥ 축제에 대한 정보취득

축제에 대한 정보의 취득원을 분석한 결과(그림 4-8 참조), 신문·TV·잡지 등의 언론매체(51.0%), 주변사람의 소개(24.8%), 인터넷(6.0%), 다른 관광지 통과지점(3.6%), 기타(14.6%) 등으로 나타났다. 전체 응답자의 약 51%가 언론매체를 통해 축제에 대한 정보를 취득하였다. 또한 함평군을 제외한 타 지역에 거주하는 관광객의 경우, 약 55%가 대중매체를 통해 축제정보를 취득한 반면, 함평지역 주민들은 약 12%로, 방문객의 거주지에 따라 축제정보의 취득원이 상이한 것으로 밝혀졌다.

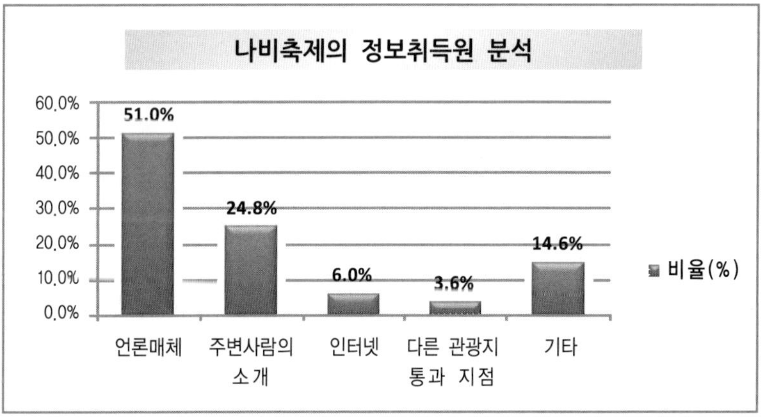

〈그림 4-8〉 나비축제의 정보취득원 분석(자료: 이정록, 2003)

(2) 축제 프로그램에 대한 인식도 및 평가

① 개최장소 및 내용에 대한 인지도

나비축제에 대한 관광객들의 인식과 태도를 파악하기 위해 축제의 인지도, 축제의 프로그램에 대한 참여도와 만족도, 축제의 불편사항 등의 지표로 구분하여 분석하였다. 축제에 대한 인지

〈표 4-12〉 개최장소와 내용에 대한 인지도 (단위: %)

구 분	잘 알고 있다	보통이다	잘 모르고 있다	합 계
오는 방법	49.0	31.0	20.0	100.0
행사 종류	23.0	43.0	34.0	100.0
행사 일정	25.0	35.0	40.0	100.0

자료: 이정록(2003)

도는 개최지에 대한 정보, 행사종류와 일정으로 구분하여 살펴본 결과(표 4-12 참조), 축제장소의 위치정보에 대해서는 전체 응답자의 약 80%가 '알고 있다'고 응답하였다. 그러나 축제의 종류와 일정에 대한 인지도는 상대적으로 낮았다. 행사 종류에 대한 인지도(66%)는 비교적 높았지만, 행사 일정에 대한 인지도(60%)는 상대적으로 낮아 행사일정 및 행사의 종류에 대한 적극적인 홍보활동이 필요한 것으로 지적되었다.

② 프로그램에 대한 참여도 및 인지도

나비축제에서 행해진 주요 프로그램에 대한 참여도와 선호도를 조사한 결과(그림 4-9 참조), 나비생태관(64.8%), 누에일대기체험장(46.2%), 양서류·파충류자연학습장(44.4%) 등이 비교적 참여도가 높은 것으로 나타났으며, 나비날리기(체험)대회(20.7%), 보리·완두 그스름 체험장(21.4%), 환경퀴즈 및 전통가축몰이(20.3%) 등은 상대적으로 참여율이 저조한 것으로 분석되었었다.

이런 특징은 참가자들이 관람형 프로그램을 주로 선호한 반면, 직접적인 체험과 관련된 프로그램은 선호하지 않았기 때문이다. 한편, 행사내용 중에서 가장 좋았다고 평가한 프로그램에 대한 선호도를 분석한 결과, 나비생태관(25.1%), 나비곤충표본전시관(12.1%), 양서류·파충류 자연학습장(11.7%), 누에일대기체험장(10.6%) 등으로 축제주제인 나비와 직접적으로 관련된 프로그램에 대한 선호도가 비교적 높았다.

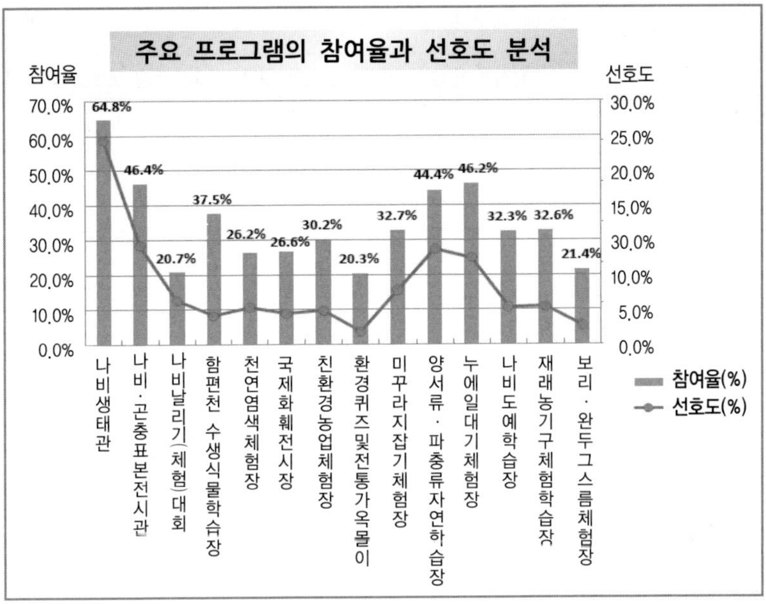

〈그림 4-9〉 주요 프로그램의 참여율과 선호도 분석(자료: 이정록, 2003)

③ 프로그램 구성에 대한 평가

축제 프로그램의 구성에 대한 평가를 보면(표 4-13 참조), 전체 응답자의 26.4%가 '다양하게 구성되었다'고 평가하였으나, 대부분의 응답자는 '잘 모르겠다(57.6%)'고 평가하였다. 그러나 재방문자와 처음 방문자로 구분하여 프로그램의 구성에 대한 평가를 보면, 제3회 축제에 참가한 경험이 있는 관광객들의 약 74%가 '잘 모르겠다' 또는 '변함이 없다'라는 부정적인 응답을 하였다.

그러나 제4회 축제에 처음 방문한 관광객들은 '행사내용이 다채롭다'라는 응답이 약 76%로 뚜렷한 차이를 보였다. 이러한 평가태도는 재방문자와 처음 방문자 사이에 축제 프로그램에 대한 선호도의 차이와 관련이 있다(Light, 1996). 즉, 처음 방문자들은 나비와 관련된 생태·환경 프로그램의 구성에 긍정적으로 평가한 반면, 재방문자들은 축제에 대한 기대수준이 높아 프로그램에 대해 비판적인 평가가 많기 때문이다.

〈표 4-13〉 프로그램 구성에 대한 평가 (단위: %)

구 분	다양하게 구성	변함이 없다	잘 모르겠다
전 체	26.4	16.0	57.6
재방문자	12.2	18.3	69.5
처음 방문자	76.3	5.3	18.4

자료: 이정록(2003)

④ 불편 및 개선사항에 대한 태도

축제에 참가한 방문객들이 지적한 주요 불편사항으로는 편의시설 부족(31.0%), 주차공간 협소(18.9%), 행사장소의 이동거리와 동선(17.7%) 등으로 나타났다(그림 4-10 참조). 따라서 관광객을 위한 각종 편의시설과 주차공간의 확충이 가장 시급한 과제로 지적되었다. 그리고 행사장소의 배치 및 동선체계를 관광객 위주로 재편하는 문제도 주요 사항으로 나타났다. 특히 관광객들은 편의시설 중에서 화장실(31.5%), 주차장(18.2%), 휴식공간(16.3%) 등의 부족을 시급히 해결해야 할 과제로 인식하였다.

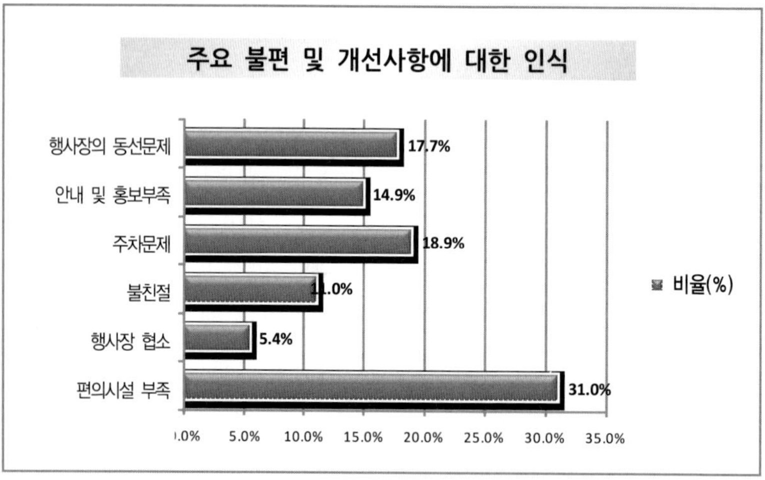

〈그림 4-10〉 주요 불편 및 개선사항에 대한 인식(자료: 이정록, 2003)

⑤ 함평군 브랜드에 대한 인지도

축제는 개최지역의 이미지를 개선시키고, 지역에서 생산되는 각종의 특산물 판촉활동에 긍정적인 효과를 제공하는 것이 일반적인 특징이다(Janiskee and Drews, 1998). 함평군 또한 나비축제를 개최한 주요한 이유 중의 하나는 함평군에서 생산되는 농산물의 판촉에 있다. 이런 측면에서 지역의 농산물 브랜드인 '함평천지'와 나비관련 기념품의 브랜드인 '나르다(nareda)'에 대한 관광객의 인지도를 분석하였다.

함평군에서 생산되는 주요 특산물인 곡류, 육류, 채소류, 과일류, 그리고 엽삭젓을 비롯한 공산품 등에 '함평천지(天地)'라는 공동 브랜드를 적용하여 판매하고 있다. 함평천지는 생태적으로 건강하고 깨끗한 무공해의 함평지역에서 친환경농업에 의해 생산된 제품이라는 사실을 지자체가 인증함으로써 지역특산물의 가치성을 높여 판매를 제고시킬 목적으로 만들어진 지역특산물 공동브랜드이다.

'나르다(nareda)'란 나비의 이미지를 형상화시킨 기념품의 공동상표이다. 주요 품목에는 넥타이와 스카프를 비롯한 패션소품, 의류, 가방, 핸드백, 우산과 양산, 컵과 접시를 비롯한 주방용품, 시계와 목걸이 등의 보석과 액세서리 등 약 30여종에 이르며, '나르다'라는 공동 브랜드를 사용하여 판매하고 있다.

두개의 브랜드에 대한 인지도를 분석한 결과, 함평천지(42.2%)와 나르다(27.2%)에 대한 관광객들의 인지도는 매우 낮았다(표 4-14 참조). 농산물 브랜드인 함평천지에 대한 인지도는 나비관련 기념품 브랜드인 나르다에 비해 상대적으로 높지만, 전체적으로 보면 이들 브랜드에 대한 인지도 수준은 낮은 것이 특징이다. 특히 브랜드에 대한 인지도는 나비축제 자체에 대한 인지도 보다 낮게 평가되었다.

또한 함평천지와 나르다에 대한 인지도는 거주지에 따라 커다

〈표 4-14〉 브랜드의 인지도 평가 (단위: %)

구 분	함평천지	나르다(Nareda)
전체	42.2	27.2
함평 주민	80.2	69.4
비함평 주민	36.2	20.2

자료: 이정록(2003)

란 차이를 보였다. 함평지역 주민의 경우 함평천지와 나르다에 대한 인지도가 각각 80.2%, 69.4%로서 비교적 높은 인지도를 보였다. 반면에 타 지역 거주 방문객의 경우 함평천지와 나르다에 대한 인지도가 각각 36.2%, 20.2%로 매우 낮았다. 그러므로 함평지역에서 생산되는 각종의 농산물과 나비관련 기념품의 판촉을 증대시키기 위해서는 이들 브랜드에 대한 적극적인 홍보활동이 필요한 것으로 판단된다.

⑥ 관광객의 지출액 구조

축제를 방문한 관광객이 지출한 경비는 축제의 경쟁력과 축제 개최에 의한 사회경제적 효과를 측정하는 주요한 지표중의 하나이다(Breen, Bull, and Walo, 2001). 나비축제에 참가한 관광객들이 지출한 경비를 분석한 결과(표 4-15 참조), 관광객 1인당 평균 지출액은 약 31,050원으로 조사되었고, 평균 지출액과 사용 내역은 거주지에 따라 약간 차이를 보였다.

관광객의 지출한 경비는 거주지에 따라 상이했다. 즉, 함평군에 거주하는 관광객의 평균 지출액은 31,100원, 함평을 제외한 타 지역 관광객의 지출액은 28,250원으로, 함평지역 주민들의 지출액이 약간 많은 것으로 분석되었다. 한편 관광객들이 지출한 경비는 음식비(66.4%), 교통비(18.4%), 선물구입비(8.7%) 등으로 이 중에서 음식비가 가장 높은 비율을 점하였다.

그리고 지출 내역을 보면, 관광객의 거주지에 따른 차이는 없

〈표 4-15〉 참가자의 지출액 및 구성비율

구 분		전 체	함평 주민	비함평 주민
평균 금액(원)		31,050	31,100	28,250
지출 내역 (%)	음식비	64.4	67.7	63.9
	교통비	18.4	9.9	19.8
	선물구입비	8.7	6.9	8.9
	숙박비	1.7	1.0	1.7
	기 타	6.3	14.9	5.7
	소 계	100.0	100.0	100.0

자료: 이정록(2003)

었지만, 교통비는 커다란 차이를 보였다. 즉, 함평지역 주민(9.9%)보다 타 지역에 거주하는 관광객의 교통비 지출비율(19.8%)이 거의 2배에 달했다. 그리고 선물구입비 또한 타 지역에 거주하는 관광객의 지출이 함평지역 주민보다 많은 것으로 분석되었다.

4) 축제에 대한 종합적인 평가와 주요 과제

(1) 축제에 대한 관광객의 평가 종합

제4회 축제에 대한 관광객들의 종합적인 인식 및 평가 태도를 파악하기 위해 '전반적인 축제에 대한 만족도'를 분석한 결과, 전체 응답자의 약 49%가 축제에 대해 매우 긍정적으로 평가를 하였다. 그리고 약 40%의 응답자들은 중립적인 반응을 보였고, 축제에 대해 만족하지 않은 집단은 약 10%에 불과하였다(표 4-16 참조).

축제에 대한 만족도 평가는 거주지 분포와 재방문 여부에 따라 약간 차이를 보였다. 함평지역 주민들의 만족도(65.5%)가 다른 지역에 거주하는 주민(46.5%)에 비해 높은 것은 나비축제에 대한 함평지역 주민들의 자부심과 긍지가 영향을 미쳤기 때문이다. 또한 처음 방문자(41.0%) 보다도 재방문자(63.6%)의 만족도가 높게 나타난 것은 이전에 경험한 축제와 비교해서 축제 내용의 다양성과 축제진행의 안정성 등이 영향을 미친 결과로 생각된다.

전체적으로 보면, 축제에 참가한 약 90%의 관광객들은 나비축제에 대해 긍정적으로 평가하였다. 축제에 대한 관광객의 만족도가 높은 것은 나비축제가 축제의 고유성과 정체성을 유지하면서 일정한 관광시장과 세력권을 확보했기 때문이다. 특히 나비축제는 4회를 거치면서 생태관광축제라는 고유한 이미지를 구축한 것이 축제의 경쟁력 제고에 영향을 미쳤다.

실제로 이러한 사실은 제4회 축제를 참가한 방문객의 관광행태에 그대로 반영되었다. '나비·꽃·첨연염색의 만남'이라는 소주제가 붙여진 제4회 축제에서, 많은 관광객들은 함평천의 거대한 생태공원화, 함평천에 조성된 유채꽃밭과 산책로, 나비생태관과 함평천 양안에 설치된 생태체험장, 어린이를 대상으로 기획된 미꾸라지 잡기와 보리·완두 그스름 체험, 그리고 천연염색의 체험기회 확대 등에 높은 만족도를 보였다.

〈표 4-16〉 축제에 대한 만족도 평가 (단위: %)

구 분	매우 만족	만족	보통	불만족	매우 불만족	합 계
전 체	11.9	37.3	40.2	7.4	3.2	100.0
함평 주민	36.4	29.1	32.7	0.9	0.9	100.0
비함평 주민	7.9	38.6	41.5	8.5	3.5	100.0
처음 방문자	6.4	34.4	45.1	10.5	3.6	100.0
재방문자	22.2	41.5	31.7	2.1	2.5	100.0

자료: 이정록(2003)

(2) 축제성공을 위한 과제

나비축제가 우리나라의 대표적인 생태관광축제로 성장하고 외부의 많은 관광객을 유인하기 위해서는 축제의 내실화와 함께 체계적인 마케팅 전략 등 많은 과제가 도출되었다. 첫째는 체계적인 홍보 전략을 통해 전국에서 관광객이 방문하는 전국규모의 축제(national event)로 발전시켜야 한다. 제4회 이후 지속적으로 외래 방문객의 수가 증가하고 있으나, 주로 광주를 비롯한 전남권 지역의 방문객 비율이 약 71%를 차지하고 있기 때문에 수도권을 비롯한 전국단위의 홍보 전략의 수립이 필요하다.

둘째, 축제 관광객을 지역 내 다른 관광지로 연계시키고 나아가 축제장소의 다핵화를 추진할 필요도 있다. 축제 관광객의 방문 일정을 보면 1일 방문의 비율이 높고 체재형의 관광객은 거의 없다. 나비축제에 참가한 관광객들이 지역 내의 다른 관광지를 방문하지 않고 돌아가는 전형적인 당일 관광패턴을 보이기 때문이다. 그러므로 나비축제 관광객이 지역 내 다른 관광지로 전이될 수 있도록 연계개발이 이루어져야 한다. 연계개발의 최적 대안은 바로 녹색관광의 활성화이다. 또한 현재의 단핵적인 축제 장소에서 벗어나 축제장소의 다핵화를 시도하는 것도 필요하다.

셋째, 나비축제와 관련된 관광객을 위한 각종 편의시설의 지속적인 확충이 요구된다. 전체 방문객의 상당수가 자가용을 이용하기 때문에 충분한 주차공간의 확보와 안내시스템의 구축이 필요하며, 현재 절대적으로 부족한 화장실·휴게소 등의 편익시설도 계속해서 확충해야 할 것이다.

넷째, 축제의 경제적 파급효과를 제고시키는 전략이 시급히 수립되어야 한다. 지역축제의 주요 목적은 지역에서 생산되는 농산물의 판매를 통한 지역경제의 활성화이다. 그러나 자운영쌀,

오리쌀, 한우고기 등의 판매 마케팅이 부족하여 '함평천지'라는 농산물 공동브랜드의 이미지를 크게 확산시키지 못하고 있다. 실제로 제4회 축제 참가자들의 지출구조를 분석한 결과, 식·음료비(65%)의 지출이 대부분을 차지하고, 기념품 구입비(8.7%)는 매우 낮았다. 이는 함평군이 독자적으로 개발한 농수산물 고유브랜드인 '함평천지'와 나비상품 고유브랜드인 '나르다'의 인지도가 낮기 때문이다. 그러므로 이에 대한 적극적인 홍보·마케팅 전략도 요구된다.

5) 연구내용의 요약

전남의 함평군 또한 새로운 지역축제를 발굴·개최하여 지역경제의 활성화를 도모하려고 하였지만, 지역이 보유한 관광자원의 부족으로 지역축제의 이벤트 전략은 다른 시·군에 비해 상대적으로 늦어졌다.

그러나 1998년 이후 함평군수와 관련된 공무원, 그리고 지역주민이 합심해서 새로운 지역축제를 발굴하게 되는 데, 그것이 바로 1999년부터 시작된 함평나비축제이다. 농산물의 판촉, 그리고 생태적으로 건강한 친환경의 농촌이라는 새로운 이미지 구축을 목적으로 시작된 나비축제는 함평군의 마케팅에 기여하는 중요한 관광자원으로 기능하고 있다.

나비축제는 1999년 처음 개최된 이후 지금까지 4회라는 짧은 시간에도 불구하고 외부의 관광객이 계속 증가하고 있고, 방문객의 선호도 또한 높아지고 있다. 실제로 2002년에 개최된 제4회 나비축제를 방문한 관광객의 행태적 특성을 종합해 보면, 외부의 관광객이 꾸준히 증가해 전체의 86.5%가 함평지역을 제외한 타 지역에 거주하는 주민으로 분석되었다. 관광객의 재방문율(35.4%)은 상대적으로 높지 않지만, 축제와 관련된 정보의 인지도는 비교적 높게 나타났다. 축제에 대한 만족도 평가에서도 전체 응답자의 90%가 축제의 진행과 프로그램에 대해 긍정적으로 평가하였다. 그러나 주차공간의 부족, 관광객 편의시설의 부족, 행사장내의 적절한 시설 배치, 행사 안내 및 홍보 문제 등은 개선되어야 할 주요 문제점으로 등장하였다.

함평나비축제는 1999년의 제1회 이후, 추진주체의 조직화, 축제내용의 다양성, 방문객을 위한 다양한 볼거리의 제공, 전시 공간의 확충과 신설, 행사기간의 연장, 관광객의 참여기회 확대 등을 통해 축제의 경쟁력을 제고시키고 있다. 그러나 제4회 축제에 참가한 관광객의 속성분석에서 파악된 것과 같이, 방문객의 전국화 및 체재형 방문객의 유인, 관광객의 재방문율을 제고시킬 다양한 프로그램의 개발, 관광객 편의시설의 확충, 지역 브랜드인 함평천지와 나르다(Nareda)의 적극적인 홍보 및 판촉활동 등이 주요 과제로 지적되었다.

함평군은 나비축제의 성공적 개최를 통해 낙후된 농촌지역이라는 이미지에서 벗어나 친환경의 농산물을 생산하는 생태적으로 건강한 농촌지역이라는 새로운 지역사회 이미지(community identity)를 만들어 가고 있고, 나비축제의 활성화와 뿌리내림을 통해 우리나라의 새로운 생태관광 및 친환경 농업지역으로 부상하고 있다. 따라서 나비축제의 뿌리내림과 지속적인 활성화는 함평군이 시도하고 있는 새로운 지역 이미지 형성과정에 중요한 요소가 될 것이다.

참고문헌

이정록, 1998, "광주·전남지역 관광산업의 현황과 발전 방향", 지역개발연구, 30(1), pp. 161-190.

이정록, 2002, "함평군의 생태 및 녹색관광 개발전략", 서해안 시대의 함평군 거점육성 방향과 전략 세미나 자료집, pp. 44-77.

이정록 · 우연섭, 2003, "전남지역 문화관광축제의 공간적 전개과정과 특징", 한국지역지리학회지, 9(3), pp. 233-247.

이정록 · 추명희, 1997, "이벤트관광 관광객의 행태적 특성분석: 전남 낙안의 남도음식축제를 사례로", 지리학연구, 29, pp. 59-94.

정강환, 1998, 이벤트관광전략, 일신사.

추명희, 1999, 전남지역 이벤트관광의 특성과 변화과정에 관한 연구, 전남대학교 대학원 지리학과 박사학위 청구논문.

Allix, A., 1992, The geography of fairs: illustrated by Old-World examples, Geographical Review, 12, pp. 232-269.

Bramwell, B., 1997, Strategic planning before and after a mega-event, Tourism Management, 18(3), pp. 167-176.

Butler, R. W. and Smale, B. J. A., 1991, Geographic perspectives on festivals in Ontario, Journal of Applied Recreation Research, 16(1), pp. 3-23.

Getz, D., 1991, Festivals, Special Events, and Tourism, New York: Van Nostrand Reinhold.

Getz, D., 1997, Event Management and Event Tourism, Elmsford, NY: Cognizant Communication Corporation.

Getz, D. and Frisby, W., 1987, Evaluating management effectiveness in community-run festivals, Journal of Travel Research, 27(1), pp. 22-27.

Hall, C. M., 1992, Hallmark Tourist Events: Impacts, Management and Planning, London, Belhaven Press.

Howie, F., 2002, "Establishing the common ground: tourism, ordinary places, grey-areas and environmental quality in Edinburgh, Scotland", in Tourism and sustainable community development, edited by Hall, D. and Richards G., Routledge, pp. 101-118.

Janiskee, R. L., 1991, Rural Festivals in South Carolina, Journal of Cultural Geography, 11(2), pp. 31-43.

Janiskee, R. L. and Drews, P. L., 1998, Rural Festivals and Community Reimaging, in Tourism and Recreation in Rural Areas, edited by Butler, R., Hall, C. M., Jenkins, J., Chichester, John Wiley, pp. 157-175.

Janiskee, R. L., 1994, Some Macroscale Growth Trends in America's Community Festival Industry, Festival management & Event Tourism, 2, pp. 10-14.

Mayfield, T. L. and Cromption, J. L., 1995, Development of an Instrument for identifying Community Reasons for Staging a Festival, Journal of Travel Research, 33(3), pp. 11-24.

McDonnell, I., Allen, J. and O'toole, W., 1999, Festival and Special Event Management, New York, John Wiley & Sons.

Light, D., 1996, "Characteristics of the audience for 'events' at a heritage site", *Tourism Management*, 17(3), pp. 183-190.

Ritchie, J. R. B., 1984, Assessing the Impact of Hallmark Events: Conceptual and Research Issues, Journal of Travel Research, 23(1), pp. 2-11.

Verhoeff, R., 1989, The spatial diffusion of the performing arts in the Netherlands, Journal of Cultural Economics, 13, pp. 53-68.

Wilson, J. and Udall, l., 1982, Folk Festivals: A handbook for Organization and Management, Knoxville, The University of Tennessee.

진도군 영등축제 추진위원회, 2003.

CHAPTER 5

컨벤션과 관광활동

'최근 국가간의 경제교역 및 민간부문의 교류가 확대되고 국제회의와 관련 행사가 증가하면서 컨벤션(convention)과 컨벤션 센터(convention center)라는 용어가 자주 등장하고 있다. 국제적인 회의와 대형전시회, 박람회, 이벤트 등을 포함하는 컨벤션 산업은 국제회의와 국제 관광객의 증대로 세계적으로 급속히 성장하고 있고, 회의산업이라는 개념이 새롭게 등장하고 있다(Rutherford, 1990).

국제회의와 국제 관광객의 수요가 증대됨에 따라 컨벤션 활동은 부가가치가 매우 높은 관광산업으로 새롭게 인식되고 있다. 컨벤션 관련 산업은 비공해 산업으로서 도시의 세계화를 촉진시키고, 내외국인의 관광객을 유인하여 지역의 관광산업 진흥과 지역경제를 활성화시키는 경제적 파급효과를 가지고 있어, 최근 그 중요성이 강조되고 있는 부문이다.

이런 특성 때문에 국내외의 주요 도시들은 컨벤션을 도시의 새로운 관광산업으로 육성하고 있다. 우리나라에서도 2000년 이후 컨벤션 센터가 본격적으로 건립되기 시작했다. 서울의 아셈컨벤션 센터를 비롯하여 경기도 고양시, 부산시, 대구시, 광주시 등지에 컨벤션 센터 건립되어 운영 중에 있다.

이 장에서는 도시의 관광산업으로 새롭게 등장하고 있고, 지역경제의 활성화에 많은 공헌을 하고 있는 컨벤션 센터의 개념과 특성, 외국 주요 도시의 컨벤션 센터 사례를 살펴보려고 한다. 이 장에 소개된 내용은 여수반도권의 컨벤션 센터 건립방안 및 추진전략(이정록, 1996)의 연구성과를 재구성한 것이다.

1. 컨벤션의 개념과 특성

1) 컨벤션 및 컨벤션 센터의 개념

컨벤션 또는 컨벤션 센터라는 용어가 우리나라에서 익숙하게 사용되기 시작한 것은 1990년대이며, 2000년 ASEM 회의의 개최를 계기로 우리에게 본격적으로 소개된 새로운 개념이다.

웹스터(Webster) 사전에 의하면, 컨벤션이란 '회원들 또는 의원들의 정치적·사회적·전문적·종교적 단체들의 모임'이라고 정의하고 있으며, 이는 회의(meeting)와 유사한 개념을 가지고 있다고 규정하고 있다(Rutherford, 1990). 그러나 외국에서는 컨벤션이라는 용어는 회의(conferences), 집회(meetings) 등의 용어와 혼용하여 일찍부터 사용되었으며, 컨벤션이라는 용어가 본격적으로 통용되기 시작한 것은 20세기부터이다(Khan, Olsen and Var, 1993).

초기의 컨벤션은 미국과 유럽에서 각각 다른 개념으로 사용되었다. 유럽에서는 메세(messe)라는 용어를 컨벤션과 같은 의미로 사용하고 있는데, 산업 생산물을 전시·홍보하는 견본시장에서 시작하여 정보교환의 필요성을 느끼고 회의가 수반되는 형태로 발전한 것이 메세이다. 그래서 독일을 비롯한 유럽에서는 아직까지도 컨벤션 센터라는 용어보다는 메세(messe)라는 용어를 많이 사용하고 있고, 그 대표적인 사례로 프랑크푸르트 메세, 쾰른 메세, 베를린 메세 등이 있다.

반면 미국에서는 각종 단체, 협회, 기업 등에서 호텔을 중심으로 회의가 행해지면서 컨벤션이라는 용어를 사용하기 시작하였다. 그래서 미국의 경우에는 회의가 컨벤션의 중심이 되었고, 회의에 각종의 전시회와 무역박람회, 이벤트 등의 행사가 추가되면서 그 의미가 더욱 확대되었다(Rutherford, 1990).

컨벤션은 단순한 회의뿐만 아니라 전시회나 견본시장 등을 포함하는 개념으로 일반화되었고, 오늘날에는 회의보다는 상대적으로 전시·교역·박람회·이벤트 등의 기능이 더욱 강조되고 있다. 그러나 초기의 회의와 전시회 중심에서 시작된 컨벤션이 광의의 의미로 확대되었기 때문에 컨벤션에 대한 개념 규정은 여러 학자들에 따라 상이하다. 그래서 최근에는 컨벤션(conventions), 전시(expositions), 회의(meetings), 그리고 이와 관련된 다양한 경제부문이 결합해 회의산업(convention, exposition and meeting Industry: CEMI)이라는 새로운 용어가 만들어졌다.

따라서, 컨벤션이란 특정 목적을 가진 국내외의 단체들이 모여서 갖는 각종의 회의, 전시, 공연, 이벤트 등과 관련된 집회의 행위들을 의미하며, 이와 같은 행사를 유치하기 위하여 건립된 대규모의 다목적 공간을 컨벤션 센터라 정의할 수 있다.

2) 컨벤션의 기능, 종류 및 주요 시설

(1) 컨벤션의 기능

컨벤션은 회의와 전시를 통한 정보의 교환을 목적으로 시작되었다. 그러나 최근에는 박람회, 견본시 등의 전시활동과 공연 및 이벤트를 포함한 행위까지로 확대되어 컨벤션의 종류는 매우 복잡하고 다양화되고 있는 상태이다. 일반적인 컨벤션의 종류에는 회의 및 집회, 전시·견본시, 공연 및 이벤트 등으로 구분된다.

(2) 컨벤션의 종류

컨벤션은 개최되는 종류에 따라 다양한 특성을 가지고 있는데, 일반적으로 컨벤션은 회의·전시·숙박·관광 등의 기능을 가지고 있다. 그러나 최근에는 이들 기능이 독립적으로 이루어지는 것이 아니라 복합적으로 이루어지고 있다.

최근에는 단순한 회의 중심의 컨벤션 활동보다는 지역의 경제활동과 관련된 견본시 형태의 무역전시회(trade shows)가 대부분을 차지하고 있다. Tongren과 Thompson(1981)의 분류에 의하면, 이러한 전시회와 관련된 컨벤션 활동은 다음과 같은 4가지 유형으로 구분된다고 설명하고 있다.

첫째 "산업전시회(idustrial shows)"로서, 이는 제조업자들이 다른 제조업자들에게 그들의 상품을 보여주고, 새로운 상품들을 설명하고 산업에서 새로운 기술을 설명하는 교육 기회를 제공하려고 할 때 이루어지는 활동이다.

둘째 "무역전시회(trade shows)"이다. 여기에서는 상품과 서비스 판매자들이 자기들이 생산한 제품을 전시·홍보하고, 다양한 상품 판매자들과 계약도 체결한다. 이러한 유형의 전시회는 대부분 미국의 국내 레스토랑 협회의 연구보고서에서 나타난 것과 같이, 무역업체에 종사하는 사람들을 위한 것이 주종을 이루지만 무역활동 종사자를 대상으로 하지 않은 경우도 있다.

셋째 "전문적인 학술·과학적 전시회(professional or scientific exhi-

〈표 5-1〉 컨벤션의 주요 기능

기 능	주 요 내 용
회 의	▪ 정치, 산업단체, 의료단체, 학술단체 등의 회의를 비롯하여 각종 단체들의 다양한 규모의 정기·비정기 회의
전 시	▪ 무역상품, 산업기기 등의 하드웨어 전시뿐만 아니라 소프트웨어의 등의 전시활동
숙 박	▪ 회의와 전시에 참가한 참가자들을 위한 숙박 및 식사 등 제반서비스 활동
관 광	▪ 전시 및 회의 기간의 전후에 걸쳐서 주변지역의 관광 및 이에 수반되는 교통·통신 및 제반서비스 활동

자료: 이정록(1996)

bitions)"와 관련된 것이다. 예를 들어 미국에서 미국지리학회가 개최되면, 지역분석에 필요한 다양한 기기와 지도, 각종 자료 등의 전시회를 통하여 참가자에게 학술적·전문적인 활동의 수행에 필요한 각종의 정보를 제공함으로서 회의의 참가를 유도한다.

넷째 일반인을 대상으로 하는 '소비자 전시회(consumer shows)'이다. 전술한 3가지 유형의 전시회는 일반 대중을 대상으로 하진 않고, 상공회의소 관계자, 무역협회 관계자, 제조업자, 그리고 특정 전문직 종사자에게 개방되는 것이 일반적인 특징이다. 그러나 특정 계층의 전문직 종사자를 대상으로 하지 않고, 일반 대중을 대상으로 한 다양한 전시회도 있다. 자동차, 주택, 화훼 등의 전시회가 여기에 해당한다.

(3) 컨벤션 센터의 구성요소 및 주요 시설

컨벤션 센터는 대부분 하나의 건물로 되어 있는 경우도 있지만, 특정지구에 다수의 컨벤션 관련시설이 모여서 하나의 컨벤션 센터를 이루기도 한다. 컨벤션 센터는 회의기능, 전시기능, 음식·서비스기능, 저장·하역기능, 유지·관리기능, 주차기능 등을 효율적으로 수행하기 위한 시설물로 구성되어 있다. 그리고 컨벤션 센터의 주변에는 호텔을 비롯한 다양한 종류의 숙박시설과 식음료시설들이 입지해 있는 것이 특징이다. 한편 이들 시설은 컨벤션 센터의 규모에 따라 다르지만, 대부분의 컨벤션 센터는 이들 시설들로 구성되어 있다(Rutherford, 1990).

그러나 컨벤션 센터와 직접적인 관련을 가지고 있는 호텔을 비롯하여 레스토랑 등의 식음료시설이 컨벤션 센터와 인접해 있는 경우도 있지만, 컨벤션 센터가 입지해 있는 지역의 주변에 산재되어 있으며, 이들 시설은 주변의 관광지와 연계되어 입지되어 있는 경우가 대부분이다.

〈표 5-2〉 컨벤션 센터를 구성하는 주요 시설의 용도별 특성

시 설	용 도 별 특 성
회 의 장 (Meeting Hall)	▪ 회의장은 수용인원에 따라 총회장, 대회의장(1,000명 내외), 중회의장(300-500명), 소회의장(20-100명)으로 구성 ▪ 총회장(Auditorium)은 극장식 규모의 회의장 ▪ 리셉션을 주목적으로 하는 연회장 ▪ 모든 회의장은 동시 통역시설, 음향 및 조명장치, VTR 기기를 보유
전 시 장 (Exhibition Hall)	▪ 대소규모의 상업전시, 비상업적인 전시회, 국제무역 상품쇼, 기타 전시회가 가능한 전시시설 ▪ 특별한 행사가 가능한 이벤트 홀(Event Hall) ▪ 전시장은 용도와 성격에 따라 공간의 크기를 조절가능 ▪ 일부의 야외 전시장 ▪ 회의장과는 연결통로를 이용하여 접근함
식음료시설	▪ 필수 서비스 시설로 다양한 규모와 종류의 레스토랑, 스넥바 ▪ 간이휴게시설
관리 · 설비시설	▪ 행사의 운영, 관리와 관련된 시설 ▪ 우체국, 은행, 약국, 소규모 상점 등의 시설 ▪ 관광안내소, 통신센터
저장 · 하역시설	▪ 전시 관련 물품의 운송 및 하역과 관련 시설 ▪ 창고시설
주 차 장	▪ 승용 및 화물차의 주차공간 ▪ 일반 노선버스 및 택시 등 공공교통수단을 위한 공간

자료: 이정록(1996)

일반적으로 컨벤션 센터는 회의장, 전시장, 식음료시설, 관리 · 설비 시설, 저장 및 하역시설, 주차공간 등의 시설을 기본적으로 가지고 있는 것이 특징이다. 그러나 대규모의 컨벤션 센터에서는 호텔 또는 오피스텔, 이벤트 행사가 가능한 실내외 경기장 또는 스타디움, 백화점 · 면세품 판매점 · 기념품 판매점 등의 쇼핑시설, 놀이시설 · 녹지 · 야외공원을 비롯한 야외 휴식공간 등의 위락시설을 동시에 갖추고 있다. 특히 외국의 대규모 컨벤

〈표 5-3〉 컨벤션 관련시설의 주요 업무

컨벤션 서비스		회의장 · 숙박 · 음식	운송	관광	기타
• congress • organizer • 통역,번역,속기 • 인쇄,출판,복사 서비스 • 사진 • 전시업 • 장식업,렌탈 • 식물 • 그래픽 디자인	• 경비,청소회사 • 전기,배관공사 • 모형제작 • 광고대리점 • 예능사 • DM대행업 • 문구,기념품, 꽃집 • narrator • 모텔	• 회의장 • 전시장 • 견본시회장 • 여관, 호텔 • 레스토랑 • 급식산업 • 스포츠센터 • 문화홀, 극장	• 항공회사 • 여행대리점 • 철도 • 선박회사 • 버스,택시 • 트럭 • 통관업, 창고업 • 배송업	• 관광, 오락시설 • 미술관 • 박물관 • 유원지 • 동물원 • 수족관 • 플레이가드 • 문화시설	• 은행 • 병원 • 의원 • 우체국 • 전신전화 • 국제전화 • 매스컴

자료: 일본입지센터, 최상석역, 1990, 외국의 리서치코아, 구미서관, p. 179.

션 센터에서는 국제적인 회의가 가능한 회의공간뿐만 아니라 이러한 부대시설을 가지고 있는 경우가 대단히 많다.

2. 컨벤션 센터의 종류 및 입지유형

1) 컨벤션 센터의 종류

일반적인 컨벤션 센터의 종류는 다음과 같은 네가지 유형으로 구분된다. 첫째는 전통적인 컨벤션 센터(traditional convention center)로서 대부분의 컨벤션 센터가 여기에 해당한다. 컨벤션 시설의 70%가 회의 및 전시시설로 이용되고, 컨벤션 센터에 있는 숙박시설의 60% 정도를 컨벤션에 참가한 사람들이 이용하는 형태이다.

둘째는 리조트형 컨벤션 센터(resort convention center)로서 회의시설과 숙박과 함께 골프장이나 수영장을 비롯한 스포츠 및 레크레이션 시설 중의 하나를 구비하고 있는 형태이다.

셋째는 비거주형 컨벤션 센터(nonresidential convention center)로서 다른 컨벤션 센터와 동일한 시설을 가지고 있지만, 숙박시설이 없는 형태이다.

넷째는 단순히 회의만을 할 수 있는 보조 컨벤션 센터(ancillary convention center)로서 단일 건물로 이루어져 있고, 주로 자치단체나 비영리기관에서 회의 또는 집회를 목적으로 건립되었기 때문에 소규모적인 것이 특징이다(IACC, 1989).

2) 입지유형 컨벤션 센터의 분류

컨벤션 센터는 특성에 따라 입지가 달라지지만, 대부분의 컨벤션 센터들은 공항, 철도, 항만, 고속도로 등과 쉽게 연결되는 교통의 결절지점에 입지한다. 그리고 컨벤션 센터의 주변에 호텔과 같은 숙박 시설, 백화점 같은 쇼핑 센터, 사무소 같은 업무 시설, 그리고 관광·위락 시설이 인접해 있을 때, 컨벤션 센터는 지역경제의 활성화에 긍정적인 파급효과를 제공하게 된다(Rogers, 1988).

세계 각국의 주요 컨벤션 센터 입지는 도시재개발 사업, 신도시 개발 또는 부도심 개발사업에 의해 건립되었거나, 외래의 관광객을 유치하기 위하여 대규모 리조트개발 사업의 일환으로 컨벤션 센터가 건립되기 때문에 컨벤션 센터의 입지는 그 도시의 지역개발정책에 따라 입지 유형이 달라진다(Laventhol and Horwath, 1988).

특정도시에서 대부분의 컨벤션 센터는 교통이 편리한 도심지역 또는 지역개발정책과 관련하여 도시 외곽의 특정 지점, 관광지내에 입지하는 것이 일반적인 특징이다. 그래서 컨벤션 센터는 도시재개발 사업에 의한 입지, 신도시 및 부도심개발 사업에 의한 입지, 리조트개발 사업에 의한 입지유형으로 구분할 수 있다.

(1) 도시재개발 사업유형

선진국 주요 도시들은 도시화가 진전되면서 기존의 도시구조가 다핵화됨에 따라 기존의 도심부내에 위치한 업무중심지역과 상업지역들은 노후화되고 있고, 교통 혼잡으로 인하여 도심부의 슬럼화는 더욱 가속화되고 있다. 또한 오랜 도시화의 역사를 가진 도시들은 경제활동의 중심이 기존의 도심지역에서 도시의 외곽지역으로 이전하거나, 새롭게 조성하는 신설도시로 이전되기 때문에 도시의 경제활동이 침제되는 경우가 많다.

따라서 도시지역의 경제를 활성화시키기 위하여 지역내 관련

〈표 5-4〉 도시재개발에 의한 컨벤션센터의 입지사례

입지유형	해외의 주요 컨벤션 센터
항만주변지역 재개발	· New Orleans Convention Center(뉴올리언즈) · Canada Place(밴쿠버) · Darling Harbor Convention Center(시드니)
철도역 주변의 재개발	· Metro Toronto Convention Center(토론토) · Jacob K. Javits Convention Center(뉴욕) · Florida Convention Complex(잭슨빌) · Pennsylvania Convention Complex(필라델피아)
도심지역의 재개발	· L.A. Convention Center(로스앤젤레스) · Georgia World Congress Center(애틀랜타) · Cincinnati Convention Center(신시내티) · Greater Columbus Convention Center(콜럼버스)
주요 간선도로 주변지역의 재개발	· Washington State Convention & Trade Center (시애틀) · Hyne Center(보스턴)

자료: 교통개발연구원, 1994, 컨벤션 센터 건립방안(p. 45)의 내용을 바탕으로 재구성한 것임

산업의 경제적 파급효과가 높은 켄벤션 센터를 건립하는 것이 도시재개발 사업의 유형이다. 도시재개발 사업의 유형으로 건립된 컨벤션 센터는 주로 도시내의 항만, 철도역, 도심지의 상업 및 업무지역 등지에 입지한다.

〈표 5-4〉에 나타난 것과 같이, 미국 대부분의 주요 도시들의 컨벤션 센터는 슬럼화된 도심지역의 물리적·경제적 활성화와 도시재개발을 주요 목적으로 건립되었다. 미국 뉴욕의 Jacob K. Javits Convention Center, 조지아주 애틀랜타의 Georgia World Congress Center, 미국 남부도시인 뉴올리언즈의 New Orleans Convention Center, 오하이오주 콜럼버스의 Greater Columbus Convention Center와 신시내티의 Cincinnati Convention Center 등이 이러한 도심지역의 재개발 효과를 목적으로 건립된 경우에 속한다.

(2) 신도시 및 부도심개발 사업유형

신도시 및 부도심개발 사업은 도시화의 확대로 시역이 점차 확대됨에 따라 도시구조의 개편을 통한 효율적인 도시개발을 위하여 일반적으로 채택하고 있는 도시개발 방법 중의 하나이다. 입지 대상지는 대도시 외곽의 미개발지역(open space)나 해안의 매립지, 또는 수려한 자연경관 및 위락시설과 인접한 지역으로 컨벤션 센터 및 컨벤션 관련시설을 입지시켜 신도시 및 부도심을 개발하는 방법이다.

신도시 및 부도심개발의 주요 원인은 기존 도심개발의 경우 사업추진에 많은 어려움이 있기 때문이다. 즉 도심 상업·업무 중심지의 경우, 높은 지가 및 임대료, 대규모 부지확보의 어려움, 교통난 등으로 컨벤션 센터의 입지가 어렵기 때문이다. 최근에 선진국에서 신도시 또는 부도심의 개발은 국제공항이나 국제항만과 인접한 지역에 텔리포트, 테크노파크, 국제업무지역 등을

〈표 5-5〉 신도시 및 부도심개발 사업에 의한 입지사례

입지유형	해외의 주요 컨벤션 센터 사례
임해 매립지를 활용한 방법	Teleport내 Convention Park(동경) Nippon Convention Center(치바) Pacific Convention Plaza Yokohama(요코하마) Osaka Technoport내 Convention Center(오사카)
공항과 인접 지역의 신규개발	Change Int'l Exhibition & Convention Center(싱가포르) Tampa Convention Center(플로리다) Nantes Int'l Conference & Concert Hall(프랑스)

자료: 교통개발연구원, 1994, 컨벤션센터 건립방안, p. 45

결합시킨 형태로 추진하고 있다(최승담외, 1994).

이러한 유형은 도시의 외곽지역이나 임해매립지에 컨벤션 관련 시설들을 대규모로 건립하고 있는데, 최근 일본을 비롯한 선진국에서는 국제공항이나 국제항만과 인접한 지역에 텔리포트, 테크노파크 등을 결합시킨 형태로 추진하고 있다. 일본 동경의 Convention Park를 비롯하여 일본 치바현의 Nippon Convention Center, 요코하마의 "미나토미라이 21계획"의 일환으로 건립된 Pacific Convention Plaza 등이 해안 매립지를 이용한 입지유형에 해당한다.

(3) 리조트개발 사업유형

미국을 비롯한 프랑스와 일본, 홍콩 등지의 도시에서는 지역의 관광산업을 활성화시킬 목적으로 컨벤션 센터를 관광지내 또는 관광지와 인접한 지역에 건립하고 있다. 특히 컨벤션 센터와 지역내의 수려한 관광자원 및 기존의 관광지가 상호 연계성을 가짐으로써 지역의 관광지를 개발하려는 전략은 최근 새롭게 관심이 집중되고 있는 관광지 개발전략 중의 하나이다.

리조트개발의 형태란 자연환경이 수려하고 숙박, 쇼핑시설 등

이 완비되어 일체의 컨벤션 관련서비스가 충실하게 지원되는 관광지에 컨벤션 센터가 건립되는 경우이다. 이는 컨벤션과 관광이 상호 많은 관련성을 가지고 있기 때문이다. 대부분 선진국에서는 컨벤션이 새로운 관광수요 창출수단으로 이용되고 있으며, 특히 관광비수기 타개를 위한 전략상품으로서 관광지내 컨벤션 개최에 많은 노력을 기울리고 있다. 점점 늘어나는 인센티브 관광(incentive tour)시장을 목표로 대규모 주제공원과 연계하여 컨벤션 센터를 리조트 내에 건립하고 있다(최승담외, 1994).

이러한 사례로는 미국 플로리다주 올란도의 Walt Disney World 내에 있는 Convention Center를 비롯하여 일본의 오끼나와 Beach Resort에 있는 Okinawa Convention Center, 일본의 새로운 리조트 중심지로 등장하고 있는 미야자키현의 Segaia내에 있는 "Congress Center: Summit" 등이 리조트 개발과 컨벤션 센터를 연계시킨 대표적인 사례이다.

3. 컨벤션 센터와 지역경제

컨벤션 센터 및 관련 활동이 관광산업 및 지역경제에 미치는 파급효과가 매우 크기 때문에 "Conventions, Expositions, Metings Industry(CEMI)"가 새로운 경제활동 부문으로 등장하고 있다. 그래서 주요 대도시 및 일부의 지역들은 컨벤션과 관련된 CEMI를 지역의 새로운 성장산업으로 인식하게 되었다. 이러한 측면에서 세계의 주요 도시들은 국제회의, 전시회, 박람회, 학술회의, 문화예술 및 스포츠 행사, 관광이벤트 행사 등의 유치와 함께 이를 수용할 수 있는 대규모의 컨벤션 센터 건립에 많은 재정적 투자를 하고 있다(Rutherford, 1990).

도시나 지역에 훌륭한 컨벤션 센터가 입지하게 되면, 다양한 국제적인 행사가 개최되어 해당 도시 및 지역의 홍보효과와 함께 국제화에도 크게 공헌하지만, 가장 큰 파급효과는 지역산업의 활성화를 들 수 있다. 컨벤션은 회의 · 전시 · 숙박 · 관광 등의 다목적 기능을 가지고 있어, 지역의 관광 · 숙박 · 유흥 · 유통 · 교통 · 정보산업 등의 발전을 유발시키는 경제적 파급효과를 제공하기 때문이다(이정록, 1996).

컨벤션을 포함한 국제적인 회의산업은 막대한 경제적 효과를 제공하는 고부가가치산업으로, 세계 각국은 국제회의 뿐만 아니라 인센티브 관광, 전시회, 박람회, 세미나 등을 유치하는 데 많은 노력을 기울이고 있다. 북미지역의 경우 국제회의산업으로 인한 경제적 효과는 400억불(1992)에 달하며, 전세계적으로 인센티브 관광의 규모는 170억불(1990)이며, 오는 2000년까지 약 560억불에 이를 것으로 Eurropean Incentive Travel Survey는 예측하고 있다(모철민, 1995).

이와 같이 컨벤션 센터는 지역경제에의 승수효과뿐만 아니라 지역교통망과 숙박시설의 확충, 공항 · 항만시설의 정비 등을 통하여 지역내의 생활환경과 기반환경의 개선에도 공헌한다. 그러나 가장 중요한 영향은 지역내 관광산업의 활성화, 컨벤션과 관련된 지역산업에의 파급효과, 지역재정을 비롯한 지역승수적 파급효과, 그리고 지역의 홍보효과 등이라 할 수 있다.

1) 관광산업의 활성화

미국을 비롯한 외국 대부분의 대도시에는 도시내에 컨벤션 센터가 건립되어 있고, 컨벤션 시설을 관리하는 부서는 'Convention and Visitors/Tourism Bureau'이다. 이는 컨벤션과 관련된 활동이 지역의 관광과 밀접한 관계를 갖고 있음을 단적으로 증명하는 사례이다.

컨벤션 산업과 관광산업은 많은 유사성을 가지고 있고, 직접적으로 영향을 미치는 상호 보완적인 관계를 갖고 있다. 컨벤션은 국경을 넘나드는 인적 교류, 정보 교류 및 문화 교류를 촉진시킨다는 점에서 관광의 기본 이념과 일치한다(최승담, 1995). 컨벤션 센터는 국내외적인 대규모의 회의 및 전시회, 이벤트 활동을 통하여 많은 외래객을 유인하여 호텔·여행사·항공사·백화점을 비롯한 쇼핑센터, 음식점, 그리고 주요 관광지에 관광수요를 창출하는 효과를 가지기 때문에 관광산업과 매우 밀접한 관련을 가지고 있다.

컨벤션 센터가 입지한 대부분의 도시들은 지역내의 호텔, 레스토랑, 택시회사, 관광버스회사 등에서 납부하는 특별소비세를 전액 컨벤션 센터의 운영에 지원함으로서 지역의 관광 및 관련 산업에 컨벤션 센터가 미치는 영향은 매우 크다.

이러한 관광산업과의 관련성 때문에 최근 대부분의 도시들은 관광비수기의 관광객을 유인하기 위하여 컨벤션 센터를 통한 관광마케팅 활동을 치밀하게 전개하고 있다(최승담, 1995). 그리고 일부 도시는 지역내의 수려한 관광지 및 관광자원을 효율적으로

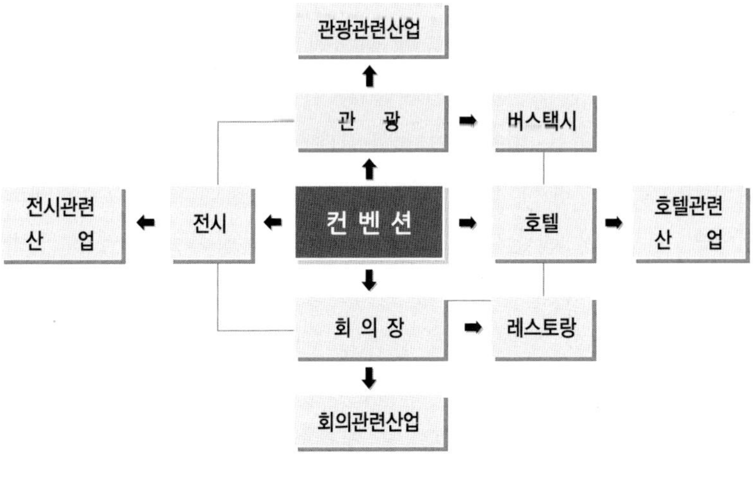

〈그림 5-1〉 컨벤션 및 컨벤션 센터와 관광산업과의 관계(자료: 일본입지센터, 1990)

개발하기 위한 관광개발정책의 일환으로 컨벤션 센터의 건립을 구상하고 있는데, 일본을 비롯하여 싱가포르, 필리핀 등 동남 아시아의 일부 국가들은 관광산업을 국가 또는 지역의 기간산업으로 육성하기 위하여 컨벤션 관련시설을 건립하고 있다.

2) 컨벤션 관련산업의 파급효과

컨벤션 개최지역은 컨벤션 참가객이 요구하는 일련의 활동에 충분히 대처할 수 있는 유무형의 서비스가 지원되어야 하는 바, 지속적인 컨벤션의 개최는 개최지역의 사회·기반환경의 정비와 확충을 촉진하게 된다. 즉 지역교통망과 숙박시설의 확충, 공항·항만시설의 정비 등을 통하여 지역내외의 생활환경과 기반환경의 개선이 이루어지게 된다(최승담외, 1994).

그러므로 컨벤션 센터는 지역내의 관광산업뿐만 아니라 관련된 서비스산업의 활성화를 도모하는 데 크게 공헌한다. 컨벤션과 직접적으로 관련이 있는 산업으로는 항공업, 호텔업, 여행업, 식·음료업, 운송업, 쇼핑산업 등이다.

그리고 관련된 서비스 산업으로는 소프트웨어업, 정보처리서비스업, 정보제공서비스업 등과 관련된 정보관련 서비스업, 디스플레이업, 디자인업, 경영 컨설팅업, 기계설비업 등과 관련된 지식관련 서비스업을 비롯하여 물품임대업, 이벤트관련 업종, 상품검사업, 경비업 등이 있다. 이러한 컨벤션 관련 서비스업외에도 지역의 상업 및 관련서비스업, 유통업의 활성화로 지역의 전반적 경제능력을 향상시키는 데 기여한다.

그리고 컨벤션 센터가 입지하면, 지역에서 생산되는 제품의 전시 및 박람회를 비롯하여 지역산업과 관련된 각종의 국내외적인 회의가 개최된다. 각 기업 및 제조업체에서는 이러한 컨벤션 활동을 통하여 최신의 정보와 기술의 입수가 용이하고, 관련 부

〈표 5-6〉 컨벤션 연관산업의 종류

관 련 업 종	주요 업종의 종류
직접 관련산업	호텔업, 항공업, 여행업, 식·음료업, 운송업, 쇼핑산업
정보관련 서비스업	소프트웨어업, 정보처리서비스업, 정보제공 서비스업
지식관련 서비스업	디스플레이업, 디자인업, 경영컨설팅업, 기계설비업
물품임대 관련업	사무기기 임대업, 컴퓨터기기 임대업
기타 서비스업	상품검사업, 경비업

자료: 이정록(1996)

문의 세계적인 동향을 직접 파악할 수 있기 때문에 지역산업의 정보화와 첨단화·고도화에 영향을 미쳐 지역산업의 국제경쟁력을 강화하는데 크게 공헌한다(Kotler, Haider, and Rein, 1993). 이와 같이 컨벤션 센터는 컨벤션관련 산업뿐만 아니라 지역산업의 경쟁력 강화와 재구조화에도 커다란 영향을 미친다.

3) 지역경제의 파급효과

컨벤션 센터가 제공하는 지역재정의 가장 큰 파급효과는 직접적인 고용증대와 세수확대, 그리고 장기 체류관광객으로 인한 외화 획득을 들 수 있다. 왜냐하면 국제회의를 비롯하여 전시회, 박람회, 이벤트 행사가 개최되면, 국내외의 많은 관광객이 체류하여 지역재정에 미치는 효과는 매우 크기 때문이다.

미국 샌프란시스코의 컨벤션 센터는 1981년 개장 후 약 3,700명의 고용효과를 창출하였고, 각종의 컨벤션 참가자의 소비액은 연간 약 3,000만불로서 지역의 재정효과는 약 2억 4천만불로 추정되었다. 또한 1986년, 시애틀의 킹카운티(King County) 컨벤션 센터의 분석에 의하면, 시애틀에서 개최된 국제회의 참가자들의 평균체재기간은 3-4일 정도였으며, 1인당 1일 평균 약 160-170달러를 컨벤션과 관련하여 지출한 것으로 조사되어 지역경제의 활성화에 크게 기여한 것으로 밝혀졌다(Rutherford, 1990).

1989년도 미국에서 개최된 컨벤션관련 활동이 지역경제의 활성화에 미친 효과를 분석한 Convention Liaison Council(CLC)보고서에 의하면, 컨벤션 활동에서 직접 소비한 액수는 약 756억 달러로서 총경제적 파급효과는 약 2,249억 달러로 조사되었다.

또한 컨벤션 관련 직접고용 증대효과는 154만명으로 총고용효과는 약 290만명이었으며, 연방세·주세·지방세를 포함한 직접 세수효과는 약 105억 달러로 분석되었다.

이와 같이 컨벤션 센터는 자체의 고용효과를 비롯하여 컨벤션

〈표 5-7〉 컨벤션 활동의 산업별 경제적 파급효과

구 분	직접소비액 (억 달러)	총경제파급효과 (억 달러)	총고용증대 (천명)
대중교통 및 택시업	19	59	88
렌터카업	30	86	94
유류판매업	17	42	16
항 공 업	165	500	459
식음료업	90	311	482
유람선업	2	6	9
호텔 및 회의장업	247	721	1,011
광 고 업	2	5	7
장비임대업	5	12	19
소 매 업	30	92	154
도 매 업	21	55	63
유 흥 업	33	95	139
비지니스 서비스업	52	142	220
판 촉 업	2	5	8
기 타	40	120	159
합 계	756억 달러	2,249억 달러	2,928천명

자료: 문화체육부, 1996, 국제회의 유치 및 지원에 관한 법률(안) 설명자료.

관련 참가자들이 지출하는 숙박비, 식사비, 교통비, 관련서비스 이용료 등으로 지역재정을 포함한 지역경제에 미친 직·간접적인 파급효과가 매우 높아 새롭게 등장하고 있는 고부가가치산업이다. 그래서 미국의 대표적인 컨벤션 중의 하나인 뉴욕의 Jacob K. Javits Convention Center와 일본의 Nippon Convention Center 사례를 통하여 컨벤션 센터의 지역경제, 특히 지역재정에 미친 파급효과를 살펴보면 다음과 같다.

(1) 미국 뉴욕의 Jacob K. Javits Convention Center 사례

뉴욕 맨하탄에 위치한 재콥 케이 재비츠 컨벤션 센터는 1987년 개장한 이후 5년동인의 운영을 통해 지역의 경제에 크게 공헌하였다. Javits 컨벤션 센터가 지난 5년 동안, 이곳에서 열린 컨벤션 관련 행사에 참가한 사람들은 1987년 1.8백만명에서 1991년 약 3.0백만명으로 증가하였다(Frenich, 1994). 그리고 1995년 현재 Jabits 컨벤션 센터의 예약율은 약 80%에 이르고, 이러한 상태는 오는 2000년까지 이어질 것으로 보인다.

Javits 컨벤션 센터를 방문한 방문객들의 약 60%가 컨벤션에 참석한 반면, 40%는 자동차 쇼, 바베큐, 그리고 지역모임과 같은 지역이벤트에 참석하였다. 컨벤션이나 시사회에 참석한 사람들의 20%는 뉴욕대도시권에 거주하고 있고 당일 참석자들이었다. 또한 1991년 참가자들의 거주지별 분포를 살펴보면, 1,440,000명이 외부인인 반면, 360,000명이 뉴욕시에 거주한 사람들이었다(표 5-8 참조).

컨벤션 관련 활동 참가자들의 소비패턴을 살펴보면, 시외 컨벤션대표자들의 지출은 1987년 650달러에서 1991년 725달러로 증가한 반면, 지방 참석자들의 당일 지출은 같은 기간동안 40달러에서 50달러로 증가하였다. 특히 국제적인 또는 국내적인 전

〈표 5-8〉 Jabits 컨벤션 센터의 지역경제 승수효과 (단위: 천명, 십만달러)

구 분	1987년	1989년	1991년
컨벤션참가자 총계	1,770	2,438	3,000
전시 · 박람회			
뉴욕외 거주자	840	1,171	1,440
지역내 거주자	210	292	360
이벤트 관련활동	720	975	1,200
지출 · 소비총액			
전시 · 박람회	554,400	832,840	1,062,000
이벤트 행사	28,800	43,875	60,000
직접 지출총액	583,200	867,715	1,122,000
지역경제 승수효과	1,166,400	1,753,430	2,244,000

자료: Fenich, 1994, p. 248.

시 및 박람회 참가자들의 직접적인 소비 · 지출액은 1987년의 5억 5,400만달러에서 1991년 10억달러로 증가하였다.

컨벤션 활동으로 발생한 전체적인 경제활동의 영향을 파악하기 위해서 승수효과(multiplier effect)를 분석한 결과, 뉴욕시의 서비스 · 관광 산출승수는 정확히 2.00으로 나타났다. 즉, 지출된 모든 직접적인 관광객 · 컨벤션 달러는 1달러의 부가적 경제이득을 가져올 것이고, 각 관광달러의 총효과는 경제적 이득에서 총 2달러와 동등한 것으로 분석되었다.

지역승수를 적용하여 컨벤션 관련 활동에 참가한 참가자들이 지출한 총액은 뉴욕 대도시지역에서 약 8억 8,000천만달러에 달했다. 그리고 뉴욕시의 모든 컨벤션 참석자들은 거의 총 4억 7,000만달러를 지출하였다. 그래서 앞에서 제시한 직접소비평가를 토대로, Javits 센터는 1987년 총 11억 6600만달러에서 1991년 22억 4,400만달러에 달하는 경제적 이득을 창출시킨 것으로 밝혀졌다(Frenich, 1994).

〈표 5-9〉 컨벤션에 의한 뉴욕주의 경제활동과 세수효과 (단위: 십만달러)

구 분	1987년	1989년	1991년
컨벤션 경제활동 총액	408.2	613.7	785.0
세금(taxes) 유형			
개인 소득세	11.4	17.1	21.9
사업세	3.1	4.7	6.0
판매세	7.6	11.4	14.6
합 계	22.1	33.2	42.5

자료: Fenich(1994)

한편 Javits 컨벤션 센터에 의해 창출된 주(州) 전체의 경제활동 효과는 〈표 5-9〉에 나타난 것과 같다. 컨벤션 센터에서 발생한 직·간접적 총지출은 1987년 4억 800만달러에서 1989년 6억 1,400만달러, 그리고 1991년에는 7억 8,500만달러로 증가하였다. 이러한 지출에 근거하여 뉴욕주에서 부과할 수 있는 세금의 종류는 개인소득세, 주식회사 및 단독회사에서 나오는 사업세, 그리고 판매세금 등 세가지 유형이 있다. 뉴욕주는 지난 1987년 Javits 센터로 부터 2,202만달러의 세금을 징수하였고, 1991년에 4,250만달러의 세수효과를 발생시켜 경제적 이득을 취하였다.

그리고 뉴욕시에서 취득한 세수효과는 〈표 5-10〉에 나타난 것과 같다. 뉴욕시는 1991년 총세수의 약 5%에 해당하는 4,200만달러의 세금수입이 Jabits 컨벤션 센터의 컨벤션 활동과 관련하여 발생하였다. 1991년 뉴욕시의 경우, 세수 측면에 있어서 가장 큰 공헌자는 7%(17.8백만달러)를 점유한 판매세였으며, 호텔세도 5%에 해당하는 8백만달러나 되었다. 또한 컨벤션 관련활동 종사자들로 부터 징수된 개인 소득세(personal income tax)는 960만달러였다. 특히 Jabits 컨벤션 센터는 약 48,000여개의 직업을 창출하였는 데, 이는 컨벤션 참가자 10만명당 2,181개의 새로운 직업, 즉 고용효과가 발생한 것으로 분석되었다.

〈표 5-10〉 컨벤션에 의한 뉴욕시 경제활동과 세수효과 (단위: 십만달러)

구 분	1987	1989	1991
컨벤션 경제활동 총액	758.1	1,139.7	1,459.0
세금(taxes) 유형			
개인 소득세	5.0	7.5	9.6
사업세	3.3	4.9	6.3
판매세	9.2	13.9	17.8
호텔세	4.2	6.4	8.2
합 계	21.7	32.7	41.8

자료: Fenich(1994)

(2) 일본 치바(千葉)현의 Nippon Convention Center 사례

일본에서 가장 오래된 컨벤션 센터 중의 하나로서 동경과 인접한 치바현 치바시의 해안매립지인 신도심에 위치해 있는 Nippon Convention Center(幕張メッセ)의 경우, 직접적인 경제효과(1992년 기준)를 추정해 보면, 소비지출액을 포함하여 약 476억엔이었다. 이러한 소비지출액은 오는 2001년에 약 984억엔으로 확대되어 총 1,412억엔으로 증가할 것으로 전망된다.

한편, 개장한 1992년의 고용창출효과는 7,608명이었으나 오는 2001년에는 약 24,947명으로 증가할 것으로 예상되어 컨벤션 센터의 직접적인 고용효과가 높음을 알 수 있다. 그리고 생산유발효과 또한 1992년의 799억엔에서 2001년에는 1,672억엔으로 확대되어 총 3,725억엔으로 1989년 이후 꾸준히 증가하고 있다(표 5-11 참조).

지방재정과 직접적으로 연관이 있는 세수 효과를 살펴보면, 1992년 현세는 10억에서 오는 2001년에는 18억엔으로 증가할 것으로 전망되고, 시정촌세 또한 1992년의 23억엔에서 2001년 91억엔이 될 것으로 전망된다. 따라서 전체적인 세수효과는 1992년 33억엔에서 2001년에는 109억엔으로 증가할 것으로 예측되었다.

〈표 5-11〉 치바현의 Nippon Convention Center경제적 효과 예측 (단위: 억엔)

구 분		총 액	지 바 현 내	
			현재(1992)	신도심 성숙후*
직접적 경제 효과 〈소비지출액〉		1,412	476 (33.7%)	984 (69.7%)
파급효과	생산유발효과	3,725	799	1,672
	부가가치 유발효과	1,232	318	662
	고용창출효과	24,947인	7,608인	14,785인
	세수효과	-	33	109
	현 세 시정촌세	- -	10 23	18 91

주) * 신도심 성숙후는 2001년을 의미함
자료: Nippon Convention Center(1994) 내부자료

4) 지역의 홍보효과

컨벤션은 개최된 국가와 도시, 지역을 국내외적으로 널리 홍보하는 기능을 가지고 있는 것이 특징이다. 컨벤션이 개최되는 도시 및 지역은 외부에서 방문한 컨벤션 참가자들에게 지역의 밝은 이미지를 갖도록 노력함으로써 지역의 대외 홍보효과, 특히 지역의 주요 관광지 및 관광자원을 비롯하여 지역의 고유한 문화와 전통, 산업 등을 홍보할 수 있는 매우 좋은 기회를 갖게 된다.

특히 컨벤션 참가자는 대부분 관련분야에서 큰 영향력을 행사할 수 있는 지도급 인사이기 때문에 개최국에 대한 이미지의 전파효과는 다른 홍보수단에 비하여 무척 크다고 할 수 있다.

또한 컨벤션은 지역과 도시의 홍보효과 외에도 지역민의 의식수준 변화와 지역도시의 세계화에도 크게 공헌할 수 있다. 즉, 컨벤션의 유치, 개최, 운영 등이 반복되면서 컨벤션 참가자와 해

당지역에 거주하는 지역민과의 직·간접적인 교류가 증대되고 이를 통해 지역민의 자부심 고취와 의식수준의 향상을 꾀할 수 있다(최승담외 1994).

이와 같이 컨벤션 센터가 지역내에 입지하면, 지역의 홍보효과와 함께 국제화 전략에도 크게 기여하고, 지역주민의 국제적인 의식 수준을 향상시키는 사회·문화적인 파급효과를 제공하게 된다.

4. 외국의 주요 컨벤션 센터 사례

1) 미국의 주요 컨벤션 센터

세계에서 컨벤션 및 컨벤션 활동이 가장 활발하게 이루어지고 있고, 컨벤션이 도시의 주요 산업으로 정착된 곳이 미국이다. 미국의 컨벤션은 회의와 전시가 동시에 행해지는 트레이드 쇼(trade show)형태로 시작되어 오늘날에는 관광을 비롯한 다양한 유형의 컨벤션으로 발전하였다. 미국에는 대도시를 비롯하여 약 600여개의 도시가 컨벤션 시티(convention city)로서 컨벤션 활동의 유치에 혈안이 되어 있다.

미국 컨벤션 센터 중에서 무역박람회 목적으로 1950년대에 건립된 시카고의 맥코믹 플레이스(Mc Cormick Place)를 최초의 전용 컨벤션 센터라 할 수 있다. 그리고 1970년 이후 미국에서 종합적인 컨벤션 센터의 건립이 본격화되어 인구 규모 20만명 정도의 도시에도 독자적인 컨벤션 센터가 건립되기 시작하였다.

1970년 이후 초기의 컨벤션 센터는 도시의 재개발사업이나 도시경제 활성화 전략의 일환으로 건립되었다. 그러나 1980년대에 접어들면서 컨벤션의 형태가 복잡해짐에 따라 도시의 관광객을

〈표 5-12〉 미국 주요 컨벤션 센터의 건립주체별 유형

컨벤센 센터 및 소재지	부지 확보방식	개발주체 및 운영
McCormick Place (일리노이 주 시카고)	시카고시 공원국에서 무상 대여	▪ 일리노이 주와 시카고시 ▪ Metropolitan Pier and Exposition Authority
Jacob K. Javits Convention Center (뉴욕 주 뉴욕시)	뉴욕주 정부에서 무상으로 CCODC에 임대	▪ 뉴욕 주와 뉴욕시 ▪ Convention Center Operating and Development Corporations(CCODC)
Georgia World Congress Center (조지아 주 애틀랜타)	주정부가 매입하여 GWCCC에 장기임대	▪ 조지아 주와 애틀랜타 시 ▪ Georgia World Congress Center Coporations(GWCCC)
Greater Columbus Convention Center (오하이오 주 콜럼버스)	역부지를 Franklin County가 무상 제공	▪ 플랭크린 카운티와 콜럼버스 싱공회의소 ▪ Franklin County Convention Authority

자료: 연구자의 현지조사에 의함

유인하기 위한 목적으로 컨벤션 센터가 건립되었고, 남부의 관광도시들은 관광수요의 확대를 도모하기 위하여 컨벤션 센터를 활용하였다.

미국의 대표적인 컨벤션 센터인 시카고의 맥코믹 플레이스(Mc Cormick Place)와 뉴욕시의 맨하탄에 위치한 재콥 케이 재비츠 컨벤션 센터(Jacob K. Javits Convention Center), 조지아주 애들란타의 도심에 위치한 죠지아 월드 컨그레스 센터(Georgia World Congress Center), 그리고 자동차 석유화학, 기계, 철강 등의 공업구조를 가지고 있는 오하이오주의 주도인 콜럼버스 도심에 위치한 그레이터 콜럼버스 컨벤션 센터(Greater Columbus Convention Center) 등에 관한 운영 및 관리실태의 특징을 살펴보려고 한다.

(1) 시카고의 맥코믹 플레이스(McCormick Place)

시카고의 미시간 호수에 인접해 위치하고 있는 맥코믹 플레이스는 1950년대에 건립되어 1960년 11월 18일 최초 개장되었으나 1967년 화재로 소실되었다. 1967년 화재로 소실된 이후, 원래의 시설보다 약 30% 정도가 확대된 전시공간(약 70,000m²)을 가진 새로운 맥코믹 플레이스가 건설되어 1971년에 새롭게 개장되어 영업활동을 하고 있다.

1976년에는 전시공간(30,000m²)이 민간부문에서 시카고 시로 기증되었고, 공공건설의 관리위원에게 인도되어 2천 3백만 달러를 들여 새롭게 개축하여 맥코믹 플레이스 서관(McCormick West)으로 명명되어 1978년에 개최된 무역전시회부터 사용되고 있다. 그리고 맥코믹 플레이스의 확장계획에 의해 1986년 전시공간 50,000m² 규모의 북관(McCormick North)이 완성되었고, 1997년에는 남관(South Building)이 완공되어 3개의 전시공간으로 이루어져 있다. 맥코믹 플레이스은 현재 약 120,773m²의 전시장을 비롯하여 77개의 회의실(15,793m²)과 4개의 극장, 다목적 홀, 그리고 주차장 등으로 이루어져 있다.

맥코믹 플레이스는 일리노이 주정부와 시카고 시정부에 의해 결성된 "대도시 부두 및 전시공사(Metropolitan Pier and Exposition Autority)"가 일리노이 주정부의 보증으로 발행한 1억 2,500만 달러의 채권발행을 통한 재원으로 건설되었고, 토지는 시카고 시의 공원국에서 무상으로 제공되었다.

북관의 용지비 및 건설비는 2억 5,000만달러 정도였는데, 건축에 필요한 토지는 일리노이 센츄럴 그룹 철도에서 제공하였고, 일리노이주의 보증으로 265백만달러의 채권을 발행하여 건설하였다. 또한 일리노이 주의회는 맥코믹 플레이스의 확장기금을 마련하기 위해 호텔세 1% 인상(5%에서 6%) 및 소프트드링의 주매

상세 신설 등 두 종류의 새로운 세금을 신설하였다.

맥코믹 플레이스는 현재 일리노이주 의회에 의해 설립된 법인체인 "대도시 부두 및 전시공사(Metropolitan Pier and Exposition Autority)"에 의해 관리·운영되고 있다. 이 컨벤션 센터에서는 매년 약 50회의 컨벤션 또는 이벤트가 개최되며, 연간 4백만명 정도의 외래객이 이곳을 방문하고 있다. 미국에 있는 대부분의 컨벤션 센터가 주정부나 시의 보조금에 의해 운영되는 반면, 맥코믹 플레이스는 독립채산제로서 각종 전시회의 임대료로 운영되고 있으며, 매년 흑자를 기록하고 있는 미국의 유일한 컨벤션 센터 중의 하나이다.

한편 맥코믹 플레이스에서 개최되는 컨벤션은 매년 10%의 성장율을 보이고 있고, 방문객 또한 연간 50만명씩 증가하고 있어 컨벤션 활동은 시카고의 안정된 산업으로 정착하였다. 그래서 미국의 다른 도시들, 특히 컨벤션 센터의 운영이 적자상태인 도시들은 맥코믹 플레이스의 운영사례를 원용하고 있는 실정이다.

(2) 뉴욕의 재비츠 컨벤션 센터 (Jacob K. Javits Convention Center)

세계 최대의 도시인 뉴욕의 맨하탄에 위치한 재콥 케이 재비츠 컨벤션 센터(일명 재비츠 센터: Jabits Center라고 함)는 도시의 규모답게 세계 최대의 규모를 자랑하고 있다. 재비츠 컨벤션 센터는 맨하탄 중앙부 시가지의 서쪽 허드슨 강에 면해 있는 약 8.9ha의 부지에 도시재개발 사업의 일환으로 건설되었다.

컨벤션 센터의 건설에 필요한 부지는 뉴욕주 정부에 의해 무상으로 제공되었다. 그리고 건설에 필요한 재원은 뉴욕주 도시개발공사(Urban Development Corporation)와 제3구 교량국이 공동으로 발행한 채권, 뉴욕시의 보조금(6,000만 달러), 그리고 뉴욕자활회의 지원금 등 약 4억 달러의 건설비용이 소요되었다.

재비츠센터는 하나의 지붕으로 이루어진 세계 최대 규모의 단일 건물로서 부지면적은 약 8.9ha, 연상면적은 약 166,600m^2, 전시면적은 약 83,600m^{2}이다. 그리고 100개의 회의실과 대연회장(Special Events Hall), 연면적 약 3,700m^{2}에 달하는 레스토랑과 카페토리아, 한번에 약 56대의 트럭이 주차할 수 있는 화물출입장과 주차장 등의 시설로 구성되어 있다. 특히 재비츠센터는 교통혼잡으로 유명한 맨하탄에 입지하지만, 링컨 터널 및 펜실바니아 역과 가까워 비교적 양호한 접근성을 가지고 있는 것이 특징이다.

재비츠센타의 기본적인 운영과 관리는 컨벤션관련 시장조사와 운영관리를 위하여 설립된 뉴욕주의 공영기업인 뉴욕 컨벤션 센터 관리공사(Convention Center Operating and Development Corporations: CCODC)를 비롯한 3개 기관에 의해 운영되고 있다(표 5-13 참조).

재비츠센터는 자체의 운영소득과 세수효과, 그리고 뉴욕시의 경제활동에 크게 공헌하였다. 컨벤션 센터의 운영상태를 살펴보면, 개장한 이후 실질적인 적자상태를 벗어나지 못하고 있는 실

〈표 5-13〉 뉴욕 재비츠 컨벤션 센터의 운영주체

운영 기관	주요 기능 및 역할
뉴욕 컨벤션 센터 관리공사 (CCODC)	뉴욕 주의 공익회사로의 판매, 마케팅, 금융, 공보활동을 위한 직접적인 의무뿐만 아니라 건물에 대한 전체적인 책임
Ogden 연합 시설 운영회사	CCOC와의 계약에 의해 시설을 관리하는 개인회사를 말함. 건물의 모든 운영과 시사회 장비를 만들고 철거하는 일과 관계된 것들을 조정하고 감독
아메리카 서비스 회사 (Service America Corporation)	모든 음식서비스를 제공하는 회사로서 공식만찬, 일상적인 뷔페 등 다양한 행사의 모든 음식·음료, 바베큐 서비스 등을 책임

자료: 이정록(1996)

정이다. 컨벤션 센터는 1987년 총 4,200만 달러의 운영비용이 소요되었다. 그러나 1989년은 3,750만 달러로 약간 절감되었고, 1991년에는 3,570만 달러로 절감되었다.

한편 컨벤션 센터의 순수한 운영결과는 1987년의 1,580만 달러, 1989년의 540만 달러의 손실을 보았다. 그러나 1991년에는 감가상각비의 보전이나 비용상환없이 약 80만 달러의 단순한 운영이윤을 보였다. 최근 6년간의 운영실태를 보면, 약 3,250만 달러의 재정적 손해를 나타내고 있다(Fench, 1994). 특히 재비츠 센터는 뉴욕시의 경제활동 침체, 타도시들의 적극적인 컨벤션 유치활동 등의 영향으로 재정적 적자가 계속 누적되고 있다. 재비츠센터는 연간 약 300~400만 달러의 재정적 적자를 기록하고 있는데, 적자액은 전액 뉴욕주의 예산으로 보전되고 있는 실정이다.

(3) 애틀랜타의 조지아 월드 컨그레스 센터 (Georgia World Congress Center)

조지아 월드 컨그레스 센터(Georgia World Congress Center: GWCC)는 역사적으로 오랫동안 미국 남부의 중심도시로 기능 하였던 애틀랜타시의 중심부에 위치하고 있다. 조지아 센터는 애틀랜타시의 도심의 슬럼화와 기능쇠퇴에 따른 도심기능을 회복하기 위한 도심재개발과 지역경제의 활성화, 그리고 국제회의 도시로서의 기능을 확대하기 위한 계획 하에서 건설되어 1977년 1기 공사가 완공되었고, 1985년 제2기의 공사로 인해 시설이 확장·개장되었다.

조지아 센터는 애틀랜타시의 도심 한복판에 위치해 있지만, 애틀랜타시의 남쪽에 위치한 하츠필드 국제공항으로부터 약 16km 거리에 위치해 있고, 버스와 지하철로 20분이면 도달할 수 있어 접근성에서 매우 양호한 위치를 점하고 있다.

조지아주는 1970년 애틀랜타 시에 국제적인 무역전시장 건설을 위한 타당성 조사를 위하여 특별위원회를 설치하고, 1971년 GWCC위원회가 결성되었다. 1974년 GWCC위원회가 GWCC공사(Georgia World Congress Center Corporations)로 개편되면서 제1기 공사를 시작하여 전시홀을 비롯한 일부 시설이 1977년 완공되어 개장되었다. 그리고 1979년 조지아주 의회에서 시설 확장에 대한 타당성 조사와 마케팅을 분석하여, 1981년 제2기 공사가 시작되어 1985년 완공되었다. 조지아 센터는 총 65,000m^{2}의 면적에 73개의 회의실, 대형홀(4,700명 수용 가능), 강당, 전시장(59,000m^2), 주차장, 레스토랑 등을 비롯하여 컨벤션 관련 부대시설이 있다.

건설비는 용지비와 건설비를 포함하여 약 1억 4천만 달러가 소요되었다. 건설자금의 조달은 조지아주 정부의 보증으로 채권을 발행하여 충당하였다. 특히 조지아 주가 이와 같은 채권을 발행할 수 있었던 배경으로는, 다른 주와 비교해 조지아주의 재정기반이 건전하고, 채권(상환기간 20년)의 이자소득에 대한 면세조항으로 인하여 일반시민을 비롯한 은행 및 자본가가 구입을 선호하여 채권 판매가 비교적 쉽게 이루어졌다.

조지아 센터의 운영과 관리는 GWCC공사가 맡고 있다. 운영비용은 시설 임대료, 호텔 및 모텔세, 조지아주 공업국의 보조금(주정부의 보조금에 해당)에 주로 의존하고 있다. 사업의 채산성에 있어서는 매년 약 40~50만 달러의 흑자를 나타내고 있다. 그러나 주정부 보조금이 매년 60~70만 달러이기 때문에 실질적으로는 적자 운영을 하고 있다. 그렇지만, 컨벤션관련 활동의 유치를 통한 지역내의 사회·경제적 파급효과와 고용효과를 고려하면, 조지아 센터는 지역경제의 활성화에 주요한 공헌을 하고 있다.

(4) 콜럼버스의 그레이트 컨벤션 센터 (Greater Columbus Convention Center)

콜럼버스시는 오하이오주의 주도로서 콜럼버스 대도시권의 인구는 약 140만명(1993)이며, 콜럼버스시의 인구는 약 100만명으로 광주시와 비슷한 규모이다. 콜럼버스 컨벤션 센터는 도심부의 중앙에 위치해 있지만, 콜럼버스 국제공항으로부터 약 10분밖에 걸리지 않고, 주변에는 많은 호텔, 레스토랑을 비롯한 업무빌딩들이 입지해 있다.

콜럼버스 컨벤션 센터가 입지 한 장소는 원래 콜럼버스의 철도역이었다. 그러나 1975년 철도역이 이전되면서 컨벤션 센터인 오하이오 센터(Ohio Center)가 자리잡게 되었다. 오하이오 센터는 1975년 플랭크린 카운티(Franklin County)의 지원으로 공사가 시작되어 1980년 연면적 약 68,283m^{2}로 완공되었다. 약 4,000만 달러의 건설비가 소요되었는데, 건설비용의 대부분은 콜럼버스 시에 있는 세계적인 연구소인 바텔기념연구소(Battelle Memorial Institute)의 기부금으로 충당되었다.

1986년, 기존의 오하이오 센터를 확장하기 위하여 콜럼버스 상공회의소의 지원으로 콜럼버스 센터 시위원회(Columbus Center Civic Committee)가 조직되었다. 그러나 지역주민간에 컨벤션 센터의 재건립에 대한 찬반논쟁이 매우 활발하게 전개되었으나, 이 위원회를 중심으로 약 3년 동안의 작업을 거쳐 1989년 확장공사가 시작되었다. 그리고 1993년 3월 총부지면적 약 53,883m^{2}를 가진 새로운 컨벤션 센터인 콜럼버스 컨벤션 센터(Greater Columbus Convention Center: GCCC)가 재개장되었으며, 이 공사에는 약 1억 3만 달러의 예산이 소요되었다.

GCCC는 약 20,067m^{2}의 전시면적, 약 2,323m^{2}의 이벤트홀, 약 5,203m의 회의실, 레스토랑과 쇼핑센터, 주차장 등으로 구성되어 있다. 또한 하얏트호텔과 연결통로로 연결되어 있는데, 하얏

트호텔은 약 1,329m²의 이벤트 홀과, 약 6,039m² 면적의 회의공간을 보유하고 있다.

GCCC는 1988년 설립된 콜럼버스 시를 포함하는 플랭크린카운티 컨벤션시설공사(Franklin County Convention Facilities Authority)의 소유로 출발하였다. 이 위원회는 오하이오주 의회의 의결로 콜럼버스 시, 상공회의소, 콜럼버스 주변의 시 등에서 지명한 6명의 위원들로 구성된다. 그리고 GCCC의 예산은 연간 약 9,300만 달러이며, 재정은 기금, 주와 시의 지원금, 상공회의소 지원금, 호텔 및 모텔세 등으로 충당되고 있다. GCCC는 컨벤션 관련 활동을 유치하기 위하여 콜럼버스 컨벤션 및 관광국(Greater Columbus Convention and Visitors Bureau: GCCVB)과 공동으로 마케팅을 적극적으로 추진하고 있다.

2) 독일의 주요 컨벤션 센터 운영실태

유럽의 컨벤션 센터는 회의기능보다는 전시기능을 중심으로 비교적 일찍부터 발달하였으며, 특히 프랑크푸르트처럼 공업제품의 판매 및 교환 기능을 가진 시장(market)이 견본시로 확대되어 오늘날의 컨벤션 센터로 발전한 경우가 대부분이다. 그래서 유럽, 특히 독일에서는 컨벤션 센터를 포함한 일련의 '컨벤션 센터 지구'와 관련 활동 및 행사를 합쳐서 "메세(messe)"라고 칭하고 있다.

최초 전시기능의 견본시에서 출발한 유럽의 컨벤션 센터는 1950년대 이후 대부분 컨벤션 시설의 확장 및 관련시설의 수용을 통해 복합형태의 전문 컨벤션 센터로의 발전을 도모해 왔다. 특히 최근의 컨벤션 시설은 텔리포트 기능을 수행하고 있고, 대부분의 컨벤션 시설들이 확장을 도모하고 있다(최승담, 1995).

독일의 대표적인 켄벤센 센터에는 프랑크푸르트를 비롯하여

하노버, 베를린, 쾰른, 뒤셀도르프, 뮌헨 등이 있는데, 여기에서는 투자재 중심의 견본시에서 출발하여 회의장과 호텔, 위락시설을 완벽하게 구비하여 미국형의 복합적인 컨벤션 센터로 발전한 뒤셀도르프 메세와 소비재 중심의 소규모 견본시에서 출발한 쾰른 메세의 설립과정과 운영실태를 살펴보려고 한다.

(1) 뒤셀도르프 메세(Düsseldorf Messe)

뒤셀도르프는 독일 주요 공업지대의 중심도시 중의 하나이며, 노스라인 웨이스트 파이렌 주의 주도로서 구 서독인구의 약 30%가 살고 있고, 구 서독 GNP의 약 30%를 차지하여 공업활동이 매우 활발한 도시 중의 하나이다.

견본시장에서 출발한 뒤셀도르프의 메세는 1947년 뒤셀도르프 견본시 회사(North West German Exhibition Company : NOWEA)에 의해 설립되었으며, 건설에 필요한 재원은 뒤셀도르프 시, 노스라인 웨이스트 파이렌 주, 뒤셀도르프 상공회의소, 그리고 뒤셀도르프 수공업회의소 등에 의해서 조달되었다.

1971년 현재의 위치인 슈트쿰 지구로 이전하여 108,000m^{2}의 전시공간을 갖는 독일 4대 견본시장의 하나로 발전하였다. 그리고 1983년에는 전시공간을 153,600m^{2}로 확대시키고, 관련된 부대시설을 확충하여 오늘날에는 독일의 대표적인 견본시장의 하나가 되었다.

메세의 건설에 필요한 용지는 뒤셀도르프 시와 IDR(Industrierrains Düsseldorf-Reisholz)사에 의해 제공되었고, NOWEA가 50년간(1972-2022)간 임대하여 운영하고 있다. NOWEA는 주식회사의 형태이지만, 뒤셀도르프 시와 노스라인 웨이스트 파이렌 주, 그리고 지역 상공회의소가 공동으로 운영에 대한 감사를 실시하고 있다.

메세는 국제회의가 가능한 회의장을 비롯하여 견본시를 위한 대규모 전시장, 관련 서비스 지원시설로 구성되어 있다. 특히 컨벤션 참가자의 편의를 위한 서비스시설로는 우체국, 은행, 일용잡화점, 이발소, 호텔, 여행회사, 루프트한자 항공사(Lufhansa) 지점, 독일철도회사, 교회 등이 있고, 레저시설로는 실내수용장, 마사지룸, 샤워, 볼링센터가 완비되어, 지역경제의 활성화에 크게 공헌하고 있다(일본입지센터, 1990).

뒤셀도르프 메세는 초기에는 견본시에서 출발하였으나, 1971년 현재의 위치로 이전·확장하여 전시장뿐만 아니라 회의장, 호텔, 레져시설을 완비한 복합적인 컨벤션센터로 발전하게 되었다. 특히 메세에는 견본시에 수반되는 전문회의를 수용할 수 있는 대회의실을 보유하고 있고, 매년 30여개의 각종 견본시가 독자적인 기획운영에 의해 이루어지고 있다(최승담, 1995).

(2) 쾰른(Köln) 메세

라인강에 위치하여 수려한 경관을 자랑하며, 역사적인 유적을 많이 보유하고 있는 쾰른은 메세의 역사 또한 도시의 역사만큼이나 오래되었다. 최초 1924년 30,000m²의 전시공간을 가진 견본시장으로 출발하였고, 그후 계속 확장하여 오늘날의 메세로 발전하였다.

메세의 건설에 필요한 자금조달에 대해서는 명확하지는 않지만, 1973년에 쾰른견본시회사가 견본시 시설의 소유주가 되어 당시 2억 30백만 마르크의 투자에 의해 시설의 증개축을 행하였는데, 그 이외의 자금조달은 자기자금 및 은행차입에 의한 것이고 공적 원조는 전혀 없었다(일본입지센터, 1990).

메세는 현재 쾰른시와 주, 그리고 쾰른상공회의소가 투자하여 설립한 쾰른견본시회사에 의해 운영·관리되고 있다. 메세의 주요 시설에는 14개 홀(전시면적 : 227,000m²)로 구성된 전시장을 비롯하여 5,000명을 수용 가능한 국제회의장, 주차장(약 15,000

대 주차 가능), 그리고 각종 레스토랑(8천석 규모) 및 부대시설 등이 있다. 특히 쾰른 메세는 주변에 5만명을 수용할 수 있는 호텔을 비롯한 각종의 숙박시설을 많이 보유하고 있는 것이 특징이다.

또한 메세의 운영은 철저하게 독립채산제를 유지하고 있고, 현재의 경영상태는 흑자를 유지하고 있다. 특히 연간 200만명 이상의 컨벤션 참가자들이 쾰른을 방문하여 지역경제에 미치는 메세의 역할은 매우 크며, 지역의 관광산업 활성화에도 크게 공헌하고 있다.

3) 일본의 주요 컨벤션 센터 운영실태

일본은 1960년대부터 운수성이 중심이 되어 국제관광진흥회(JNTO)내 컨벤션뷰어로(Convention Bureau)를 설치하여 컨벤션 진흥전략을 추진하였다. 1985년에는 지방의 국제화와 경제의 활성화를 목적으로 운수성 산하 관광연락회의에 컨벤션분과를 설치하여 "21C의 컨벤션전략"이라는 시책을 추진하였다.

1988년부터 일본의 운수성은 전국의 주요 도시를 컨벤션 도시(Convention City)로 지정하여 금융, 행정상의 각종 지원을 통하여 국가적 차원에서 컨벤션 센터의 구축을 유도하였다. 1994년에는 "국제회의 유치촉진 및 개최 원활화에 의한 국제관광진흥에 관한 법률"(일명 컨벤션법)의 제정과 함께 "컨벤션 배증계획"을 통하여 정부차원에서 컨벤션산업의 진흥과 컨벤션 시설의 건립지원을 적극적으로 추진하고 있다(최승담외, 1994).

이러한 국가적인 지원과 함께 지방정부의 국제화 전략으로 주요 도시를 중심으로 대규모의 컨벤션 센터들이 건립되었거나 현재 건립중에 있다. 최근에 건립된 치바현의 Nippon Convention Center(마쿠하리 메세: 幕張メッセ), 요코하마의 마나토미라이 계획의 일환으로 건립된 요코하마 국제평화회의장(Pacific Convention Plaza Yokohama), 동경의 임해도심개발의 일환으로 건립되고 있는 도쿄 국제컨벤션파크(Tokyo Int'l Convention Park) 등이 그 대표적인 사례이며, 1995년 '후쿠오카 돔'과 함께 후쿠오카의 "마린 메세 후쿠오카(Marine メッセ 福岡)"도 개장되었다.

일본의 대표적인 컨벤션 시설인 치바현의 Nippon Convention Center(마쿠하리 메세: 幕張メッセ)와 요코하마시의 워터프런트 개발사업인 "미나토미라이 계획"의 일환으로 건립된 요코하마 국제평화회의장(Pacific Convention Plaza Yokohama)의 건립과정과 운영상 실태를 살펴 보면 다음과 같다.

(1) 치바현의 마쿠하리 메세(Nippon Convention Center)

치바시는 동경의 대표적인 위성도시 중의 하나로서 치바현의 중심도시이다. 치바시는 동경의 위성도시로서 기능을 강화하고 21세기에 대비한 새로운 도시를 개발하기 위한 계획의 일환으로서 1970년대 중반부터 "마쿠하리(幕張)신도심" 개발계획을 수립하였다.

이 계획에 의해 마쿠하리(幕張) 지역에 522ha 규모의 신도심을 개발하였으며, 계획의 목적은 국제교류거점, 복합기능거점, 매력적인 도시공간의 조성 등이다. 특히 마쿠하리 지역은 나리타 공항으로부터 약 30분 거리에 위치하고, 동경해안도로, 東關東자동차도로, JR京葉線과 인접하여 교통이 매우 편리한 지역이다.

현재 마쿠하리 신도심지역의 토지이용은 산업 및 연구개발지구, 교육지구, 주거지구, 도심업무지구, 공원 및 녹지 등으로 구분되어 이용되고 있다. 산업 및 연구개발지구에는 소니・히타치・일본제철 등 일본 유수의 기업이 입지해 있으며, 업무지구에는 최첨단의 정보화 시설이 완비된 인텔리전트 빌딩들이 입지해 있다. 특히 마쿠하리 메세는 도심업무지구 내에 입지하고 있으며, 미래형 국제업무의 중추적인 역할을 수행하고 있으며, 주변에는 많은 특급호텔들이 자리 잡고 있다.

마쿠하리 메세는 1987년 3월 컨벤션 센터 건립 기본계획이 수립되었고, 1987년 8월 공사가 시작되어 1989년 10월 개장되었다. 33ha(330,000m²)에 건립된 마쿠하리 메세는 3개의 주요 시설, 즉 국제전시장(54,000m²), 국제회의실 및 소규모 회의실, 그리고 마쿠하리 이벤트홀(9,000명 수용) 등 3개의 시설로 구성되어 있다.

마쿠하리 메세는 치바현에 의해 독자적으로 건설되었다. 치바현은 해안매립을 통해 조성된 부지에 사업비 약 450억엔을 투자하여 컨벤션 센터를 건립하였다. 메세는 현재 일본켄벤션센터(주)가 관리·운영하고 있다. 회사의 자본금은 약 40억엔이며, 치바현, 치바시, 일본개발은행이 전체 주식의 57.5%를 점유하고 있고, 나머지는 일본의 주요 민간기업과 은행들이 소유하고 있다. 1995년 현재 이 회사의 실질적인 고용인원은 175명이다.

현재 메세의 주요 시설 중에서 국제회의실 및 소규모 회의실, 그리고 마쿠하리 이벤트홀은 일본켄벤션센터(주)가 소유주이지만, 국제전시장은 치바현의 소유이다. 치바현은 국제전시장을 일본켄벤션센터(주)에 임대하고, 임대료를 받고 있으며, 일부의 직원을 파견하여 운영에 참여시키고 있다. 메세의 재정상태는 흑자이며, 매년 컨벤션 및 이벤트 행사의 개최건수가 증가하고 있다. 그러나 앞으로 도쿄 국제컨벤션파크(Tokyo Int'l Convention Park)가 개장되면 치열한 마케팅 경쟁이 발생할 것으로 예상된다.

(2) 요코하마 국제평화 회의장 (Pacific Convention Plaza Yokohama)

일본의 동경권에서는 워터프런트 개발의 일종인 임해 부도심 개발계획이 수립되어 개발이 활발하게 이루어지고 있는데, 그

대표적인 사례 중의 하나가 요코하마의 "미나토 미라이 21계획" 이다.

요코하마는 동경의 관문이자 일본의 주요 항구로서, 계획의 기본목표는 24시간 활동하는 국제문화도시, 21세기 정보도시, 물과 녹지와 역사가 조화된 인간환경의 도시를 조성한다는 것이다. 이러한 목표를 가진 미나토 미라이 21계획은 1983년부터 시작되어 약 2조엔을 투입하여 오는 2000년에 완성될 예정이다.

미나토 미라이 21계획의 일환으로 건립된 것이 컨벤션 시설인 요코하마 국제평화회의장이다. 국제회의장을 건설하기 위하여 1987년 제3섹터 방식에 의해 (주)요코하마국제평화회의장이 설립되었고, 1991년 회의센터와 호텔, 전시장 등이 준공되었다. 그리고 1994년 국립요코하마국제회의장(국립대홀)이 완공되어 관리와 운영이 (주)요코하마국제평화회의장으로 위탁되었다.

현재 요코하마 국제평화회의장은 60개의 대·중·소 회의실을 포함한 회의센터(30,000m^2), 이벤트·박람회·전시회가 가능한 전시장(23,000m^2), 객실수 600실로서 1,200명을 수용할 수 있는 인터컨틴넨탈호텔(70,000m^2), 그리고 약 5,000명을 수용할 수 있는 국립대홀(16,000m^2) 등 4개의 주요시설로 구성되어 있다. 그리고 호텔은 인터콘티넨탈호텔사가 장기 임대하고 있다.

컨벤션 시설은 1987년 설립된 (주)요코하마국제평화회의장에 의해 관리·운영되고 있다. 168억엔의 자본금으로 설립된 이 회사는 요코하마시(24.4%), 가나가와현(11.9%), 일본개발은행(9.5%), 그리고 일본의 259개 주요 민간기업(54.2%) 등의 출자로 이루어졌다. 현재 요코하마 국제평화회의장의 재정상태는 적자를 면치 못하고 있지만, 관계자들은 앞으로 경영수지가 반전될 것으로 전망하고 있다.

5. 연구내용의 요약

컨벤션 활동은 관광객의 유입에 따른 지역의 관광산업과 관련 산업의 활성화에 긍정적인 파급효과를 제공하여 지역발전을 도모하는 중요한 경제활동이며, 1980년대 이후 급속히 성장하고 있는 도시 서비스산업 중의 하나이다.

컨벤션은 각종의 국제회의뿐만 아니라 전시회, 박람회, 문화 및 이벤트 행사 등을 통하여 국내외의 많은 관광객을 유인하기 때문에 최근 국내외의 주요 도시들은 도시발전의 수단으로 컨벤션 센터 건립전략을 추진하고 있다(Braun, 1992).

컨벤션 산업은 일반 관광산업과는 달리 부가가치가 매우 높은 관광활동이며, 컨벤션 센터는 도시경제에 중요한 영향을 미치고 있다. 최근 우리나라의 주요 도시에서는 도시의 세계화, 도시마케팅, 그리고 관광산업 활성화와 지역발전을 목적으로 컨벤션 센터의 건립에 관심을 갖게 되었다.

다가오는 21세기의 세계화, 정보화 시대에서 컨벤션 센터는 도시 및 지역발전에 중요한 역할을 할 것으로 전망된다. 특히 관광산업으로서 컨벤션 센터는 외국의 관광객 수요를 창출하여 도시재정 및 도시홍보에 커다란 파급효과를 제공하게 될 것이다. 따라서 많은 도시는 도시의 세계화 외국관광객의 유치, 그리고 지역의 관광산업 진흥과 지역경제의 활성화를 위해서 컨벤션 및 컨벤션 산업에 관심을 가져야 할 것이다.

참고문헌

교통개발연구원, 1994, 컨벤션센터 건립방안.

모철민, 1995, "국제관광정책의 목표와 전략", 세계화시대의 관광산업, 일신사, pp. 312-347.

이용흠, 1993, "부산 국제 컨벤션 센터 건립", 동남개발, 9, pp. 17-20.

이정록, 1996, 컨벤션 센터 건립방안 및 추진전략, 지역경제연구총서 1, 여수여천상공회의소.

이정록, 1996, "여수반도권 지역발전을 위한 컨벤션 센터의 입지분석 및 건립전략", 한국지역지리학회지, 2(2), pp. 133-158.

일본교통공사(김성혁 역), 1996, 일본의 관광사업, 일신사.

일본입지센터 편(최상석역), 1989, 외국의 리써치코아, 구미서관.

최승담 외, 1994, 컨벤션센터 건립방안, 연구총서 94-16, 교통개발연구원.

최승담, 1995, 컨벤션산업의 발전과 전략, 세계화시대의 관광산업, 일신사, pp. 122-148.

Braun, B., 1992, "The Economic Contribution of Convention: the Case of Orlando, Florida", *Journal of Travel Research*, 30(3), pp. 32-37.

French, G. G., 1994, "An Assessment of Whether the Convention Center in New York Is Successful as a Tool for Economic Development", *Economic Development Quality*, 8(3), pp. 245-255.

Hiller, H. H., 1995, "Convention as Mega-Event: A New Model for Convention-Host City Relationship", *Tourism Management*, 16(5), pp. 375-379.

International Association of Conference Centers, 1989, *Understanding Conference Centers*, IACC, Fenton.

Khan, M. A., Olsen, M.D. and Var, T., 1993, *VNR's Encyclopedia of Hospitality and Tourism*, Van Norstrand Reinhold, New York.

Laventhol and Horwath, 1988, *Exhibition Hall Industry Annual Report*. Tampa, Laventhol & Horwath Sports and Conference and Exhibition Service, Monography 7.

Law, C. M., 1987, "Conference and Exhibition Tourism", *Built Environment*, 13(2), pp. 85-95.

Peterson, D. C., 1989, *Convention Center, Stadiums and Arenas*, Washington, D. C., Urban Land Institute.

Randal, J. E., and Warf, B., 1996, "Economic Impacts of AAG Conference", *The Professional Geographers*, 48(3), pp. 272-283.

Rogers, M. C., 1988, "Convention Centers: Analyzing Your City's Needs, Capacities", *Nation's Cities Weekly*, 11(4), pp. 6-18.

Rutherford, D. G., 1990, *Introduction to the Conventions, Expositions, and Meetings Industry*, Van Nostrand Reinhold, New York.

Shaw, G. and Williams, A. M., 1994, *Critical Issues in Tourism*, Blackwell, Oxford.

Zelinsky, W., 1994, "Conventionland USA: The Geography of a Latterday Phenomenon", *Annals of the Association of Geographers*, 84(1), pp. 68-76.

IACC, 1989.

CHAPTER 6

지역문화와 문화관광

오늘날 관광활동의 대중화와 세계화로 인하여 관광시장의 다변화가 나타나고 있고, 관광행태가 크게 변화하고 있다. 즉, 기존의 자연경관 및 문화유적 중심의 보고 즐기는 정적인 관광에서 참여하고 즐기는 동적인 관광활동과 교육과 학습을 중시하는 관광활동이 증가하고 있다.

관광활동의 종류에는 다양한 유형이 있지만, 최근 새롭게 주목을 받고 있는 관광활동 중의 하나가 문화적 요인과 자산을 관광활동에 활용하는 문화관광(cultural tourism)이다(Shaw and Williams, 1994). 대중관광의 증가로 대중적인 문화소비가 나타나기 시작한 것은 20세기 후반이며, 이런 영향을 받아 국가와 지역의 문화는 관광활동에 중요한 영향을 미치는 관광자원으로 기능하고 있다. 왜냐하면 특정지역을 방문한 관광객의 주요 관심의 대상이 되었고, 문화적 체험을 통해 지역을 이해하는 중요한 수단이 바로 문화이기 때문이다(Richards, 1996).

문화관광은 지역의 고유한 전통문화의 계승과 발전, 문화를 통한 정보의 교류, 교육효과, 지역문화의 정체성 유지 및 강화 등 지역주민의 생활에 긍정적인 효과를 제공할 뿐만 아니라 지역관광의 활성화에도 큰 역할을 하고 있다. 따라서 이 장에서는 지역문화와 문화관광과의 관계를 살펴보기 위하여 지역문화의 문화관광 활성화에 관한 연구(이정록 외, 1998)를 재구성하였다.

1. 문화관광의 개념과 종류

1) 문화관광의 개념

문화관광은 문화와 관광이라는 매우 다의적이고 복잡한 두가지의 중요한 개념으로 이루어져 있기 때문에, 문화관광의 개념을 규정하기란 대단히 어려워 학자들에 따라 다양한 견해가 제기되고 있다. MacCannell(1976)은 문화관광이란 예술과 문화유적, 민속 등에 대한 관광객의 소비활동을 포함한 총체적인 문화적 감상 및 표현이라고 정의하였고, McIntosh and Goeldner(1986)은 여행자들이 문화유적과 역사를 통해 당시의 사고방식과 생활상을 배우는 모든 측면의 여행활동을 문화관광이라고 규정하였다(Richards, 1996).

한편 세계관광기구(WTO, 1985)는 문화관광을 협의와 광의의 개념으로 규정하였다. 협의의 문화관광이란 탐구여행(study tours), 문화예술여행, 축제 및 문화이벤트 참가, 유적지 및 기념비 방문, 자연·민속·예술탐방여행, 순례여행 등 본질적으로 문화적 동기에 의한 인간들의 이동행위라고 정의하고 있다. 그리고 광의의 문화관광이란 개인의 문화적 수준을 향상시키고, 새로운 지식과 경험, 만남을 높이기 위하여 인간의 다양한 욕구를 충족시키는 인간의 모든 활동이라고 규정하고 있다(Richards, 1996).

또한 ATLAS 연구보고서(1991)에서는 문화관광을 개념적 정의(conceptual definition)와 기술적 정의(technical definition)로 구분하고 있다. 전자는 개인의 문화적 요구를 충족시키기 위하여 새로운 정보와 경험을 수집할 목적으로 자기들의 거주지에서 문화적 관광지로 이동하는 모든 행위를 문화관광이라고 규정하고 있다. 반면에 후자에서는 문화유적지, 예술·문화적으로 의미있는 장소, 예술과 연극 같은 문화적 관심지로의 모든 인간의 이동행위라고 규정하고 있다.

세계적으로 관광활동에서 문화관광의 비중과 역할이 가장 강조되고 있는 지역이 영국과 프랑스를 비롯한 북서유럽이다. 유럽에서 문화관광은 지역의 사회적·경제적 변화를 가져오는 중요한 동인으로 인식되고 있으며, Thorban(1986)은 유럽의 오랜 역사를 가진 문화유산이 유럽의 문화관광 시장을 확대시키는 중요한 관광동인 중의 하나라고 강조하였다.

따라서 문화관광이란 특정지역이 가지고 있는 유·무형의 문화자원에 대한 문화적 체험을 통한 관광행위로서 지역의 문화적 요소와 관광이 결합되어 나타난 관광활동의 한 유형이라고 할 수 있다. 최근에는 특정 지역에 대한 관광객의 문화적 소비(cultural consumption)가 증가함에 따라 문화관광은 지방적·국가적·국제적 수준에서 문화소비의 중요한 형태가 되고 있고, 관광과 문화가 결합된 문화산업(cultural industries)이란 용어도 등장하고 있는 상황이다.

2) 문화관광의 종류

문화관광이란 문화적 소비에 대한 사회적 참여를 통해 나타난다. 따라서 문화소비는 문화적 역량 또는 자산에 의해 결정되며, 특정 지역의 문화적 역량과 자산은 지역사회의 문화적 자원과 사회구성원의 속성에 의해 영향을 받는다(Bourdie, 1984).

그리고 문화관광에 영향을 미치는 지역의 문화적 소비는 특정 장소의 문화적 자원에 의해 영향을 받고, 문화관광의 수요는 이들 요소의 매력도에 의해 나타난다. 특정 장소의 문화적 자원 및 매력도는 〈표 6-1〉에 나타난 것과 같이 고고학적 속성, 인공건축물, 예술, 음악, 연극·영화, 문학, 종교, 그리고 특정지역의 문화 등 다양한 속성으로 구성되어 있다.

특정지역에 대한 문화관광은 기본적으로 다양한 지역문화의 속성 및 문화자산(cultural capital)과 밀접한 관련성을 가지고 있다. 특정지역이 다른 지역보다 문화적 자산을 많이 보유하고 있으면, 그 지역의 문화관광에 대한 매력도는 증가하여 많은 관광수요를 창출하게 되고, 증가된 관광수요는 지역관광의 활성화와 경제적 파급효과를 제고시켜, 문화관광지로 성장하게 된다. 따라서 지역의 유·무형의 문화적 자산은 문화관광이라는 관광활동을 유발시키는 중요한 요소이기 때문에 이탈리아의 로마, 영국의 에딘버러, 잉카문명 유적지, 중국의 서안, 우리나라의 경주 등이 대표적인 문화관광객의 방문지로 성장하게 되었다.

그러나 최근 문화관광에 커다란 변화가 나타나고 있는데, 그것은 잠재적인 관광객들에게 문화적 소비와 체험을 즐길 수 있는 인위적인 문화소비지 또는 방문지를 제공하여 관광활동을 창출하는 것이다. 이러한 문화 소비지역(장소)의 대표적인 사례에는

〈표 6-1〉 지역의 문화자산과 관련된 속성

구 분	종 류	대표적인 사례
고고학적 유물	박물관, 문화유적, 기념비	루브르박물관, 구겐하임미술관
인공 건축물	옛터, 건축물, 도시(유적)	피라밋(이집트), 로마, 구시가지
예술과 공예	조각품, 그림, 축제, 이벤트	다보탑(경주), 에딘버러축제(영국)
음악과 춤	고전음악, 민속음악, 춤	오페라, 판소리, 안동하회탈춤, 가부키(일본)
연극과 영화	극장, 영화, 극작가	허리우드(미국)
문학과 관련 축제	언어, 문학, 소설무대, 이벤트	벌교(태백산맥 무대), 하동(소설 토지)
종교축제	종교축제, 순례지	예루살렘, 메카 등
기타 문화자원	민속문화, 특정지역 문화	이슬람문화, 남도문화(전남)

자료: Richards(1996)의 자료를 바탕으로 재구성함

〈표 6-2〉 영국에서 박물관의 성장과정(1860-1989)

연 도	박물관 총수	전년대비 증가수	연 증가율(%)
1860	90	-	-
1880	180	100	5.0
1887	217	21	3.0
1963	876	303	4.0
1984	2,131	143	6.8
1989	2,500	17	3.4

자료: Richards(1996)

박물관이나 문화적 테마파크의 조성, 문화이벤트의 개최 등이 있으며, Rojek(1993)이 주장한 것과 같이 흑인들의 고유한 운동, 유명한 소설이나 시의 배경이 되는 장소와 도시, 문화유적지 등도 이러한 유형에 해당된다(Richards, 1996).

문화관광에서 가장 중요한 역할을 하는 자원 중의 하나가 박물관이다. 영국에서는 문화관광의 소비지에 대한 중요성을 인식하고 주요 도시에서 박물관 건설 붐이 조성되어 1970년 이후 박물관의 수가 급격히 증가하였으며, 1989년에는 약 2,500개의 박물관이 건축되기도 하였다(표 6-2 참조). 한편 최근에는 역사적으로 유명하고 화려한 건축물이나 유적지, 문화예술 같은 상위의 문화뿐만 아니라 하급문화라 할 수 있는 도시민의 일상적인 생활문화도 새로운 문화자산으로 등장하고 있다.

2. 문화관광의 중요성과 지역정책

1) 문화관광의 중요성과 변화과정

교육수준의 향상과 여가시간의 증대 등을 포함한 전반적인 사회변화에 힘입어 관광과 문화가 결합된 새로운 관광행태인 문화관광의 대중화가 확산되고 있고, 지역의 문화축적 및 문화자산의 활용은 문화적 관광소비 활동의 중요한 지표가 되고 있다. 과거에는 특정 도시나 지역의 문화적 축적이 관광의 소비활동에 중요한 영향을 미쳤다. 그러나 최근에는 관광활동의 증가로 관광활동이 지역의 문화산업 활성화에 영향을 미치고 있다.

일반적으로 지역의 관광개발과 관광산업 활성화는 지역에 긍정적인 영향과 부정적인 영향을 미치는 이중적인 속성을 가지고 있다. 특히 지역의 관광산업 활성화는 지역경제에 긍정적인 영향을 미치지만, 지역사회의 사회·문화적, 생태환경적 측면에는 부정적인 영향을 미친다는 주장이 제기되고 있다(Ryan, 1991).

그러나 다양한 관광활동의 유형 중에서 최근 새로운 수요를 창출하고 있는 인종관광, 역사관광, 환경관광 등을 포함한 문화관광은 사회·문화적, 생태환경적 측면에 긍정적인 영향을 미칠 뿐만 아니라 지역사회의 변화에도 크게 기여하는 것으로 평가되고 있다(McIntosh, Goelder and Ritchie, 1995). 또한 문화관광은 발전 또는 주변지역, 그리고 지방의 경제발전과 사회변화에도 많은 영향을 미쳐 아시아, 남아메리카, 남태평양제 등 3세계 국가와 대도시가 아닌 지방의 중소도시 및 농촌지역에서 문화관광을 통한 관광산업 활성화 정책을 활발하게 전개하고 있다.

특히 문화관광은 관광활동의 목적과 대상이 문화자원이기 때문에 다른 유형의 관광활동과는 달리 지역의 전통문화 계승과 발전, 문화를 통한 정보의 교류, 교육효과, 향토정신의 함양 등 지역주민의 생활에 긍정적인 효과를 제공하고 있다. 그리고 지역이 보유하고 있는 유무형의 자연적·사회적 자원을 바탕으로 지역문화의 우수성과 차별성을 홍보하는 지역의 마케팅 효과를 제공하기 때문에 관광활동에서 중요한 부문을 차지하고 있다.

문화관광의 발달과정에서 지금까지 관광객들의 주요 문화관광대상지는 물리적인 문화유산과 유적, 그리고 오랜 역사성을 가진 도시들이었고, 이들 도시는 주로 수도를 비롯한 대도시 지역에 한정되어 있었다. 그래서 문화관광은 사회적·공간적으로 특정 지역 및 도시에 집중되는 경향을 보였고, 실질적인 문화자산의 축적이 빈약하고 상대적으로 관광수요를 견인하기에 힘든 지방의 중소도시는 문화관광의 사각지역이 되어 지방문화의 관광상품화에 부정적인 영향을 미쳤다.

이러한 특성 때문에 지금까지 문화에 대한 관광의 영향과 효과에 대한 연구는 많이 행해졌지만, 지방문화에 대한 관광의 영향을 분석한 실증적인 연구는 유럽을 제외하면 상대적으로 소홀하였던 것이 사실이다.

그러나 지방의 중소도시나 농촌지역 중심의 문화관광에 대한 변화는 유럽의 도시들에서 시작되었다. 문화관광의 활성화를 통한 지역 및 도시발전 효과를 성공적으로 달성한 대표적인 지역은 유럽의 도시들이며, 변화하는 관광시장 및 관광행태를 고려하여 문화와 관광정책에 대한 새로운 시도가 유럽의 도시들에서 가장 잘 나타나고 있다(Shaw, 1991).

유럽의 도시에서 문화와 관광은 도시정책의 기본이 되고 있고, 지역문화의 관광상품화를 통한 문화도시 정책은 지역문화의 발굴과 보존, 그리고 지역사회의 정체성 형성에 긍정적인 영향을 미칠 뿐만 아니라 지역경제의 재생에도 커다란 파급효과를 미치고 있다(Borg, 1994). 유럽의 도시에서 지역의 관광산업과 경제발전을 동시에 추구하기 위한 목적으로 지역문화의 관광상품화를 위한 다양한 정책을 추진함에 따라 최근 지역정책에서 문화관광의 중요성이 강조되고 있고, 세계 각국에서는 지역문화의 진흥을 통한 문화관광의 활성화를 추진하고 있다.

2) 문화관광과 지역축제정책

지역의 문화관광을 활성시키기 위한 대표적인 관광정책 중의 하나가 특정 지역을 중심으로 전개되고 있는 지역문화의 이벤트 전략이다. 특히 영국의 카디프, 맨체스터 등 공업도시로 출발한 북서유럽 대부분의 도시들은 지역의 경제부흥을 추진하기 위하여 지역축제를 관광상품으로 개발한 축제형 이벤트를 개최하여 성공하게 되었고, 지방의 문화관광정책에서 이벤트와 축제는 많은 외래의 관광객을 유인하는 중요한 요소가 되고 있다.

특히 지역문화를 홍보하고 확산시킬 수 있는 최적의 방법 중의 하나가 지역의 고유한 문화를 중심으로 한 축제형 이벤트이다. 왜냐하면 지역의 향토축제는 사회 구성원간의 공동체의식 함양에도 기여할 뿐만 아니라 각 지역문화의 활성화와 애향심의 고취에도 기여하기 때문이다. 고유한 지역문화와 민속예술을 관광상품화할 수 있는 이벤트 관광은 관광객들에게 다른 지역에서는 경험할 수 없는 고유한 지역문화를 보여줄 수 있는 좋은 전략이다(이정록 · 추명희, 1997).

문화관광의 일환으로 개발된 축제형 이벤트는 1970년대 이후 전세계적으로 꾸준히 증가하고 있다. 미국의 경우, 1970년대와 1980년대 동안 지역축제는 급속히 증가하였고, 1989년 현재 미국에는 약 161개의 지역축제가 개최되고 있다. 한편 우리나라의 각 지방자치단체에서는 지역의 고유한 문화를 바탕으로 이벤트 관광을 추진하려는 사업이 활발하게 이루어지고 있고, 그 결과 1996년 우리나라에서 열리고 있는 각종 향토문화축제는 약 374개에 이르고 있다. 이중에서 전남지역에서 개최되고 있는 축제형 이벤트(1997년 기준)는 진도 영등제와 순천 남도음식대축제를 비롯하여 총 57개의 축제가 개최되고 있다(이정록 · 추명희, 1997).

우리나라에서도 관광과 문화가 접목된 새로운 형태의 관광활동이 증가함에 따라 지역의 문화적 자원이 관광상품으로 개발되고 있고, 특정 장소(places)에서 열리는 각종의 문화축제와 이벤트는 다양한 관광객을 견인하는 중요한 요소로 작용하고 있다. 진도의 영등제, 이천의 도자기축제, 금산의 인삼제, 순천의 남도음식축제, 수원의 수원성축제, 춘천의 인형극제, 부산의 영화축제 등은 지역의 문화축제가 관광상품으로 발전된 대표적인 사례이다. 1995년 개최된 광주비엔날레는 문화이벤트의 개최를 통하여 지역의 이미지 전환과 함께 지역발전을 목적으로 기획된 국내 최대의 문화적 이벤트관광의 하나가 되었고(이정록 · 추명희, 1997), 경주의 문화엑스포도 이러한 유형에 속한다.

3) 유럽의 문화수도 이벤트(Cultural Capital Event) 정책

유럽에서는 문화를 관광활동과 접목시키기 위한 새로운 시도가 1983년 그리스의 문화부장관인 Melina Mercouri에 의해 주창된 유명한 '유럽의 문화수도(Cultural Capital of Europe)' 지정정책이다. 유럽의 문화수도 이벤트는 유럽 사람들이 쉽게 이용할 수 있는 도시의 문화를 만들고 전체적으로 유럽문화의 특성을 창조하기 위한 목적으로 1985년 그리스의 아테네를 시작으로 오는 1999년에는 독일의 바이마르 시가 유럽의 문화수도로 지정되었다(표 6-3 참조).

유럽 각국의 문화수도 전략은 문화관광객의 관광 목적지를 다변화시키고, 특정 도시의 문화적 특성을 상품화하기 위하여 유럽의 다양한 도시에서 개최되었다. 그러나 1985년 이후 1989년의 파리 축제까지는 도시 간 문화적 이벤트의 특색을 크게 부각시키지는 못하였다. 그러나 1990년의 영국 글래스고우를 계기로 문화수도 전략은 도시의 고유한 문화적 이미지를 상품화하는 데 크게 기여하였다.

〈표 6-3〉 유럽의 문화수도 이벤트 현황(1985-1998)

연 도	도 시 (국 가)	예산(MECU)	공공부문 예산(%)
1985	아테네 (그 리 스)	7.7	90
1986	플로렌스 (이탈리아)	24.4	91
1987	암스테르담 (네덜란드)	3.3	76
1988	베를린 (독 일)	27.0	98
1989	파 리 (프 랑 스)	0.6	100
1990	글래스고우 (영 국)	60.0	83
1991	더블린 (아일랜드)	8.6	68
1992	마드리드 (스 페 인)	57.9	76
1993	안트베르펜 (벨 기 에)	17.6	73
1994	리스본 (포르투갈)	29.5	80
1995	룩셈부르크 (룩셈부르크)	-	-
1996	코펜하겐 (덴 마 크)	100.0	-
1997	데살로니카 (그 리 스)	-	-
1998	스톡홀름 (스 웨 덴)	-	-
1999	바이마르 (독 일)	-	-

자료: Richards(1996).

(1) 유럽 주요 도시의 문화도시정책

유럽에서 문화정책을 관광과 접목한 대표적인 사례가 영국의 글래스고우이다. 글래스고우는 영국의 주요 문화도시와의 차별화에 일차적인 목표를 두고, 지역의 고유한 문화자산을 바탕으로 도시문화의 상품화를 시도하였다. 그 결과 글래스고우 문화이벤트 전략은 도시의 경제성장과 문화도시 이미지의 형성에 성공한 축제가 되었다. 글래스고우 문화전략은 유럽 여러 나라에서 많은 관광객이 방문하여 경제적으로 커다란 성공을 거두었고, 문화도시로서 글래스고우의 이미지를 크게 향상시키는 도시마케팅 효과도 동시에 달성하게 되었다.

1992년의 스페인의 마드리드는 바르셀로나 올림픽과 세비아의 해양엑스포를 포함하여 스페인의 문화를 유럽 및 전세계에 홍보하는 전략을 취하였고, 1993년 벨기에의 안트베르펜은 오래된 공업도시라는 이미지를 불식시키고 도시의 재개발을 추진하기 위하여 문화축제를 활용한 사례이다. 이를 위하여 안트베르펜에서는 새롭고 창조적인 다양한 예술과 문화를 소개하였고, 약 1,000만 명의 관광객이 방문하여 경제적으로 성공한 문화행사가 되었다. 1994년 포르투갈의 리스본 역시 유럽에서 상대적으로 낙후된 국가경제의 활성화를 위하여 문화이벤트 전략을 활용하였고, 1995년의 룩셈부르크 또한 관광도시의 이미지와 기능성 강화에 중점을 두었다.

1996년 덴마크의 수도인 코펜하겐의 경우는 도시의 경제발전을 위하여 문화자산을 활용한 대표적인 사례이며, 장기간에 걸친 지역 문화상품의 개발은 도시경제의 활성화에 긍정적인 파급효과를 제공하였다. 특히 역대 개최도시 중에서 가장 많은 예산을 투입한 코펜하겐 문화도시 전략은 공공과 민간부문의 합작으로 인하여 각종의 예술전시회와 조직된 이벤트를 통하여 문화도시로 탈바꿈하는 전환점이 되기도 하였다.

(2) 유럽 주요 도시의 문화수도정책 특징

1985년부터 시행된 유럽 문화수도 이벤트 전략은 그 특성에 따라 크게 5가지 유형으로 구분된다. 첫째는 여름축제(summer festival)이다. 아테네(1985), 플로렌스(1986), 파리(1989) 등이 여기에 해당하며, 주로 도시의 문화유적을 중심으로 단기간에 걸쳐 많은 예술축제가 개최되었다.

둘째는 연중 축제(all-year festival)가 행해지는 유형으로 암스테르담(1987), 더블린(1991), 마드리드(1992) 등에서 다양한 예술 및 연극축제가 개최되었고, 특정 이벤트는 국제적인 수준의 축제로 발전되기도 하였다.

셋째는 베를린(1988), 안트베르펜(1993)에서 개최된 예술도시(art

city) 유형으로, 국제적인 예술축제 도시의 재정지원을 받아 열렸다. 넷째는 1990년 영국의 글래스고우에서 개최된 문화도시의 해(cultural capital year) 지정 이벤트이다. 문화와 관련된 다양한 행사와 축제가 장기간 동안 개최되어 도시의 문화적 이미지와 마케팅에 커다란 공헌을 하였으며, 주로 지방정부 수준에서 문화축제가 기획되고 실행되었다.

다섯째 유형은 1996년 덴마크의 코펜하겐에서 개최된 문화수도(cultural capital) 이벤트이다. 도시의 이미지를 제고시키기 위하여 장기간의 계획에 의해 문화와 교육 중심의 행사가 개최되었고, 지역주민과 민간기업이 적극 참여하였으며 도시관련 하부구조를 문화축제와 조화되게 개선하기도 하였다(Richards, 1996).

이러한 특징을 가진 유럽의 문화수도 이벤트 전략은 현재 성공적으로 행해지고 있고, 이러한 성공은 유럽 전역의 중소도시로 확산되어 각 도시에서 지역의 특성을 살린 '문화의 달(cultural month)' 이벤트가 만들어지고 있으며, 문화도시 프로그램은 지역발전정책으로 확대되고 있다.

특정 지역 또는 도시의 문화와 관광을 접목시킨 유럽 문화수도 이벤트는 유럽의 문화관광 마케팅과 발전에 커다란 기여를 한 대표적인 사례이다. 특히 이 전략은 지역의 문화진흥에 대한 동기부여, 문화주체, 그리고 문화객체에 대한 문제제기와 함께 문화관광의 정책수립에 중요한 시사점을 제공하고 있다.

그러나 문화수도 전략은 도시의 문화활성화를 통하여 지역의 경제발전에 기여하였지만, 문화주체와 객체 문제에 대한 두 가지의 상반된 견해가 대두되고 있다. 즉, 문화수도 전략의 기본은 지방문화의 진흥을 통한 문화관광 활성화이지만, 문화관광의 수요를 확대시키기 위해서는 지방의 민중문화가 아닌 고급문화, 그리고 지역주민보다는 외래 관광객을 위한 문화상품 개발에 중점을 두어야 한다는 주장과 그 반대의 견해가 그것이다. 그렇지만, 문화관광의 발전과 마케팅에서 이들 두 가지 상반된 견해가 통합됨에 따라 문화관광의 대상으로서 지방 및 민중문화의 성장이 두드러지고 있다(Richard, 1996).

이와 같이, 유럽에서 나타난 문화관광의 근본적인 변화는 관광과 문화의 새로운 접목에서 출발한다. 유무형의 문화가 관광활동을 유발하는 것이 아니라 관광객의 문화소비 또는 관광객의 문화소비를 위해 제공된 문화와 이벤트에 의해 새로운 형태의 문화관광이 등장하고 있다(Richard, 1996). 그리고 고급문화(high culture)가 아닌 지방문화(local culture)와 지역주민 지향적 문화상품의 개발이 문화관광의 새로운 개념으로 작용함에 따라 지역문화의 진흥을 통한 문화관광의 활성화가 최근 지방도시의 관광정책에서 중요한 부분을 차지하고 있다.

4) 전남 도서지역의 문화자원의 특성과 잠재력

(1) 전남 도서지역의 문화자원 특성

일반적으로 도서지역은 육지부와 고립된 폐쇄성을 가지고 있기 때문에 발전과정에서 주변지역적 속성을 나타내어 고유한 생활상과 문화가 잘 보전되어 있는 것이 특징이다(Kockel, 1994). 전국에서 가장 많은 도서와 해안선 길이를 보유하고 있는 전남의 서남해안은 바다로 둘러싸여 있다는 특수한 지리적 조건에 의해 육지부와 구별되는 고유한 도서문화가 형성되어 있다.

전남의 서남해안 도서지역은 약 1,980여 개의 유무인도로 구성되어 있고, 전남의 온화한 해양성의 기후로 인하여 인간생활에 적합한 자연적 조건을 가지고 있다. 또한 전남지역은 역사적으로는 동서·남북을 연결하는 주요 항로의 중계지점 역할을 수행하여 중국 및 일본을 비롯하여 많은 해양적 특성이 반영된 역사적·문화적 유물과 문화유산을 보유하고 있다. 전남의 도서지역은 자연경관이 수려하여 많은 자연적 관광지 및 관광자원이 분포하고 있다. 특히 전남의 서남해안은 우리나라 최대의 다도해해상 국립공원과 한려해상 국립공원이 있고, 해수욕장을 비롯하여 활용 가능한 다양한 해안지형이 잘 발달되어 있다.

전남의 도서지역은 산악과 도서 및 해수욕장을 비롯한 자연적 관광자원, 박물관과 주요 인물·사상 등의 사회적 관광자원, 사찰·종교·유적지·풍속·민속 등의 문화적 관광자원, 그리고 지역문화를 축제로 발전시킨 문화관광 이벤트 등 다양한 자연적, 사회·문화적 관광자원이 분포하고 있다. 특히 역사·문화적 관광지 및 관광자원은 주로 불교와 관련된 사찰이 주종을 이루고 있고, 장보고·이순신·정약용·윤선도 등 인물과 관련된 유적지 및 유물, 그리고 강강술래 등을 비롯한 풍속과 민속행사가 많이 발달해 있는 것이 특징이다.

(2) 전남 도서지역의 문화관광 잠재력

전남의 도서지역이 보유한 다양한 유형의 문화자원은 문화관광 활성화에 중요한 역할을 수행할 수 있다. 실제로 전남지역에서 지역문화를 축제형의 이벤트로 개발하여 전국적인 문화관광 이벤트로 성장시킨 대표적인 축제에는 진도의 영등축제와 강진의 청자문화제가 있고, 목포의 도자기축제, 여수의 진남제, 보성의 다향제, 영광의 왕인문화축제, 무안의 연꽃축제, 완도의 장보고축제 등이 있고, 이들 축제는 문화관광의 상품으로 성장할 수 있는 많은 잠재력을 가지고 있다.

전남의 도서지역 특유의 민속 및 문화와 관련된 축제는 최근 관광객들의 관광행태 변화에 의해 새로운 관광자원으로 등장하고 있다. 전남의 도서지역에 산재해 있는 독특한 지역축제는 앞으로 문화적 관광자원으로 개발할 수 있는 무한한 잠재력을 가지고 있고, 그 대표적인 사례가 진남 진도의 영등제이다. 진도의

〈표 6-4〉 전남 도서지역의 주요 관광지 및 관광자원

구분	자연적 관광자원	사회적 관광자원	문화적 관광자원	지역축제
목포	유달산, 외달도, 갓바위, 유달해수욕장	향토문화관, 해양유물관, 남농전시관, 이난영, 박화성	고하도, 옥장	도자기축제
여수	오동도, 거문도·백도, 만성리, 방죽포,	해양수산전시관, 손양원기념관, 거문도	흥국사, 향일암, 선소, 무술목, 진남관, 석장성지, 현천소동패	진남제
고흥	성두도, 팔영산, 대전, 소록도, 내발, 남열	천경자	능가사, 금탑사, 월포농악, 한적들노래	흥양문화제
보성	율포, 보성다원	백민미술관, 서재필기념관, 박유전(서편제)	대원사, 최대승장군유적, 옹기장	다향제
장흥	천관산, 제암산, 수문	방촌문화마을	보림사, 천관사, 장천재, 수인산성, 고싸움	제암산철쭉축제 외 2가지
강진	만덕산, 탐진강	청자박물관, 정약용, 김윤식	무위사, 백련사, 청자도요지, 다산초당, 병영성, 군동들노래	청자문화제
해남	두륜산, 우수영, 땅끝, 송호, 사구미	윤선도, 윤두서	대흥사, 미황사, 우수영, 강강수월래	흑석산철쭉제
영암	월출산, 영산호, 성기동	농업박물관, 장천리선사유적지, 도선국사	도갑사, 천황사, 왕인박사유적지	왕인문화축제
무안	톱머리, 조금나루, 승달산, 도리포	항공우주전시관	법천사, 원각사, 도리포해저유물	연꽃대축제
함평	돌머리, 사포나루터	정계천	용천사,예덕리고분, 고막천교, 남도노동요	난축제
영광	불갑산, 가마미	강항	불갑사, 원불교성지, 내산서원, 우도농악	법성단오제
완도	신지, 금일, 예송리, 구계등, 보길도	어촌민속전시관, 장보고	장보고, 윤선도유적지, 청해열두군고악	장보고축제
진도	회동, 녹진, 관매도	운림산방, 남진미술관 향토문화회관, 허련	쌍계사, 용장산성, 남도석성, 울돌목, 강강수월래	영등축제
신안	대광, 흑산도, 홍도, 하의도	최익현, 정약전, 김대중	증도해저유물, 암태도소작쟁의, 가거도뱃노래	

자료: 전남도청 관광과(1997)의 전라남도 관광자원 현황자료를 바탕으로 재작성함

〈표 6-5〉 전남 도서지역의 민간신앙

소재지	지 역	명 칭	일 시	특 징
여천군	금오도	당산제	정월 초사흘	각 가정에서 가지고 온 음식으로 헌식
	대횡간도	관왕묘제	경칩, 상강	선대집안의 후손들 24-26명만이 참여, 계를 조직해 계자금을 제비로 사용
	사도	도신제	음력정월보름날	지역주민의 안녕과 풍어를 기원하는 뜻
	거문도	고두리 영감 祭行	-	바닷가 큰바위를 안노루섬에 모시고 고등어 풍어를 기원하는 제사 올림
	평도	대보름 헌식굿	-	임자없는 혼령을 한자리에 불러 모시고 위로하여 공출한 잡곡을 나눠 먹음
장흥군	노력도	갯제	정월 14일, 8월	바다의 평온과 풍어를 기원
고흥군	외나로도	당제	음력 1월 3일	하당제를 지내고 난 다음 상당제를 지냄
영광군	안마도	당산제	-	당할아버지와 할머니께 숫소로 제 올림
	상낙월도	풍어제	음력 섣달 29~ 정월 초사흘	신당을 뱃사장으로 모시고와 죽은 어부의 혼령의 씻김굿, 액막이 굿을 같이함
진도군	진도	영등제	음력 2월말	뽕할머니와 용왕에 대한 영등제
	진도	충제	음력 6월 초하루	충해가 없이 풍농을 기원
	진도	세동마을 짐대	음력 정월 보름	병해충을 막고 건강기원하는 '별신제', '거리제'로도 불림
	조도	성주동우와 귀꽃	문화 유적	조도에 사는 한 김씨 가정이 성주동우라는 神體를 모심
완도군	황제도	당산제	섣달 그믐, 삼짓날	100년된 노송 밑의 큰 항아리에서 재난 예방 및 풍어를 기원
	대보노	산신제	구정초	山神에게 제를 올리고 水神에게 제 올림
	장도	장좌마을 당제	음력 1월15일	제의가 끝나면 장도섬을 7바퀴 돈다: 장보고 장군과 부하들의 훈련모습 재현
	고금도	갯제	정월 대보름날	선창 끝에 진설한 제물은 비디에 헌식함
	소안도	풍어제	정월 초하루	'도제'라고 부르는데 용왕님에 대한 제사
신안군	흑산도	비리마을 당제	음력 1월 1일~ 3일간	당신은 당영감과 할머니 부부이고 '당거리'라고 불리는 紙錢를 신체로 여김
	자은도	사월포마을 뱃서낭	-	주민의 배인 자성호의 배서낭을 모신곳 오른쪽 출입구에 3색 옷감을 걸어둠
	재원도	재원마을 뱃고사	출항시	船主는 뱃서낭 앞에 상을 차리고 상서러운 고기인 조기를 제물로 준비
고흥군	백일도	당산제	정월 대보름	백일리 3개마을 공동으로 매년 열림

자료: 이정록 · 장보웅(1998)

영등제는 도서지역의 독특한 문화 관광자원을 관광상품으로 개발하여 많은 관광수요를 창출하고 있고, 지역의 이미지 홍보효과에도 크게 기여하고 있다.

한편 도서지역에는 초분, 당제, 당산제, 풍어제 등 도서민들의 생활과 관련된 민속축제와 놀이, 무속신앙 등의 여러 형태의 문화적 관광자원이 산재되어 있다. 민간신앙과 관련된 지역문화는 지역의 다양한 자연적 관광지 또는 문화이벤트와 연계하면 고유한 도서지역의 문화를 계승·보전함과 동시에 새로운 문화관광 상품으로 성장할 수 있는 잠재력을 가지고 있지만, 진도 영등제를 제외하면 축제형 이벤트로 개발되지 못하고 있는 실정이다(표 6-5 참조). 특히 민간신앙과 관련된 민속행사는 지역주민의 공동체 의식을 제고시키고 지역의 고유한 민속을 통한 지역마케팅이 가능하기 때문에 보존 및 개발의 가능성이 매우 높은 문화자원이다.

5) 전남 도서지역의 문화자원 활성화 방안

(1) 문화자원의 개발을 위한 하부구조의 정비

전남 서남해안의 도서지역은 개발 가능한 많은 유무형의 역사·문화적 관광자원을 보유하고 있지만, 도서지역이라는 지형적 조건과 고립성, 육지부와의 낮은 접근성 등으로 관광수요를 유인할 수 있는 하부구조가 취약한 상태이다. 그리고 육지부와 도서부, 그리고 도서지역 내부의 열악한 교통조건은 지역의 관광개발 및 문화관광 상품화 전략에 부정적인 요인으로 작용하고 있다.

① 도서부와 육지부 간의 연륙·연도교 사업 확대

도서지역의 고유한 문화를 발굴하고 보전함과 동시에 이들 자원을 문화상품으로 개발하기 위해서는 도서부와 육지부 간의 상호연계성과 접근성을 향상시킬 수 있는 정책이 이루어져야 한다. 많은 도서지역에 다양한 형태의 정기여객선이 직접 접안할 수 있는 선착장 등 항만시설이 완비되어야 하고 정기여객선의 미취항 도서를 해소해야 하며, 도서지역내의 교통시설도 개선되어야 한다. 그리고 장기적인 관점에서 증가하는 관광수요와 도서민의 편익을 위하여 고속교통수단인 경비행장과 헬리포트 건설도 적극 고려되어야 한다. 왜냐하면, 최근 경비행기를 이용한 관광수요가 증가하고 있고, 다가오는 2000년대에는 더욱 증가할 것으로 전망되기 때문이다.

따라서 도서지역의 특수성을 해소하고 육지와의 접근성을 강화하기 위한 수단으로 연륙·연도교의 건설이 시급한 과제이다. 연륙·연도교 사업은 도서주민의 교통편의와 소득증대를 도모할 뿐만 아니라 주민의 생활수준 향상에도 크게 공헌하며, 특히 외부의 관광수요를 증대시켜 지역 내 관광산업의 활성화에 크게 기여할 수 있다. 또한 연륙·연도교는 주변지역의 특성이 가미된 독특한 설계와 주변경관과의 조화가 잘 이루어진다면 그 자체로써 관광상품화가 가능하며 실질적인 교통 편익 이외에 관광소득원으로서 기능을 발휘할 수 있다.

② 해안경관 및 도로의 관광명소화

전남의 긴 해안선과 수려한 자연경관을 활용한 국제적 휴양·관광명소 조성의 전제조건으로 관광자원과의 접근성 제고를 위한 서남해안 일주도로를 확충하고 도로의 독특한 개성을 위해 주변관광지나 축제행사와 연계된 도로명과 구간별 가로명을 부여한다. 단순한 연계도로의 순수한 기능 외에 도로 자체를 관광상품으로 개발하는 방안도 구상해 볼 수 있다.

(2) 도서문화의 관광상품 개발전략

오늘날의 관광활동에서 문화관광에 대한 관심과 수요가 증대함에 따라 도서지역의 생활방식과 자연환경이 밀접하게 연관된 독창적인 민속 행사가 가장 매력있는 관광상품으로 부각되고 있다. 도서지역 자연·역사·민속문화 등 해양관광자원을 소재로 한 관광이벤트 행사를 개최함으로 문화관광을 활성화시키는 방안이 있다.

① 도서지역 무속행사의 문화관광 상품화

도서지역이 갖는 독특한 생활 습관과 무속행사를 관광상품으로 개발하는 전략이다. 도서문화의 특성을 반영하는 관행의 하나로 오늘날까지 잔존해 있는 풍속은 장례 풍습인 '초분'과 현대식 물공급 체계가 마련되지 못한 소규모 도서지역에서는 아직도 주민들의 중요한 의례가 되어오고 있는 '기우제'가 있다. 또 바다에 의존하는 도서민들에게는 기상 조건이 생명과 연결된 중요한 요인이 되고 있으므로 풍어제, 어장고사, 뱃고사와 같은 의례행사가 토착신앙의 중요한 부분을 차지하고 있다. 집단 의례들은 자신들의 안전조업과 풍어를 기원하고 있다는 의례내용의 공통점을 지니고 있다. 이러한 의례를 포함시킨 다양한 프로그램을 개발시켜 관광객이 참여할 수 있는 행사로 발전시켜야 한다.

매년 성황리에 개최되고 있는 진도의 '영등제'도 진도의 도서민들의 민간신앙인 뽕할머니와 용왕에 대해 제사를 지내는 영등제를 자연 환경과 연계시켜 관광이벤트로 성공적으로 발전시킨 전남 도서지역의 대표적인 사례이다. 음력 2월, 3월 보름날을 전후해 고군면 회동리와 의신면 모도리 사이 2.8km의 바닷길이 열리는 시기에 맞춰 개최되는 영등제는 지역 특유의 무형문화를 관광상품으로 개발한 전형적인 축제형 문화관광이다.

② 지역의 장소성과 역사성을 활용한 축제화

지역의 문화축제에 고유한 장소의 역사성과 상징성이 최대한 발휘될 수 있도록 다양한 프로그램을 개발해야 한다. 지역의 문화자원을 중심으로 개발된 문화축제에 현대적인 의미성과 상징을 포함시켜 새롭게 발전시켜야 한다. 그리고 지역 내에 소규모로 분산된 역사적 사건·인물·전설·풍속 등의 문화자원을 하나의 패키지로 개발해야 한다. 예를 들어 전남 도서지역은 왜적의 침입에 맞서 항전하던 역사의 현장이고 호국의 숨결이 아직까지 남아 있는 지역으로 역사 교육의 장으로 활용할 수 있다. 따라서 특정 시·군이 독자적으로 무분별하게 지역축제를 개발하지 말고, 인접한 지역이 서로 협조하여 주변의 관광자원과 연계시켜 대규모의 주제별 이벤트를 개발하는 것이 필요하다.

이를 위한 대안으로 가칭 '한일 문화 교류 축제'의 활성화를 들 수 있다. 영암에서 열리는 '왕인박사 춘향대제' 이벤트 행사를 목포, 영암, 신안군이 참여하는 왕인박사의 위업을 계승하는 "한일문화 교류축제"라는 주제로 개최하고 강진 청자도요지와 다도해를 연결하는 관광코스를 개발하는 방안이 그것이다.

왕인박사 유적지인 영암군 성기동이 백제의 옛 고을이고 과거에 일본과 활발한 교류가 이루어진 장소적 상징성 때문에 일본 관광객이 자기들의 문화적 뿌리를 탐방하는 역사적인 교육·학습장으로 활용할 수 있다. 성기동을 중심으로 강진 청자도요지를 패키지로 하는 한일문화 축제는 일본인 관광객 유치측면에서도 큰 홍보자료가 될 것이다. 광역적 관광코스는 국립해양유물전시관, 향토문화관, 영산호, 왕인박사유적지, 월출산 국립공원, 청자도요지, 다도해 등으로 연결시킬 수 있다.

또한 해양문화 축제의 발굴과 육성도 고려할 수 있다. 현재 매년 개최되고 있는 장보고축제와 같이 지역에서 활동한 역사적 인물을 중심으로 해양문화축제를 개발할 수 있다. 예를 들어 전남의 남해안에는 충무공 이순신장군과 관련된 유적과 문화가 산재해 있다. 이들 자원을 서로 연계하여 목포, 진도, 완도, 여수 등지의 자원을 중심으로 충무공 이순신 장군의 호국정신을 기리는 "해양문화축제"로 개최할 수 있다.

③ **지역문화와 예술인의 관광상품화**

지역의 문화·예술인을 관광상품화 하는 전략이다. 전남 도서지역은 문화예술적 배경 또한 관광명소로서 가치가 충분하다. 이 지역은 많은 문인 예술인들의 출생지이기 때문이다. 남종화(南宗畵)의 허씨 3대(소치, 미산, 남농), 김환기 화백, 모란의 시인 김영랑, 수필문학의 개척자 김진환, 여기에 조선시대의 시가문학의 쌍벽인 고산과 송강의 유적지도 남해안이며, 목민심서의 다산초당도 포함될 수 있다. 그리고 남해안 동쪽으로 희곡과 시의 유치진과 유치환 형제, 가고파의 이은상과 소설의 이병주와 박경리, 음악의 윤이상 등과 연계할 수 있다.

이와 같은 전남의 예술인과 남해안의 자연풍광이 어우러진 다양한 특색의 영화제, 음악제, 문화축제, 미술축제 등 각양각색의 축제개발은 훌륭한 예술 및 문학의 탐방코스로 기능할 수 있다. 명인들의 생가와 작품을 전시한 전시관을 중심으로 작은 이벤트 행사로 관광객이 직접 참여하는 글짓기 대회, 음악회, 예술인의 귀향공연, 그림그리기 대회 등을 단독으로 개최하기에는 규모가 적으므로 인접한 시·군이 합동으로 발전시킬 수 있다.

④ **도서지역 음식문화의 관광상품화**

전남지역의 고유한 음식문화를 관광상품으로 개발하는 방법이다. 순천의 남도음식축제와 같이 도서지역의 생선·젓갈 등을 중심으로 바다 음식축제를 개최하여 주변의 관광지와 연계하여 관광상품으로 개발하면 지역의 관광이미지를 새롭게 변화시킬 수 있다. 바다음식의 재료를 직접 구하는 일에 참여하는 프로그램과 직접 만드는 것에서 부터 먹는 것, 재료를 판매하는 프로그램을 개발하여 각종 축제에 포함시키면 새로운 관광상품으로 성장할 수 있다.

3. 연구내용의 요약

전남 도서지역의 전통문화는 다른 지역에 비해 오랫동안 문화의 계승과 보존이 비교적 양호하여 지역의 문화적 고유성은 관광자원으로 활용할 수 있는 많은 잠재력을 보유하고 있다. 따라서 전남의 서남해안 도서의 지역문화를 발전시키고 이를 문화적 관광상품으로 개발하기 위해서는 먼저 지역내 하부구조의 개발이 시급히 이루어져야 한다. 특히 도서지역의 특성으로 인해 취약한 서남해안의 도서지역은 매우 교통여건이 취약하여 내륙과 도서간, 도서와 도서간의 접근성이 매우 낮은 상황이다. 육지와 도서지역간의 접근성 향상을 위해서는 경비행기를 위한 소규모 공항시설의 개발, 항만시설의 확충, 도로의 개설 및 포장과 연륙·연도교의 건설 등 지역내 하부구조가 구축되어야 한다. 그리고 국제적 휴양·관광명소 조성의 전제조건으로 관광자원과의 접근성 제고를 위한 서남해안 일주도로의 개설이 필요하다.

지역문화 지향적인 소프트웨어 중심의 활성화 전략은 도서지역만이 갖고 있는 독특성을 살린 문화적 관광자원의 발굴 및 확대 방안이다. 이를 위해서는 독특한 제례 의식과 장례 절차를 관광상품으로 개발하기 위한 관광축제의 활성화, 도서지역이 갖는 지역성과 역사성을 살려 기존의 민속 축제에 관광객이 직접 참여할 수 있는 프로그램의 개발, 지역의 문화와 예술을 접목시켜 유명한 예술인의 관광상품화, 도서지역의 고유한 음식의 관광상품화 등의 방안이 모색되어야 한다.

수려한 자연자원과 도서의 고유한 지역성이 반영된 문화자원을 보존·발굴하여 이용하여 관광상품으로 개발하면, 전남의 도서지역은 새로운 문화적 관광지로 발전할 수 있는 무한한 잠재력을 가지고 있다. 그러나 여기에서 가장 중요한 문제는 관광객의 유인을 위한 접근성의 확충과 대규모 관광단지의 조성이 무엇보다도 선행되어야 한다는 점을 명심해야 한다.

참고문헌

김문환, 1998, 지역문화발전론, 문예출판사.

이병훈, 2001, 문화 속에 미래가 있다, 디자인하우스.

이정록 · 추명희, 1997, "이벤트관광 관광객의 행태적 특성분석: 전남 낙안의 남도음식축제를 사례로," 지리학연구, 제29집, pp. 59-84.

Borg, J., 1994, "Demand for the city tourism in Europe," *Annals of Tourism Research*, Vol. 21, pp. 832-833.

Borg, J., Costa, P. and Goyyi, G., 1996, "Tourism in Europe Heritage Cities", *Tourism Research*, Vol. 23, No. 2, pp. 306-321.

Bourdie, P., 1984, *Distinction: A Social Critique of the Judgment of Taste*, London: Rouledge & Kegan Paul.

King, B., Pizam, A. and Milman, A., 1993, "Social Impacts of Tourism: Host Perceptions," *Annals of Tourism Research*, Vol. 20, pp. 650-655.

Kockel, U.(ed.), 1994, *Culture, Tourism and Development: the case of Ireland*, Liverpool: Liverpool University Press.

Pizam, A. and Milman, A., 1986, "The Social Impacts of Tourism," *Tourism Recreation Research*, Vol. 11, pp. 29-33.

Richards, G. (eds.), 1996, *Cultural Tourism in Europe*, Oxon: Cab International.

Ryan, C., 1991, *Recreational Tourism: A social science perspective*, London: Routledge.

Shaw, G., 1991, "Growth and employment in the UK's cultural industry," *World Futures*, Vol. 33, pp. 165-180.

Shaw G. and Williams A. M., 2002, *Critical Issues in Tourism; A Geographical Perspective(Second Edition)*, Blackwell.

Thorburn, A., 1986, "Marketing cultural heritage: does it work within Europe?", *Travel and Tourism Analyst*, December, pp. 39-48.

Urry, J., 1994, "Cultural change and contemporary tourism," *Leisure Studies*, Vol. 13, pp. 233-238.

CHAPTER 7

농촌관광과 관광마을

농촌지역은 관광과 여가활동의 중요한 자원이자 장소이다(Shaw and Williams, 2002). 농촌지역이 하나의 관광자원이 되고 농촌의 전원적 경관과 독특한 마을이 관광지로 기능하는 농촌관광(rural tourism)은 리조트 중심의 관광활동에서 벗어난 새로운 관광유형으로 녹색관광(green tourism)과 동일한 개념으로 사용되고 있다.

농촌관광에는 여러 종류가 있지만, 가장 대표적인 것은 농촌마을을 관광자원으로 활용하여 지역문화의 보전과 함께 소득증대를 도모하는 농촌마을의 관광지 개발전략이다. 특히 농촌과 농촌경관을 바탕으로 지역활성화를 도모하는 지역운동 차원의 관광마을 만들기 전략은 외국과 우리나라의 일부 지역에서 성공적으로 전개되고 있다. 특히 우리나라의 강원도 화천군 토고미 마을과 경남 남해군의 다랭이 마을은 대표적인 사례에 해당한다. 따라서 고유한 문화와 전통, 그리고 청정의 농촌환경과 아름다운 농촌경관을 보유한 전남지역은 관광마을 만들기를 지역관광의 진흥전략으로 수용할 필요가 있다.

이 장에서는 농촌관광의 특징, 농촌관광의 주요 대상인 농촌마을의 관광마을 개발 전략과 사례 등에 관해 살펴보려고 한다. 여기에 소개된 내용은 함평군을 사례로 한 지역발전전략(이정록, 2003)과, 지역진흥을 위한 관광마을 만들기 전략(이정록 외, 2004)의 연구 성과를 바탕으로 재구성한 것이다.

1. 농촌관광의 개념과 특징

1) 농촌관광의 등장 배경

관광지의 개발과 그에 따른 관광의 소비행위는 본질적으로 사회·문화적 과정이다. 그런데 최근의 관광행태를 보면, 기존의 대규모 리조트 또는 관광단지에서 직장이나 거주지의 친밀성과는 먼 곳으로, 기존의 익숙한 관광행태에서 의도적·선택적 행태로 전환되고 있고 이러한 과정에 의해 새로운 관광패턴이 출현하고 있다(Williams, 1998). 그리고 이러한 사회·문화적 과정의 결과로서 1980년 후반부터 매스투어리즘을 대체하는 대안관광(alternative tourism)이 등장하면서 관광산업의 지형을 변화시키고 있다.

대안관광의 등장은 기본적으로 사회환경의 변화와 관광환경 및 관광행태의 변화에 기인한다(그림 7-1 참조). 사회환경의 변화에서 나타난 특징은 자유시간의 확대, 환경과의 조화·공생, 정보화 사회의 진전, 고령화 사회의 도래, 국제화 사회의 진전, 다양한 라이프스타일을 요구하는 개성화 시대 등이 그것이다. 특히 주5일 근무제의 정착과 새로운 휴가문화의 확대, 여가를 중시하는 국민의식의 증대, 여가시간을 많이 갖는 고령자 인구의 증대 등으로 자유시간의 사회로 진입하고 있고, 보편적이고 규격화된 관광에서 탈피하여 다양한 유형의 관광이 등장하고 있다.

한편 전술한 사회환경의 변화에 의해 관광환경과 행태 또한 다양하게 변화되고 있다. 그러한 변화에는 개인·단체관광의 변화, 시간소비형 관광행태의 증가, 지식·체험중심을 중시하는 관광 활동의 확산, 중장년층과 여성 관광객의 증가, 사회적 약자를

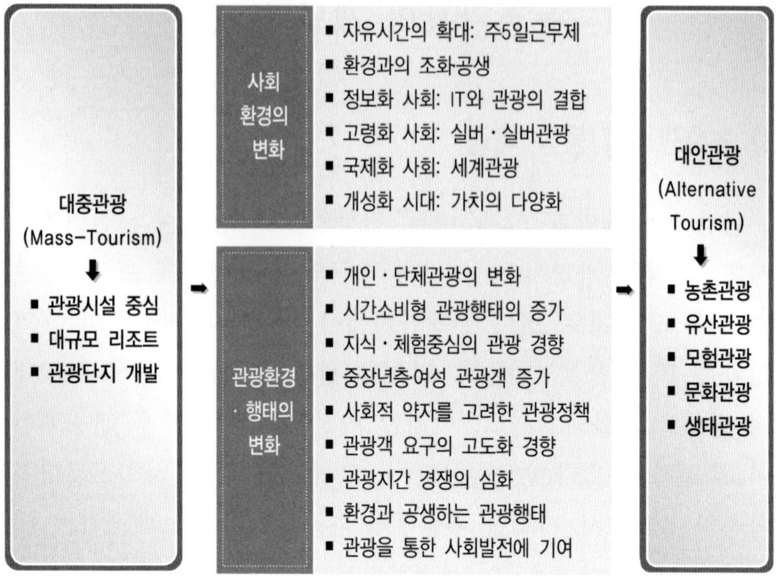

〈그림 7-1〉 사회 및 관광환경 변화에 의한 대안관광 등장(자료: 이정록 · 안종현, 2004)

고려한 관광정책의 강조 등이 있다. 관광객의 주체적 관광경험이 풍부해져 요구수준이 고도화되는 경향이 있고, 관광정보의 다양한 접근성에 의해 관광지간 경쟁이 심화되고 있으며, 환경과 조화를 이루고 공생하려는 새로운 유형의 관광행태도 나타나고 있다. 그리고 관광을 통한 지역사회 및 국가발전, 예를 들어 관광을 통한 지역의 발견, 창조에 의한 지역의 활성화, 환경보존과 국제사회의 공헌 등이 나타나고 있다.

전술한 관광환경의 변화에 의해 시간소비형 관광행태와 자연환경을 중시하는 관광행태가 강조되고 있다. 즉, 관광경험이 풍부해 지고 자유시간사회가 정착되면서 과거의 주유형 관광보다는 특정한 장소에서 여유롭게 체재하고, 그 지역의 자연과 문화를 이해하고 즐기는 시간소비형 관광으로 전환되고 있다. 또한 환경과 공생하고 조화를 이루려는 성향의 관광활동이 증가하면서 지역의 자연·역사·문화의 이해와 만남을 선호하고 요구하는 관광행태가 빠르게 확산되고 있다.

이러한 사회적·관광행태적 변화에 의해 관광지 및 관광상품의 생산과 소비에 대한 새로운 요구, 즉 1980년대 후반부터 매스투어리즘을 대체하는 대안관광에 대한 논의가 활발하게 전개되고 있다. 최근 새롭게 등장한 대안관광에는 농촌관광(rural tourism)을 비롯하여 문화관광, 유산관광(heritage tourism), 모험관광, 생태관광, 등이 있다(Williams, 1998).

2) 농촌관광의 개념과 특징

(1) 농촌관광의 개념

농촌관광과 관련된 용어는 매우 많다. 녹색관광(green tourism), 농업관광(agri-tourism) 등이 농촌관광과 혼용되고 있다. 도시관광(urban tourism)과 반대되는 농촌관광은 농촌지역에서 생산되는 농산물, 전원적인 농촌경관 농촌지역이 보유한 다양한 자원 등을 관광활동에 활용하고, 이들 자원을 관광대상지 또는 관광매력물(tourism attraction)로 만드는 것을 의미한다. 즉, 농촌지역의 다양한 자연적·사회적·문화적 관광자원을 관광활동에 활용하는 것을 농촌관광이라 정의할 수 있다.

따라서 농촌관광의 특징은 도시가 아닌 바다, 산 혹은 농촌시역을 무대로 전개되는 관광, 도시민에게 휴식, 휴양의 새로운 녹색체험 공간의 장 제공, 농촌에는 새로운 소득원을 개발 보급시켜 지역경제 활성화 등을 목적으로 하는 관광활동이다(강신겸·김정연, 1997).

이러한 녹색관광은 국가나 연구자에 따라 그린 투어리즘, 농촌관광, 농장관광, 생태관광, 지속가능한 관광 등으로 불려지고 있으며, 이러한 관광은 매스투어리즘(mass tourism)의 반작용으로 나타난 형태라 할 수 있다.

(2) 농촌관광의 특징과 중요성

농촌관광의 특징을 간단하게 설명하기는 쉽지 않다. 왜냐하면 농촌지역에서는 관광자원으로 활용할 수 있는 유·무형의 자원이 많고 다양하기 때문이다. 〈그림 7-2〉에 제시된 것과 같이 농촌관광은 기본적으로 농촌지역에서 이루어지는 관광활동을 의미한다.

농촌관광의 주요 특징은 농촌지역에 있는 자연과 생활문화를 기반으로 한다는 점이다. 관광개발도 외부의 자본과 기업이 아닌 지역주민의 힘으로 소규모로 개발하는 특징이 있다. 관광행태 또한 단체관광객 중심의 주유형 관광활동이 아니고 가족 또는 소집단이 방문하여 체험하고 숙박하는 체재형 활동이 중심이 된다. 그리고 농촌관광은 도시민과 농촌 거주자 간의 교류와

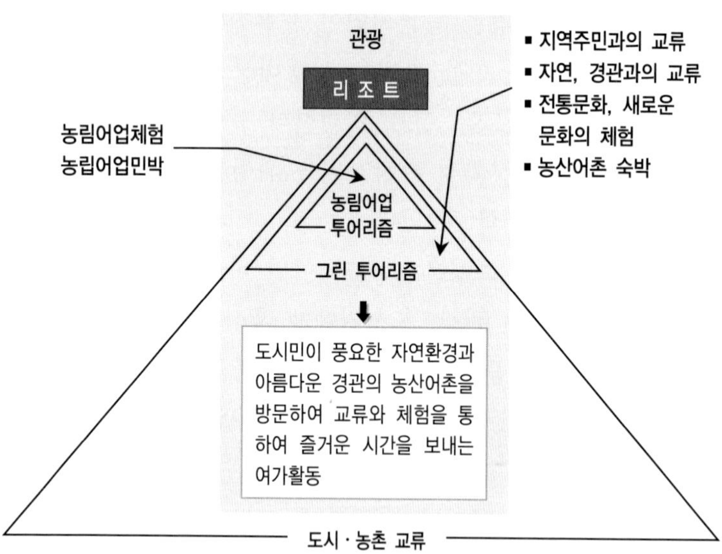

〈그림 7-2〉 농촌관광의 특징과 활동(자료: 김범수·오미숙 옮김, 2003)

소통을 통해 관광관련 수입이 증대되어 지역경제에 기여하는 것이 다른 관광활동과 다른 점이다.

2. 농촌지역의 관광마을 만들기 전략과 사례

농촌관광과 관련하여 관광개발에 따른 환경적 · 경제적 · 사회적 · 문화적 영향을 최소화하면서 지역주민의 일상적인 생활에 그대로 반영되어 지역민과의 일체성을 강조하는 친환경적 관광활동이 바로 '관광마을 만들기' 전략이다. 따라서 관광마을 만들기의 기본 개념과 전략, 그리고 국내외의 관련 사례를 살펴보려고 한다.

1) 기본적인 사고와 개념

지역사회(community)의 성장과 발전을 위한 정책에서 강조되는 개념중의 하나가 지역주민의 자발적인 참여이고, 지역주민의 자발적 참여가 지역사회운동으로 확대된 사례가 '지역만들기 운동'이다. 지역만들기 운동이란 지금까지 행해진 관주도 개발에서 탈피하여 지역주민들이 주도적으로 지역을 새롭게 만들고 가꾸어 가는 일종의 주민운동[1)]이다(이정록, 2003). 이러한 주민운동이 관광활동과 접목되어 새로운 지역활성화 전략으로 등장하고 있는 것이 바로 '관광마을 만들기 운동'이다.

---

1) 1980년대 미국의 중소도시에서는 '아름다운 도시 만들기 운동'을 전개하여 도시의 특성을 살린 소규모 주거공간이 많이 건설되었고, 영국에서도 '전원도시 운동'을 전개하여 도시지역의 주거환경을 크게 개선하였다. 일본에서도 1990년대 초기부터 농어촌과 산촌지역의 활성화전략 일환으로 지역만들기 운동을 전개해 커다란 효과를 거두웠다(이정록, 2003).

일반적으로 농촌취락의 단위로서 '마을(village)'은 주민들의 삶의 터전인 장소라는 속성만 존재하는 하나의 생활공간(life space)이기 때문에 관광지도 아니고, 관광업자가 만들어 놓은 관광대상지로서의 관광상품 또한 없는 것이 특징이다. 그러나 관광마을 만들기에서는 지역활성화의 도구로서 관광활동을 수용하고, 동시에 관광이 지역사회의 일상으로 확대되었다는 점이다. 즉, 관광마을 만들기란 지역주민이 주체가 되어 지역이 보유한 자연·문화·역사·산업·인재 등의 모든 자원을 활용하여 지역간 또는 방문자와 거주자간의 교류를 증진시키고 나아가 지역을 활성화시키려는 주민들의 활동으로 정의할 수 있다.

지역주민이 주체가 된 관광마을 만들기는 지역활성화를 위한 새로운 시도이다. 왜냐하면 기존의 관광개발은 관광자본과 관광자원, 관광객이라는 관광활동의 3대 요소가 결합되어 나타나지만, 지역주민을 포함한 지역사회라는 요소는 결여되어 있다. 반면에 관광마을 만들기에서는 지역사회, 지역자원, 그리고 방문자(visitor)가 지역사회의 지속가능성(sustainability)을 보장하면서 관광활동을 매개로 지역을 활성화시키는 것이 차이점이다. 따라서 외부자본 또는 기업가 자본에 의해 지역환경이 이용·통제되는

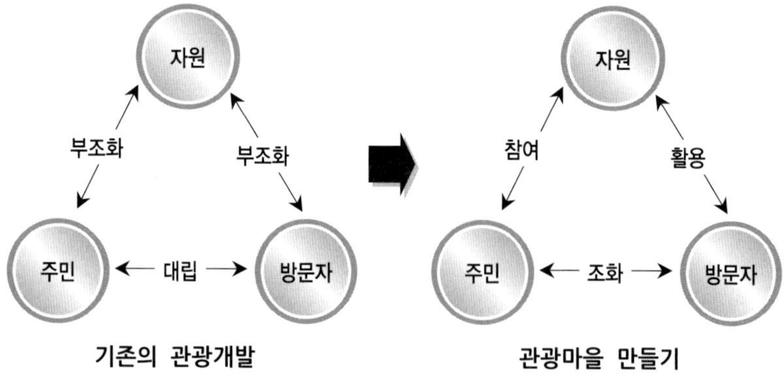

〈그림 7-3〉 관광마을 만들기의 기본 개념(자료: 이정록·안종현, 2004)

것이 아니라 지역사회에 거주하는 지역주민이 주체가 되어 지역사회의 여건과 환경을 개선시켜 관광자원으로 활용하는 것이 관광마을 만들기의 기본적인 사고이다(그림 7-3 참조).

따라서 관광마을 만들기의 핵심은 지역주민, 지역자원, 방문자가 서로 조화를 이루면서 지역사회의 고유성과 정체성을 형성·발전시키는 것이다[2]. 그러나 이들 3개 요소가 서로 조화를 이루는 것은 쉽지 않다. 예를 들어, 지역주민과 방문자간에는 종종 대립관계가 형성된다. 관광시즌에 발생하는 교통체증, 쓰레기 투기에 따른 환경오염, 관광객과 지역주민간의 문화적 충돌 등이 그것이다. 또한 관광객의 증대로 자연환경이 훼손되면 자원부양력(carring capacity)에 문제가 발생하여 지역주민들의 사용과 접근도 제한될 수 있다. 특히 관광객 활동과 지역주민이 서로 격리되면 관광지 주민들은 생활공간내에 존재하는 관광시설을 선호하지 않는다.

이와 같이, 관광활동과 관련하여 지역주민·자원·방문자 등의 3개 요소간 갈등과 대립구조가 발생할 수 있다. 그렇지만 이들 3대 요소간의 조화로운 관계가 형성된다면 상황은 달라질 수 있다(그림 7-3 참조).

예를 들어, 지역주민이 지역에 분포하는 자원[3]에 대해 지역주민이 긍지와 자부심을 가지면, 이들 자원을 구경하기 위한 방문한 관광객에 대한 주민의 반응 또한 달라질 수 있고, 긍정적인 관계를 형성할 수 있다. 만약 순천시의 낙안민속촌, 광양시 다압면의 매화마을, 구례군 산동면의 산수유마을 등을 방문하는 관광객들은 지역주민과 조화를 이루면서 관광활동을 소비

2) 지역주민과 지역자원, 방문자를 community, ecology, economy로 표현하고, 이들 3개 요소간의 조화를 이루는 것이 중요하다고 주장하고 있다.

3) 수려한 자연경관과 자연환경을 비롯하여 고유한 문화유적, 역사적 전통, 유형의 문화재, 톡특한 지역의 특성 등 다양하다.

할 수 있고, 지역사회·지역주민간 갈등구조를 해소하게 된다. 그리고 이런 관계는 다른 지역과 주민과의 교류를 촉진시켜 결과적으로 지역주민이 참여하는 관광마을 만들기 운동으로 확대될 수 있다. 그리고 이들 장소적 영역에 의미를 부여하는 방문객이 증가함에 따라 새로운 관광명소 또는 관광마을이 등장하게 될 수 있다.

결론적으로 관광마을 만들기의 핵심은 관광산업이 주도하는 관광지·관광시설·관광상품의 개발이 아니라 지역주민의 생활과 지역사회의 공동체를 유지하면서 관광을 생활에 접목시켜 지역을 발전시키는 새로운 유형의 지역활성화 전략이라는 점이다.

2) 관광마을 만들기의 주요 전략

관광마을(tourism village)을 만들기 위해서는 기본적으로 전술한 지역자원·지역주민·방문자 등의 3개 요소가 존재해야 한다. 그리고 이들 요소의 결합에 의해 마을에 관광활동적 요소가 형성되고, 외부의 방문자가 마을로 유입되어 관광활동이 가능한 새로운 공간으로 기능할 때, 관광마을은 만들어진다. 그러므로 거주공간으로서의 특정 마을이 관광마을로 기능하기 위해서는 시행의 주체, 주민·자원·방문자의 지속가능성, 그리고 이러한 시행이 가능한 지역사회의 구조가 필요하다.

(1) 추진체계의 조직과 비전설정

마을운동을 시행할 추진체계의 조직과 비전설정이 전제되어야 한다. 주민이 주체가 되어 새로운 마을 만들기를 시도하기 위해서는 지역주민을 선도하는 추진체가 조직되어야 한다. 그러나 지역사회는 인적 구성이 다양하기 때문에 주민들을 하나로 통합시키는 것은 쉽지 않다. 그러므로 마을운동을 선도할 지도자 또는 추진조직이 구성되어야 하고, 이러한 추진조직의 구성이 가능한 사회적 환경 또는 분위기를 1차적으로 조성해야 한다.

또한 이러한 여건을 조성함과 동시에 주민운동을 통해 마을이 변화·발전할 수 있다는 미래의 청사진을 만들고, 이런 비전을 주민들이 공유해야 한다. 특히 비전의 공유와 추진체계의 조직화는 다른 마을 또는 도시와의 교류를 통해 강화될 수도 있지만, 지역사회가 위기에 처해 있다는 지역주민의 공감대에 의해 가능한 사례도 있다.

(2) 지역주민·지역자원·방문자의 지속가능성 확립

관광마을 만들기를 위해서는 지역주민, 지역자원, 그리고 방문자가 지속가능성을 확보해야 한다(西村幸夫, 2002). 첫째, 주민의 지속가능성이란 그 지역이 얼마나 살기 좋은 가를 나타내는 척도이다. 일반적으로 지역의 생활환경이 향상되고 지역경제가 활성화되면 지역주민은 거주공간에 대한 만족도가 높다. 그렇지만, 인구가 감소하고 지역경제가 침체되어도 많은 주민들이 현재의 생활공간에 만족하는 경우도 있다. 또한 주민들이 지역의 자연환경·역사·문화 등을 잘 이해하고 있고, 이들 특성에 대해 자부심을 갖는 경우에는 주민이 주체가 된 새로운 지역(마을) 만들기 운동이 가능하다. 주민들은 마을을 방문하는 외부인에게 자랑스럽게 마을을 소개하고, 방문자를 위한 자원봉사활동(volunteer activity)도 수행한다. 또한 지역을 알리고, 외부인과의 교류를 확대하기 위한 개성있는 이벤트(events)도 개발하고 개최[4]한다.

둘째, 자원의 지속가능성이란 이용과 보전의 조화, 자연자원의

4) 마을 단위에서 행해지는 소규모 이벤트는 관광객을 대상을 시작된 것이 아니라 마을주민들의 꿈과 희망을 실현하기 위한 공동체 의식의 함양을 목적으로 실행되는 경우가 많다. 이런 경우에는 주민들의 적극적인 참여와 자원봉사를 통해 고유한 마을축제로 발전된다.

파괴나 훼손의 방지, 지역자원의 가치성을 향상시키는 사회적 분위기, 마을에 분포하는 새로운 자원의 재발견과 재인식 등을 만들어 내는 과정을 의미한다. 이런 과정을 거쳐 방문객은 물론이고 지역주민이 자원의 의미와 중요성을 인식하게 되며, 지역주민의 정체성도 새롭게 형성될 수 있다.

셋째는 방문자의 지속가능성을 축적하는 것이다. 방문자의 지속가능성은 방문자가 특정 마을을 방문하여 만족하는가 그렇지 못하는가에 달려 있다. 즉, 방문자에 대한 주민의 세심한 배려(hospitality) 뿐만 아니라 지역의 아름다운 자연경관, 독특한 음식, 고유한 지역문화 등에 의해 방문자는 높은 만족도를 갖게 되고, 재방문을 통해 마을과 지속적인 교류를 유지하는 것이 방문자의 지속가능성이다. 따라서 주민들은 방문자에게 마을의 고유하고 독특한 볼거리를 제공하고, 방문자는 마을에 호감을 갖고 마을이 제공하는 다양한 기회에 능동적으로 참여하면서 특정 마을과의 지속적인 교류와 접촉을 갖게 된다. 그리고 이런 방문자의 지속가능성의 담보를 통해 관광마을 만들기가 실현될 수 있다.

(3) 지속가능성을 위한 구조

관광마을 만들기의 실현을 위해서는 주민 · 자원 · 방문자가 각각의 지속가능성을 조화시키는 구조나 장치를 만드는 일이다. 보다 활발한 정보의 공유와 민간의 협력체제의 정비, 관광마을의 조성에 의해 발생되는 이익의 공평한 분배, 지역환경의 모니터링과 지속적인 개선 등을 위한 구조(structure)를 확립하는 것이 중요하다.

예를 들어 경북 안동시의 하회마을에서는 지역협의회에서 운영하는 공용주차장에 모든 방문자의 승용차를 수용하고, 그 수익을 마을의 정비개선에 사용하고 있다. 방문자의 증가가 단순히 관광관련사업의 발전에 국한하지 않고 지역사회 전반에 경제적 효과가 동등하게 환원되는 장치를 만들어 활용하고 있다.

3) 관광마을 만들기의 사례

(1) 관광마을 만들기의 고려사항

농촌관광의 관점에서 관광마을 만들기란 방문자의 욕구에 의해 관광지와 관광시설을 만드는 것이 아니라 그 방문지의 특성을 보존·유지하고 활용하는 의도를 방문자에게 보여줌으로 관광행위를 유도하는 방식이다. 왜냐하면 그린투어리즘은 주민과 주민이 거주하는 농촌 그 자체가 관광대상지이고 관광상품이기 때문이다(西村幸夫, 2002).

따라서 그린투어리즘에 근거한 관광마을 만들기를 시도하기 위해서는 다음과 같은 사항을 고려해야 한다. 첫째, 지역에서 생활하는 모두가 농촌에서의 일상생활을 즐기는 가운데 외부에서 온 손님을 따뜻하게 받아들이는 '풍요로운 농촌'을 목표로 하며 새로운 농촌경영을 추구하는 운동이다. 따라서 방문자에 대한 세심한 배려(hospitality)가 전제되어야 한다.

둘째, 방문자와 장소를 매개로 네트워킹을 구축해야 한다. 농촌관광에서는 도시(소비자)와 농촌(생산자)이 대등한 교류를 통해 '지연(地緣) 관계'를 형성하고, 이런 관계의 구축에 의해 방문자는 마을에 관심을 갖는 서포터즈(supporters) 역할을 할 수 있게 된다.

셋째, 주민간의 연대의식을 확립해 마을경관에서 산업에 이르기까지 일체성을 추구하며, 이를 통해 지역경제의 발전과 마을 전체의 활성화를 목표로 해야 한다. 넷째, 자연환경이 소중하게 보존되어야 하고, 쾌적한 자연환경에서 생활하는 주민 또한 자신의 거주공간에 대해 긍정적인 인식과 평가를 가져야 한다. 왜냐하면 마을에 대한 주민들의 긍지와 자부심은 방문자의 유인에 결정적인 영향을 미치기 때문이다. 다섯째, 부정적 · 비판적인 농촌생활의 이미지를 탈피하고, 새로운 마을을 만들려는 의식과 희망을 지역주민이 가져야 한다.

따라서 관광마을 만들기에 성공하기 위해서는 사람들이 모여서 즐거워하고 지속적인 교류와 소통이 이루어져야 한다. 이를 위해서는 방문자의 관심을 집중시키고 방문을 유인할 수 매력적 요인(attractiveness), 방문자가 마을주민과 서로 조화되고 일체감을 형성할 수 있는 분위기(hospitality), 방문자에게 즐거움과 새로움을 제공할 수 있는 볼거리(entertainment)를 만들어야 한다(望月照彦, 2002). 이러한 3가지 요인이 관광마을 만들기의 성공요소라 할 수 있다. 실제로 위의 3가지 요소를 만들어 관광마을로 성공한 국내외의 사례는 매우 많다.

(2) 일본 비에이마치의 사례

일본에서 관광마을 만들기에 성공한 크고 작은 사례는 매우 많다. 일본에서 관광마을 만들기는 새로운 마을 만들기(마치 츠쿠리)에서 유래[5]된 것이다. 농촌의 토지이용 경관을 관광상품으로 만들어 성공한 대표적인 녹색관광의 사례중의 하나가 홋가이도의 비에이마치(美瑛町)이다. 홋가이도의 중앙부 가미가와(上川)지청에 속한 비에이마치(美瑛町)은 전체면적의 약 70%가 산림이고

---

5) 엔도야스히코(延藤安弘)에 의하면 '마을(街)만들기'라는 단어가 처음 사용된 것은 1962년 나고야(名古屋)시의 사카히가시지구의 도시개발시민운동이다. 그후 1970년대에 들어 도시(街)만들기, 마을(町)만들기라는 용어가 아파트 건설에 반대하는 일조(日照)권 운동에서 주로 많이 사용되었다. 그리고 마을만들기(마치츠쿠리)가 본격적으로 사용된 것은 1970년대 후반이다. 즉, 마을의 물리적인 시설의 개발이나 정비 뿐만 아니라 지역사회(community)의 생활환경을 개선하는 프로젝트나 주민운동의 의미로 확대되었다(延藤安弘, 1990).

경지면적은 17%에 불과하다. 비에이마치에서는 온천관광의 쇠퇴에 따른 침체된 지역경제를 극복하기 언덕(丘陵)과 차별적 작물재배의 토지이용 경관을 관광자원으로 활용하였고, 그 결과 오늘날에는 일본의 대표적인 농촌경관 관광지로 성장하였다(伊藤昭男, 1997).

비에이마치(美瑛町)가 '언덕의 경관관광지'로 등장하게 된 것은 1987년 이후이다. 1980년 중반부터 히로야마(白山)온천을 방문하는 관광객이 감소하기 시작하였고, 1988년 十勝岳의 분화로 인하여 관광객이 급감하였다. 온천관광객의 감소로 지역경제가 침체되는 상황에서 농촌의 구릉지 경치를 촬영해 온 사진작가 前田眞三이 사진집 「언덕의 사계」를 출판하였다. 그리고 척진관(拓眞館)을 건립하여 관련작품을 전시하면서 1989년부터 척진관을 방문하는 관광객이 급증하였다(伊藤昭男, 1997).

척진관을 방문한 관광객들은 비에이마치의 농촌경관에 매료되었고, 지자체에서는 구릉지의 경관을 잘 조망할 수 있는 지점에 조망공원(view point)과 산책로 등 관광객 편익시설을 설치하여 '언덕(丘)의 경관관광'을 상품화한 결과, 많은 일본들이 방문하는 유명한 관광명소가 되었다. '언덕의 경관관광'이란 경사지에서 다양한 품종의 밭농사 작물이 만들어 내는 일종의 농업적 토지이용 경치이다. 즉, 농경지를 인위적으로 구획하여 보리, 밀, 튤립, 유채, 두류 등의 작물을 파종하여 아름다운 농촌경치를 만들어 내는 것이다. 이를 위해 지자체에서는 경관조례를 제정하고 경관을 보전하는 농가에 대한 보조금 지급 및 소득 보상제도 등을 실시하고 있다(伊藤昭男, 1997).

(3) 일본의 시모가와마치 사례

일본 홋가이도의 시모가와마치(下川町)은 고향에의 귀속의식을 매개로 새로운 지역만들기를 추진한 사례이다. 시모가와마치(下

川町)는 홋카이도의 북부 가미가와(上川)지청이 있는 인구 약 5,000명이 살고 있는 작은 지역이다. 지역의 주요 산업은 농업과 임업, 광업이었지만, 폐광과 이농, 철도(JR 名寄本線)의 폐쇄 등으로 인구의 과소화가 진행되면서 지역경제는 급속히 침체되었다.

1990년 초에 지역경제의 침체를 극복하기 위해 출향한 주민들을 대상으로 가칭 '고향사랑운동'을 전개하여 도시와의 교류활동을 시작하였다. 회원들에게 지역의 특산물을 직송하는 '고향회원제도'와 고향에서 생산되는 유제품을 배달하는 '송아지 친구회원' 등의 프로그램을 시행하였다.

또한 마을의 남부에 위치한 '사쿠라가오카공원'에서 '萬里의 長城遊步道' 조성사업을 전개하였다. 지역주민들은 높이와 넓이 3m, 길이 약 2km의 돌로 된 산책로를 만들기 위해 5월부터 10월까지 매달 네 번째 일요일을 '돌의 날'로 지정하여 돌쌓기 운동을 전개하였고, 8월 15일에는 귀성객이나 여행자를 대상으로 '고향돌쌓기의 날'을 지정하여 많은 출향인사 및 관광객을 지역 내로 유인하였다. 산책로 조성사업을 통하여 지역주민은 주민 간 화합·협동하여 지역을 새롭게 만든다는 자긍심을 심어주었고, 출향인사와 외래 관광객의 지역방문을 통해 안정적인 관광객을 확보하는 효과를 거두었다. 그 결과 시모가와마치의 돌로 만든 산책로는 '주민이 직접 만든 일본 최초의 관광자원'이 되었고, 많은 관광객이 방문하고 있다(동북산업활성화센터, 1994).

(4) 화천군 토고미 마을의 사례

토고미 마을은 강원도 화천군 상서면에 위치한 신풍리, 신대리, 구운리, 장촌리 등의 4개 리로 구성된 마을을 지칭하며, 중심적인 마을은 신대리이다. 토고미 마을은 88가구에 약 290명이 주민이 거주하는 전형적인 산골의 농촌마을이다. 그러나 토고미 마을은 청정한 자연환경을 자원으로 무농약 오리농쌀과 무농약

고추, 콩, 고구마, 감자 등을 생산하면서 관광마을로 성공한 우리나라의 대표적인 모델이다(http://togomi.invil.org).

토고미 마을에서 환경농법에 의한 오리쌀의 재배는 1999년 귀농한 농민에 의해 처음 시도되었다. 농협에 근무하다 귀농한 한상열씨(현재 이장, 토고미 나눔의 농사가족 가장)가 1999년 마을 주민 3명과 '토고미 환경농업작목반'을 구성해 직접 무농약 오리쌀 재배를 시작했다. 그리고 농산물의 안정적인 판매를 위해 '나눔의 농사가족' 즉, 도시회원을 모집했다.

환경농업은 처음에 4가구 3ha로 출발하였는데 2001년 9농가 15ha, 2002년 29농가 25ha로 확대되었다. 이 마을은 환경농업을 바탕으로 강원도의 새농촌우수마을, 농림부의 녹색농촌체험시범마을로 지정될 수 있었다(박시현, 2003). 환경농법에 의해 생산된 농산물은 '나눔의 농사가족'이라는 회원제 거래 시스템을 만들어 판매되었다. 나눔의 농사 가족은 회원제 직거래 시스템으로 마을 회원으로 가입한 뒤 마을에서 생산되는 유기 농산물을 선계약을 통해 직접 사가는 도시민들이다. 도시민 한 사람이 봄에 3만 5000원(새끼오리 15마리에 해당)을 마을에 보내면 마을 주민들이 농사를 지은 무공해 오리쌀(8kg)을 가을에 추수해 보내준다. 2001년 6월에 약 150여명이 처음으로 '나눔의 농사 가족' 회원이 되었고, 2003년 8월 현재 가족회원은 850명으로 성장하였다.

그리고 마을에서는 도시회원들을 위해 매년 6월 6일에 오리축제를 개최하여, 회원들이 마을을 방문해 벼를 심은 논에 새끼오리를 풀어주는 행사를 갖는다.

또한 토고미 마을에서는 수려하고 쾌적한 자연환경을 자원으로 도시민을 유인하기 위한 다양한 체험 프로그램인 나물 캐기, 물고기와 다슬기 잡기, 허수아비 만들기, 장 담그기, 고구마 캐기, 전통두부 만들기, 소달구지 타기 등을 개발하였다. 2001년에 마을을 방문한 관광객은 약 1,200명에 달했고, 2002년에는 4,500

명, 2003년에는 약 9,500여명이 마을을 방문하여 관광객이 계속 증가하고 있다.

토고미 마을의 친환경 농산물 판매액은 1999년 600만원에 불과하였지만, 2003년에는 약 4억 1,000만원으로 크게 증가하였다. 토고미 쌀은 20kg 한 부대에 6만 8000원에 회원들에게 팔려 나간다. 그러나 비회원은 7만 1000원을 내야 한다. 20kg 쌀 한 부대의 시중가격이 4만~5만원인 점에 비춰 볼 때 상당한 가격이다(중앙일보, 2004년 4월 30일자). 그리고 가구당 평균소득도 1999년 약 2,000만원에서 2003년에는 약 3,500만원으로 증가하였고, 강원도의 평균소득(2,500만원: 2003년말 현재)보다 높다(중앙일보, 2004년 4월 30일 기사 참조).

한편 토고미 마을은 '우리 아이들의 미래 토고미 2031계획'이라는 마을 가꾸기 30년 계획을 수립해 경제적으로 자립하고 자연과 조화를 이루며 도시민들에게 고향이 되어주는 마을로 만들고 있다. 2031 토고미 마을계획은 스스로 결정하고 서로 돕는 마을, 푸른 자연과 풍요로운 삶이 함께하는 마을, 전통과 문화가 꽃피는 마을, 주변지역·도시의 이웃과 함께 농사지으며 공생하는 마을 등 4개 목표로 추진되고 있다.

(5) 남해군 다랭이 마을의 사례

다랭이 마을은 경남 남해군 남면 홍현리 가천에 위치해 있다. 다랭이 마을은 전형적인 농촌의 취락으로 남해군에서도 비교적 생활환경이 열악하다. 마을인구는 164명이고, 경지면적은 약 42ha(논 18ha, 밭 24ha)로 매우 작은 마을에 속한다. 그러나 독특한 마을의 자연경관을 자원으로 관광마을 만들기에 성공한 사례에 해당한다. 마을의 가장 큰 자원은 급경사의 해안절벽과 '다랭이 논'이 만들어내는 아름다운 농촌의 마을경관이다(www.go21vil.org).

이 마을은 계단식의 논을 제외하면 관광객을 유인할 수 있는 자원은 거의 없다. 마을제를 지내는 장소인 밥무덤(洞祭), 마을의 남쪽 바닷가에 위치한 암수바위(미륵불)가 대표적이다. 그러나 마을의 뒷편에 위치한 설흘산(482m)에서 바다로 이어지는 약 45° 경사의 산사면에 석축을 쌓아 108층이 넘는 계단식 논의 경관, 해안의 절벽과 남해바다, 그리고 일출과 일몰의 경관은 관광객에게 독특한 볼거리를 제공하고 있다.

2001년부터 마을 주민은 자발적으로 새로운 마을 만들기 운동을 전개하였다. 농촌진흥청의 농촌전통 테마마을로 지정받아 마을을 정비하고 민박시설을 만들었고, 관광객을 위한 다양한 농촌체험 프로그램도 개발하였다. 몽돌바닷가 산책, 다행이 삿갓배미, 농사체험, 새참 맛보기, 연날리기 등 연중 다양한 체험 프로그램을 개발하였다. 특히 산비탈에 석축을 쌓고 다랭이 논을 만들었던 마을 사람들의 농심(農心)을 체험하기 위한 '다랭이 만들기'는 많은 관심을 끌고 있다.

그 결과, 농촌생활을 체험하고 한적한 마을의 경관을 감상하려는 가족단위의 관광객들이 많이 방문하고 있고, 다행이쌀을 비롯하여 마늘, 전복 · 톳 · 홍합 등의 해산물이 마을의 특산물로 판매되면서 농가소득도 향상되었다. 또한 다랭이 마을을 방문한 관광객들이 다랭이 마을을 소개 · 홍보하는 역할도 하고 있다.

남해군의 다랭이 마을은 전술한 주민들이 새로운 마을만들기 운동의 일환으로 지역의 고유한 자원인 다랭이 논과 해안, 마을의 경관을 관광상품으로 개발한 성공적인 경우이다. 그리고 주민 · 자원 · 방문자의 지속가능성이 확립되면서 주민들의 농업활동을 포함한 마을이라는 생활공간 자체가 하나의 관광명소로 기능하고 있다.

3. 농촌관광 개발전략: 전남 함평군을 사례로

농촌관광 활성화와 관련하여 농수산부에서는 '그린투어리즘 투진계획', 행자부에서는 '아름다운 마을가꾸기 사업', 농협에서는 '팜스테이(farm stay) 운영계획' 등을 수립하여 시행하고 있으며, 전북 순창군에서는 '그린투어리즘'조례(2000년 11월)를 제정하여 시행하고 있다. 또한 농촌관광으로 성공을 거두고 있는 대표적인 사례로는 유기농법을 통한 그린투어리즘을 구현하고 있는 강원도 화천군 간동면 용호리(www.yongho.org), 갯벌을 이용한 생태관광마을인 경기도 강화군 장화리 등이 있다.

농촌관광 개발전략은 기존의 관광지 개발방식보다 많은 시간과 경비가 소요되고, 주민의 자발적인 참여가 요구되는 것이 특징이다. 특히 주민이 참여하여 만들어 가는 녹색관광은 그렇게 쉬운 작업이 아니며, 사업의 추진과정에 많은 장애요인이 있는 것도 사실이다. 주민의 인식부족, 자본 및 노하우의 부족, 참여 농가 주민의 고령화 현상, 민간자본 유치의 어려움 등이 그것이다.

따라서 농촌관광이 성공적으로 정착시키기 위해서는 지역주민의 적극적인 협력과 참여가 전제되어야 한다. 생태 · 녹색관광은 속성상 개발규모가 소규모이고, 농업 · 농가 · 농산물이 유기적으로 연계될 때 성공을 거둘 수 있기 때문이다. 이러한 측면에서 전남의 함평군을 사례로 농촌관광의 실천전략을 제안하면 다음과 같다(이정록, 2003).

1) 실천전략 사례 1: 농업적 토지이용과 농촌경관의 관광상품화 전략

농촌관광의 주요한 유형 중의 하나가 농촌경관을 관광상품으로 활용하는 방법이다. 농촌경관의 관광상품화란 가장 농촌적이고 전원적인 경관을 조성·관리하여 관광객들에게 볼거리를 제공하거나, 작물재배의 구획화와 차별화를 통해 독특하고 아름다운 경관을 만들어 방문객에게 제공하는 전략이다. 이러한 농촌경관의 관광상품화의 대표적인 유형중의 하나가 영국에서 1991년부터 시행하고 있는 전원지역 스튜어트쉽(countryside stewardship)[6]이다.

농업적 토지이용을 관광상품으로 활용하고 있는 또 다른 사례는 일본 홋가이도의 비에이마치(美瑛町)가 있다. 비에이마치는 체계적인 토지이용과 작물배치를 통해 '언덕의 경관관광지'를 만들었고, 농촌경관을 관광자원으로 개발하여 성공한 대표적인 사례로 꼽힌다.

영국의 스튜어트쉽(countryside stewardship)과 일본 비에이마치(美瑛町)의 사례는 생태·녹색관광지를 지향하는 농촌지역에서는 수용이 가능한 좋은 모델에 해당한다. 예를 들어 전남 함평군에서도 이러한 사례를 원용할 수 있다.

함평군에서는 나비축제 관광객을 위해 함평천 주변에 대규모 유채꽃밭을 조성하고, 주변의 농경지에는 자운영을 파종해 독특한 토지이용 경관을 제공하고 있다. 그러나 현재 자운영의 파종과 재배[7]는 단순히 자운영쌀을 생산하기 위한 것이지 토지이용의 경관을 관광자원으로 활용하기 위한 것은 아니다.

따라서 함평군에서는 4계절별로 특색있는 농업적 토지이용 경

6) 스튜어트쉽은 1991년부터 영국에서 시행한 것으로, 영국의 농촌경치중에서 아름다운 지점(역사적 경관, 석회암 지대의 초지경관, 저지대 구릉의 작물경관, 수변경관, 해안경관, 고지대 구릉의 농촌경관 등)의 토지이용과 작물재배를 관리한 제도이다. 아름다운 농촌경관을 보존·관리하기 위해 참여한 농가에게는 보조금을 지급하며, 일부 농촌경관에서는 직접 레크레이션 활동이 행해지기도 한다.

7) 함평군에서는 친환경농법을 통한 미질 향상을 위해 매년 자운영 파종면적(1999년 1,500ha에서 2001년 1,680ha로 증가)을 확대하고 있고, 자운영 종자를 무상으로 지원하고 있으며 자운영 재배농가에게는 직접지불 보조금(10ha당 약 56,000원)을 지원하고 있다.

관을 조성하기 위한 전략을 수립하여 토지이용의 경관을 관광자원으로 활용하는 방안을 적극 검토해야 한다. 왜냐하면 토지이용의 경관은 생태·녹색관광에서 기본이 되는 자원이기 때문이다. 실제로 함평천 주변과 손불면 주변, 그리고 월야·해보면 등지의 농경지를 인위적으로 구획하여 서로 다른 작물을 파종해 독특한 작물경관을 연출하고 조성하고, 인상적인 농촌경관을 감상할 수 있도록 인근에 경관조망지점(view-point)을 설치할 필요가 있다.

농업적 토지이용을 관광자원으로 활용하는 것은 생태·녹색관광에서 1차적인 단계이다. 그리고 우리나라에서 아직 농업적 토지이용과 농촌경관 자체를 관광자원 및 관광상품으로 활용하는 사례는 없다. 그러므로 함평군에서는 일본 비에이마치의 사례를 원용한 농촌경관의 관광상품전략이 필요하다.

이를 위해서는 일차적으로 일본과 유럽의 농촌경관 관광지에 대한 벤치마킹(bench-marking)을 통해 함평군에 적합한 모델을 설정해야 한다. 그리고 지역의 농업적 토지이용과 농촌경관의 구획(zoning), 경관조망지점의 선정 등을 위한 경관조사를 실시해야 하고, 전반적인 농경지의 작물재배치를 포함한 4계절형 경관연출계획을 수립해야 한다. 마지막으로 지역주민과 협의하여 경관조례를 제정하고, 토지이용의 규제에 따른 보조금 지불을 위해 가칭 '함평군경관관리기금'을 조성하는 것도 고려할 수 있다.

나비축제가 지역의 이미지를 '생태적으로 건강한 지역'으로 만들었다면, 농업적 토지이용을 관광자원으로 활용하는 관광개발전략은 환경과 농업, 그리고 관광이 결합된 녹색관광(green tourism)의 전형적인 모델이 될 것이다.

2) 실천전략 사례 2: 농촌관광과 장수마을의 결합전략

지역이 생태·녹색관광으로 기능한다는 것은 바꾸어 말하면,

정주환경의 건전성(health of residental environment)이 매우 양호하다는 것을 의미한다. 생태 · 녹색관광지의 이미지를 극대화시키기 위한 전략으로 「장수마을」의 지정 및 육성방안도 검토해 볼 수 있다.

함평군은 전남의 다른 농촌지역과 동일하게 인구의 노령화가 심한 지역에 속한다. 따라서 장수마을 지정을 통한 관광이미지 제고전략은 지역의 노령인구를 위한 종합복지시스템의 구축을 가능하게 해주는 효과를 제공하는 잇점이 있다.

일본의 홋카이도의 중앙부의 가미가와 분지에 위치한 다카스마치(鷹栖町)는 인구규모 약 6,000명의 작은 촌락이다. 이 지역의 노령화율은 1990년에 17.2%였고, 2000년에는 약 20%가 되었다. 그러나 다카스마치에서는 1968년부터 마을인구의 노령화가 심각하게 될 것을 예측하고, "건강하게 장수하고 3일 아프다가 죽을 수 있는 마을"이라는 기치 아래 30년 동안 주민을 대상으로 '건강만들기' 캠페인을 지속하고 있다. 이 프로그램은 주민의 '무병장수'를 위해 노인복지시설의 확충은 물론이고 노인회 활동의 활성화를 통해 지역발전에도 기여하고 있다(동북산업활성화센터, 1994).

특히 다카스마치에서는 일명 「건강호적부」라는 각종 건강진단자료기록부를 만들고, 다양한 종합건강진단제도를 통하여 일본의 대표적인 장수촌으로 발전하였다. 그리고 이러한 지역적 이미지에 의해 토마토슈스, 뇐상, 해바라기 기름 등 지역특산품이 건강식품으로 인기를 끌어 지역의 소득증대에도 크게 기여하였다. 또한 이와데현(岩手縣)의 사와우치(澤內村)촌의 경우, 주민의 '생명을 지키는 마을 만들기'를 추진하여 노인인구를 위한 보건 · 의료시스템을 강화하고 있다(동북산업활성화센터, 1994).

함평군에서도 노령화의 비율이 높고 정주환경이 양호한 일부 마을을 대상으로 '장수마을' 만들기 운동을 적극 추진할 필요가 있다. 장수마을의 지정을 통해 함평군의 무공해 농산물인 함평쌀(자운영쌀 나비쌀 등), 채소류, 과실류 등의 마케팅에도 기여할 수 있기 때문이다.

일본의 일부 지자체에서 추진하여 성과를 거둔 일명 '장수마을' 만들기 전략을 함평군에서도 수용하여, 지역의 노인복지 제고와 동시에 지역의 친환경적 관광이미지를 구축해 가는 것도 유용한 전략이 될 수 있다.

3) 실천전략 사례 3: 민박시스템의 정비 및 브랜드화

농촌관광의 정착과 활성화를 위해 가장 중요한 것은 농가민박의 활성화이다. 영국에서는 1980년 이후 농촌지역에서의 관광활동을 통한 지역경제 활성화를 도모하기 위해 '시골주말휴가' 방식, 농가에서의 캠핑과 민박, 농장휴가(farm holiday) 등이 시도되어 성공을 거두었다. 프랑스에서는 관광객에게 민가를 대여해 주는 '대가민박'제도가 정착해 있고, '지트 드 프랑스 전국연맹'이라는 프랑스 최대의 농촌민박 네트워크[8]가 결성되어, 오늘날 유럽을 방문하는 배낭 여행객이 주로 많이 이용하기도 한다.

독일에서 녹색관광이 시작된 곳은 남부의 산악지역인 바이에른 주이다. 독일의 녹색관광은 '농가에서 휴가를 보내는 사업'라는 주제로 농촌민박에서 시작되었다. 독일농업협회(DLG)에서 민박농가에 대한 품질을 인증해 주는 제도를 취하고 있다[9]. 일본 홋가이도의 경우, 농가민박의 새로운 유형으로 '팜인(farm-inn)' 네트워크를 구축하여 녹색관광을 활성화시켰다. 특히 녹색관광에서는 농가민박, 농가식당(민박지에서의 식사 제공), 농산물 판매 등

8) 지트 드 프랑스(Gites de France) 전국연맹의 홈페이지(www.gites-de-france.fr)에서 농가민박을 할 수 있다.

9) 독일농협(DLG)에서는 'Holliday on the Farm'이라는 주제로 민박네트워크(www.dlg.org)를 운영하고 있다.

이 유기적으로 연계될 때 성공할 가능성이 높다.

함평군 또한 예외가 아니다. 함평군이 친환경적 농업을 비롯하여 녹색관광의 활성화를 도모하기 위해서는 기본적으로 민박 활성화 프로그램이 전제되어야 한다. 함평군에서는 현재 50개소의 마을회관을 민박시설로 지정하여 운영하고 있지만, 마을회관의 민박활용은 커다란 성과를 거두지 못하고 있다.

그러므로 농가민박의 활성화를 꾀하기 위해서는 첫째, 함평군의 고유한 지역적 특성을 가진 민박농가를 선정하는 것이다. 그리고 이들 농가가 민박농가로 기능할 수 있도록 재정적 지원을 해야 한다. 예를 들어 가장 함평적인 특성을 가진 '베스트 민박 50개소'를 선정하여, 이들 농가를 대상으로 민박농가 모델사업을 실시할 필요가 있다. 둘째, 함평군이 자체적으로 가칭 '민박농가 협의회'를 결성하여 민박품질인증제도와 품질등급제도 등을 주관하고, 함평군의 민박농가를 새로운 '브랜드(brand)'로 만들어 홍보·마케팅하는 기능을 수행한다. 그리고 협회가 중심이 되어 민박농가에 대한 정보를 온라인상에서 검색하고 예약할 수 있는 시스템을 구축하는 전략도 고려할 수 있다. 일본 오이타현의 유후인마치(湯布院町)가 좋은 벤치마킹 대상이 될 수 있다.

4) 실천전략 사례 4: 주민 중심의 마을 만들기 운동의 전개

최근 지역발전을 위한 새로운 패러다임 중에서 많은 주목을 받고 있는 것이 지역주민의 자발적인 운동이며, 이러한 운동은 일명 「지역 만들기 운동」으로 다양하게 펼쳐지고 있다. '지역만들기 운동'이란 지금까지의 행해진 관주도 개발에서 탈피하여 지역주민들이 주도적으로 지역을 새롭게 만들고 가꾸어 가는 일종의 주민운동이다.

1980년대 미국의 중소도시에서는 '아름다운 도시 만들기 운동'

을 전개하여 도시의 특성을 살린 소규모 주거공간이 많이 건설되었고, 영국에서도 '전원도시 운동'을 전개하여 도시지역의 주거환경을 크게 개선하였다. 일본에서도 1990년대 초기부터 농어촌과 산촌지역의 활성화전략 일환으로 지역 만들기 운동을 전개하여 커다란 효과를 거두었다. 이러한 측면에서 함평지역 또한 중앙과 지방정부의 지원에 의존한 지역개발에서 탈피하여 지역주민이 직접 지역을 새롭게 만드는 주민운동을 전개하는 것도 고려할 수 있다.

(1) 아름다운 지역 만들기 운동 전개

첫 번째 전략은 「아름다운 도시만들기 운동」을 전개하는 것이다. 국도·지방도·군도를 대상으로 아름다운 도로를 만들기 위한 꽃길 조성, 지역을 상징하는 수목을 집중적으로 식재한 경관도로 조성, 자연부락 단위로 특징적인 마을경관 가꾸기 사업, 하천경관의 조성 등이 이러한 전략의 유형이다.

일본의 나가노현(長野縣)의 고부시마치(小布施町)에서 1980년대부터 추진한 '꽃의 거리 만들기 운동'이 대표적인 사례에 해당한다. 그리고 후쿠시마현(福島縣) 미하루마치(三春町)에서는 댐 건설을 기념하여 주변지역에 수양벚나무를 식재하기 위한 자금을 모금하여 '미하루마치벚꽃기금'을 만들어 일본 제1의 벚꽃마을을 조성하였다(동북산업활성화센터, 1994).

함평군 또한 지역을 동서로 관통하는 국도 1호선을 비롯하여 주요 국도와 지방도에 생태·친환경적 이미지를 상징하는 나무나 꽃[10)]을 식재하여 수려한 경관도로를 조성하여 지역적 이미지를 제고시키는 전략도 고려할 수 있다. 그리고 자연부락별로는 군화(郡花)인 목백일홍을 집중적으로 식재하여 마을경관의 아름

---

10) 현재 함평군을 상징하는 군목(郡木)은 은행나무이고, 군화(郡花)는 백일홍(목백일홍)이다.

다움을 제고시키는 것도 또 다른 방법일 수 있다.

그리고 지역주민들이 추진하는 아름다운 지역 만들기 운동을 장려하기 위한 제도적 지원으로서 조례제정도 필요하다. 예를 들어 일본 야마가다현(山形縣)의 나가이시(長井)에서는 거대한 육림조성을 위한 '숲조례'를 제정하였고, 도치기현에서는 '가도경관조례'를 제정하여 거리경관 만들기를 제도적으로 지원하였다. 그러므로 함평군 또한 주민중심의 지역만들기를 지원하는 조례제정을 통해 이러한 운동을 적극 지원할 필요가 있다.

(2) 도시민과 교류 · 소통을 위한 지역운동

두 번째 전략으로 고려할 수 있는 것은 출향한 지역민을 대상으로 가칭 '고향사랑운동'을 주민중심으로 전개하는 것이다. 왜냐하면 녹색관광의 활성화는 도시지역과 지속적인 교류를 통해 가능하기 때문이다(山崎光博外, 1993). 이러한 운동은 농협이나 지역별 번영회, 동창회, 향우회 등이 주축이 되어 출향한 지역민과 공동으로 지역발전을 위한 새로운 주민운동을 전개하는 것이 바람직하다.

지역 또는 고향에의 귀속의식을 매개로 새로운 지역만들기를 추진한 사례는 일본에서 많이 행해지고 있다. 일본 북서부 아기다현(秋田縣)의 'A턴' 캠페인이나 가상의 성만들기(天鷺城)로 유명한 아키타현의 이와기마치(岩城町), 그리고 홋카이도의 시모가와마치(下川町) 등이 대표적인 사례에 속한다(동북산업활성화센터, 1994).

이러한 사례를 원용하면, 함평군 또한 지역농산물 구입을 위한 '고향회원제도'와 같은 다양한 프로그램의 실시, '지역방문의 날' 제정을 통한 애향심 제고운동, 지역발전을 위한 가칭 「고향사람기금」의 조성 등을 통해 다른 지역으로 출향한 지역민을 지역발전에 필요한 동인(動因)으로 활용할 수 있을 것이다

(3) 주민의 자발적인 참여운동

세 번째 전략은 개발과정에 주민의 참여기회를 확대하는 전략이다. 특히 최근의 지역개발사업 추진에서는 민관의 협력체계를 강조하고 있고, 지역운동 또는 시민단체의 참여를 통한 다양한 지역개발사업을 추진하고 있다.

이를 위해서는 지역발전을 위한 주민들의 자원봉사자(volunteer) 프로그램을 적극 활용해야 하며, 각종의 시민단체(NGO)와 공동으로 주민운동을 전개하는 것이 바람직하다. 그러한 사례로서 시민단체가 중심이 되어 가칭 새로운 '지역 만들기를 위한 시민학교'를 개설하여 기획력과 행동력을 가진 자원봉사자를 교육·양성하는 것도 필요하다.

5) 농촌관광을 활성화를 위한 마을 만들기의 과제

우리나라에서는 2000년 이후 다양한 주체들이 그린투어리즘에 기초한 관광마을 만들기 사업을 추진하고 있다. 그리고 2002년부터 농수산부는 녹색농촌체험시범마을 조성사업을 시작하였다. 행정자치부에서도 지난 2001년부터 마을단위 종합개발사업이라 할 수 있는 아름마을 가꾸기 시범사업을 추진하였다. 아름마을 가꾸기 시범사업 대상마을로 선정된 대부분의 마을에서는 생태녹색관광을 주요한 추진전략으로 채택하고 있는데, 2002년에는 대상마을 선정시 9개 마을 중 6개 마을이 생태녹색관광마을 유형에 속한다.

한편 농촌진흥청은 '농촌전통 테마마을 조성사업'을 2002년부터 추진하였으며, 환경부는 생태적으로 우수한 마을을 지정하여 홍보하는 자연생태우수마을을 지정하고 있다. 자연생태우수마을의 경우는 대상마을로 지정된다고 하여 특별한 지원이 따르는 것은 아니나 우수한 생태자원은 곧 농촌관광의 상품이라는 점에서 농촌관광과 관련이 높다고 할 수 있다(박시현, 2003). 현재 전남지역에는 7개 마을[11]이 농촌전통 테마마을로 지정되어 있다.

그러나 전남지역에는 지역의 고유하고 독특한 자연자원을 바탕으로 관광마을 만들기를 시도할 수 있는 잠재력을 가진 마을이 매우 많다. 마을의 장소성·역사성·자원성 등을 고려해서 가장 경쟁력을 가진 지역은 영암군 군서면 구림마을이다. 구림마을은 436년 전통의 대동계가 현존하며, 백제 왕인박사, 신라말 도선국사, 고려초의 최지몽선생 등의 유명한 역사적 인물의 탄생지이다. 또한 고려청자와 조선백자의 시원이 되는 황토자기의 발상지로서 마을내에 대규모의 가마터가 있고, '영암도기센터'도 위치해 있다. 문화적 자원인 회사정, 국암사, 담숙제 등의 12개 누정과 전통가옥, 당산제와 구림 대동계 등은 관광객을 유인하기에 충분한 매력적 요인이다.

함평나비축제를 통해 청정한 농업지역이라는 장소적 이미지의 마케팅에 성공한 함평군의 경우, 함평만에 면해 있는 손불면의 해안취락은 황토·갯벌·청정농업 등을 자원으로 관광마을 만들기를 시도할 수 있는 대상지이다.

장흥군의 경우, 600년간 장흥위(魏)씨가 살아 온 집성촌으로 마을 전체가 한옥으로 구성된 관산읍의 방촌마을, 청정해역 득량만의 청정해역과 서울의 정남진에 해당하는 해안도로를 포함한 안량면 수문리 일대, 소설가 한승원의 '물보라'와 '포구'의 무대인 회진읍의 회진포구 등지는 관광명소로 만들 수 있는 마을

11) 2002년에 지정된 광양도선국사마을(광양시 옥룡면 추산리), 2003년의 여수돌산갓장터마을(여수시 돌산읍 율림리 대율마을), 구례다무락마을(구례군 구례읍 계산리), 2004년에 지정된 곡성하안마을(곡성군 죽곡면 하한리), 강진대월마을(강진군 성전면 대월리), 무안복용마을(무안군 무안읍 복용리), 장흥평화마을(장군군 장흥읍 평화1구) 등이 있다.

이다.

또한 1997년부터 친환경농업을 도입하여 마을활성화를 꾀하고 있는 강진군 옴천면 영상리, 다원의 농촌경관과 녹차를 자원으로 하는 보성군 회천면 일대, 소설 '태백산맥'의 무대로 전형적인 분지형 지세를 이루는 보성군 웅치면 일대, 염전을 자원으로 하는 영광군 염산면 봉남리 일대, 나주배를 자원으로 하는 나주시 금천면과 노안면 일대의 과수취락, 수려한 섬진강변에 위치한 우리나라 최대의 매실 생산지인 광양시 다압면 매화마을, 산수유 마을로 잘 알려진 구례군 산동면 상위마을 등지는 관광마을 만들기에 유리한 자원을 보유한 지역이다.

관광마을 만들기 전략은 지역주민이 주체가 되어 지역의 독특한 자원을 바탕으로 관광객을 유인하여 관광명소로 만드는 새로운 유형의 연성관광(soft tourism)이며, 국내외적으로 녹색 및 생태관광의 형태로 구현되는 사례가 많다.

따라서 고유한 문화와 전통, 그리고 청정의 농촌환경과 아름다운 농촌경관을 보유한 전남지역은 관광마을 만들기에 적합한 지역이다. 특히 관광마을 만들기가 추구하는 궁극적인 목표가 관광명소를 만드는 것이 아니라 과소되고 침체되는 거주공간에 대한 주민들의 긍지와 자부심을 제고시키고 이를 통해 주민의 삶의 질을 향상시키는 것이다(延藤安弘, 1990). 그러므로 과소화·노령화되는 전남지역의 농촌을 고려하면, 관광마을 만들기는 전남지역에서 적극 추진할 필요가 있는 지역활성화의 대안적 접근이 될 수 있다.

참고문헌

강신겸·김정연 옮김, 1997, 녹색관광, 일신사
김범수·오미숙 옮김, 2003, 그린 투어리즘과 일본의 농촌, 일신사.

김성진・김현, 2002, 녹색관광 활성화 방안, 정책연구 2002-05, 한국문화관광정책연구원.

박시현, 2003, "농촌관광을 통한 지역경제 활성화", 국토, 263호, pp. 18-30.

이응진, 2004, 그린 투어리즘의 분석, 집문당.

이정록 외, 1998, "지역문화의 문화관광 활성화 방안에 관한 연구", 현대사회과학연구, 제9권, pp. 315-336.

이정록, 1998, "광주・전남지역 관광자원 및 관광환경의 특성분석", 지리학연구, 제32집 4호, pp. 67-86.

이정록, 2003, "지역발전을 위한 생태・녹색관광 전략: 전남 함평군을 사례로" 지역개발연구, 전남대학교 지역개발연구소, pp. 31-53.

이정록, 2003, "함평나비축제 관광객의 행태적 특성: 제4회 축제를 사례로", 한국경제지리학회지, 제6권 제2호, pp. 339-354.

임주환・김종은・양덕희 공역, 2001, 지역발전에의 접근과 지속가능한 관광, 백산출판사.

東徹外, 1999, 持續可能な觀光と地域發展へのアプローチ, 泉文堂.

伊藤昭男, 1997, "持續的觀光開發と地域發展: 北海道上川郡美瑛町を事例として", 北見人學論集, 第38卷, 北海學園北見大學, pp. 85-100.

山崎光博, 小山善彦, 大島順子, 1993, グリーン・ツーリズム, 家の光協會.

西村幸夫, 2002, "まちの個性を活かした觀光まちづくりを考える", 『新たな觀光まちづくりの挑戰』, ぎょうせい, pp. 16-32.

延藤安弘, 1990, まちづくり讀本 唱文社.

望月照彦, 2002, "人々か喜んで集まり交流するまちづくり", 新たな觀光まちづくりの挑戰, ぎょうせい, pp. 33-57.

(社)日本觀光協會, 1999, 觀光地づくりの實踐 1・2・3, 丸井工文社.

日本綜合研究開發機構, 1999, 協同を活かした地域づくり政策づくり, 地方シンクタンクフォーラム資料.

(財)北京産業活性化センタ, 1994, ソフトインフラ, 日本地域社會研究所.

Williams, S., 1998, *Tourism Geography*, London, Rouledge.

CHAPTER 8

관광개발과 지역정책

관광과 여가활동이 현대인의 생활에서 중요한 부문을 차지하고 있고, 관광산업이 고용과 소득증대에 커다란 파급효과를 제공하기 때문에 관광산업을 육성하기 위한 다양한 정책적 논의가 활발하게 이루어지고 있다.

관광개발 및 진흥전략은 뚜렷한 산업자원이 없는 지역에서 지역의 경제발전을 위한 수단으로 많이 채택하고 있는 정책적 수단중의 하나이다. 또한 다른 지역개발전략에 비해 리스크 관리가 비교적 용이할 뿐만 아니라 지역경제 활성화에 대한 파급효과가 매우 높은 것으로 인식되고 있다(이정록, 2005).

그래서 국내외를 막론하고 대부분의 지역에서는 관광지 개발을 중요한 지역개발사업으로 시행하고 있다. 특히 지역의 경제구조에서 제조업의 비중이 낮아 지역경제의 활성화가 어려운 지역에서는 상대적으로 관광산업을 통한 지역발전에 커다란 기대를 걸고 있고, 관련산업의 투자를 위해 심혈을 기울이고 있는 것이 사실이다.

이 장에서는 관광개발을 위한 지역정책의 수립 필요성을 살펴보기 위하여 우리나라 남해안의 중앙부에 위치한 광양만・진주권(전남 동부와 경남 서부 지역)이 보유한 관광자원성의 잠재력과 개발의 필요성을 살펴보고, 성공적인 관광개발을 위한 정책적 과제를 제시하려고 한다. 이 장에 소개된 내용은 남해안 관광의 거점개발을 위한 실천전략(이정록, 2005)의 연구성과를 바탕으로 재구성한 것이다.

1. 남해안 관광개발과 관련한 관광여건의 변화

1) 국내 관광여건과 환경의 변화

국내의 관광환경에서 가장 큰 변화는 주5일 근무제의 시행에 따른 국민 여가시간의 확대, 웰빙(well-being)으로 대표되는 국민들의 복지에 대한 관심 증가와 새로운 유형의 관광활동(체험·문화·생태 등) 중시, 이동성의 증대에 따른 관광시장의전국화 및 세계화, 중앙정부와 지자체 주도의 관광자원 개발에 따른 관광목적지의 다양화와 경쟁 등으로 요약될 수 있다(그림 8-1 참조).

주5일 근무제의 실시는 여가 활용 가능시간의 증대로 귀결되어 과거 시간적 제약으로 인하여 일반 근로자들이 영위하지 못했던 다양한 문화 및 관광행동을 가능하게 하고 있다. 그리고 기존에 행해진 국민 관광패턴의 대량 변화와 공간범위의 확대가 나타나 관광여건이 크게 변화하고 있다. 이러한 변화는 남해안 관광개발에 긍정적·기회요인으로 작용할 개연성이 크다.

오늘날의 관광은 기존의 주요 관광지를 연계한 주유형 관광에서 특정한 관광지를 거점으로 주변의 관광지를 방문하는 허니포트형의 체류형 관광이 중시되고 있다. 또한 생태·문화·체험

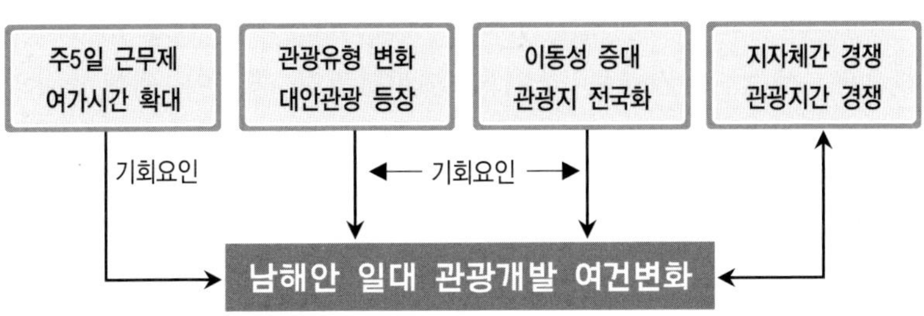

〈그림 8-1〉 국내관광의 여건변화와 남해안 관광개발 관계(자료: 이정록, 2005)

등의 관광유형이 새롭게 강조되고 있고, 여가시간을 많이 갖는 고령자 인구의 증대, 농촌경관과 해양경관 중심의 휴양·보양형 관광도 등장하고 있다. 또한 여가시간의 증대, 고속철도와 국도의 건설에 따른 전국 1일 생활권, 이에 따른 이동성의 증대로 전국적인 관광수요를 견인할 수 있는 관광지가 출현하게 되었다. 이런 특징은 자연적·문화적 관광자원을 보유한 남해안 관광개발에 긍정적인 요인으로 작용하고 있다.

그러나 전국 지차제들의 관광중심 지역정책의 전개, 민간자본 중심의 대규모 관광지 개발, 지자체 및 관광목적지 사이의 치열한 경쟁 등은 관광시장적 관점에서 상대적으로 불리한 남해안의 관광개발에 위협요인으로 작용하고 있다. 그리고 이런 현상은 민간자본들의 강원도·경기도·제주도 중심의 관광개발에서 그대로 나타나고 있다.

2) 동북아 관광환경과 여건의 변화

우리나라를 포함한 동북아 경제권에서 나타난 관광환경의 가장 큰 변화는 관광목적지로서의 중국시장의 등장과 중국인의 해외관광 증가를 첫째로 꼽을 수 있다. 특히 관광목적지로서 중국의 역할이 증대되어 세계 각국에서 많은 관광객이 방문하고 있다.[1)]

또한 중국인의 해외관광시장은 매년 평균 20% 이상 성장하고 있으며, 세계관광기구는 늦어도 2020년까지 중국이 세계 4위의

---

1) 2001년 PATA의 회장(Peter de Jong)은 「세계관광의 추세」라는 세미나에서 "아·태지역은 세계에서 가장 빨리 성장하고 있는 지역으로, 인구증가면에서나 경제면에서 모두 급성장을 하고 있으며, 세계 관광객의 약 60%가 방문하고, 세계관광 총수입의 약 40%를 차지하고 있다"고 발표하면서 중국이 가진 인바운드 시장(2000년 기준 세계시장의 18%)을 강조했다.

해외관광 수출국으로 성장할 것으로 예측하고 있다. 2004년의 경우, 약 2,500만 명의 중국인들이 해외관광에 참여할 것으로 예상되며, 올 1~5월간 해외로 떠난 중국인 관광객 수는 1,117만 명으로 2002년과 2003년 동기대비 각각 58.9%와 81.6% 증가한 수치로 역대 최고 수준을 보이고 있다. 이들의 과도한 관광지출액 또한 해외 관광업계의 주목을 끌고 있다.

중국관광의 활성화로 오는 2010년 아태지역의 국제관광 규모는 약 1,500억불에 이를 것으로 전망되며, 우리나라를 방문하는 외래관광객(2002년 현재)을 보면, 일본이 전체 입국자의 43.4%를 차지하며, 연간 약 200만 명이 우리나라를 방문하고 있다. 이들의 약 60%는 재방문 관광객으로 우리나라의 관광지 및 관광자원에 대한 경쟁력을 반영하고 있다. 중국 관광객은 전체의 10.1%인 약 54만 명이 입국하였다. 그러나 중국은 안정된 경제성장과 한류 열풍의 영향으로 우리나라를 방문하는 관광객은 꾸준히 증가하고 있다.

중국·일본·우리나라 사이에 관광객 이동이 활발해 짐에 따라, 동북아 관광권 형성 및 연계구축 방안에 대한 논의가 최근 강조되고 있다. 동북아 관광권은 유럽의 남동 잉글랜드와 프랑스 북부지역간의 경우처럼 주요 관광지 및 해안도시를 중심으로 초국경적 협력이 가능하다. 그러나 관광권 구축을 위해서는 공로와 해로를 통한 국제적 교통네트워크가 전제되어야 한다. 중국-한국 남해안-일본을 연결하는 초국적 해양관광루트의 개설과 해상 크루즈의 운영이 좋은 대안이 될 수 있다.

특히 우리나라 남해안은 일본 및 중국의 해안경관과는 차별적인 독특한 경관을 보유하고 있기 때문에 중국·우리나라·일본을 연결하는 해상 크루즈의 개설은 남해안의 관광개발에 획기적인 전환점을 제공할 수 있고, 중국과 일본 관광객을 대상으로 하는 관광거점의 개발 또한 가능하다. 또한 중국경제의 중심지역인 상해와 지리적으로 인접한 남해안은 중국 관광객의 유치에 유리한 지리적 위치성을 가지고 있다.

2. 남해안 관광개발의 잠재력

1) 남해안 관광자원의 특징과 문제점

(1) 입지적 특성

전남의 동부와 경남의 서부에 해당하는 광양만 · 진주권은 우리나라 5대 관광권 24개 소권중에서 서남관광권의 남다도해권과 동남관광권의 한려해상권에 포함되는 지역이다. 권역 내에는 사천공항과 여수공항이 위치하고, 대전-통영 고속국도의 일부구간 개통으로 수도권과의 접근성이 향상되고 있다.

동북아 경제권의 등장은 3면이 바다인 우리나라로 하여금 새로운 국토개발의 전환을 요구하고 있는데, 그것은 기존의 "X자축" 개발에서 서해안, 남해안, 동해안을 연결하는 "U자형"의 개발전략이며, 중앙정부에서도 국토의 해양지향적 공간구조의 구축을 강조하고 있고, 이러한 개념은 제4차 국토종합개발계획에 그대로 반영되어 있다.

서해안과 동해안 개발벨트를 연결하고, 환황해 경제권과 환동해 경제권을 연결하는 U자축의 중앙에 광양만 · 진주권을 포함한 남해안 지역이 위치하고 있으며, 이 지역은 목포-광양-부산을 연결하는 남해안 개발벨트의 중심도시에 해당하고, 환태평양시대에서 동북아 경제권, 동남아 경제권의 물류중심지역으로 기능할 수 있는 매우 유리한 지정학적 위치를 점하고 있다.

이러한 지정학적 위치성 뿐만 아니라, 광양만 · 진주권은 우리나라 남해안의 중간지점에 위치하여 환태평양에 열려 있으며,

일본과는 해로뿐만 아니라 공로를 통해 연결이 가능하며, 중국, 동남아시아까지 포함하여 동북아시아권의 관광수요를 수용할 수 있는 유리한 지리적 장점을 보유하고 있는 지역이다.

이 지역은 제4차 국토종합개발계획에서 제시한 환동해축과 환황해축의 중간에 위치한 남해안축에 해당한다. 특히 남해안의 수려한 다도해 해상경관을 바탕으로 전남과 경남이 공동개발이 가능한 중간적 위치성을 확보하고 있으며, 또한 관광개발을 매개로 영남과 호남의 '화합 및 통합의 공간'으로 기능할 수 있는 장소적 상징성도 확보하고 있다.

(2) 관광지 및 관광자원의 현황

광양만 · 진주권은 지리산 국립공원, 한려해상 국립공원, 다도해해상 국립공원 등의 3개 국립공원을 보유하고 있고, 순천시의 조계산 도립공원, 고흥군의 팔영산 도립공원, 하동군의 고소성 군립공원, 사천시의 봉명산 군립공원, 남해군의 호구산 군립공원 등의 내륙 · 해양형 관광자원이 풍부하게 분포하고 있는 것이 특징이다. 특히 연중 온화한 기후, 수려한 산악 및 해상경관, 내해

〈표 8-1〉 광양만 · 진주권에 위치한 주요 국립, 도립, 군립공원 현황

구 분	공원명	위 치	면적(km^2)	지정년월일
국립공원	지리산	전남북, 경남	440.52	1967. 12. 29.
	한려해상	전남, 경남	510.32	1968. 12. 31.
	다도해해상	전남	2,341.36	1981. 12. 23.
도립공원	조계산	전남 순천시	27.380	1979. 10. 16.
	팔영산	전남 고흥군	9.881	1998. 8. 4.
군립공원	호구산	경남 남해군	6.584	1983. 11. 12.
	고소성	경남 하동군	3.144	1983. 11. 12.
	봉명산	경남 사천시	2.645	1983. 11. 12.

자료: 전라남도, 경상남도, 2003, 통계연보

(內海) 같은 청정한 바다, 다수의 도서와 도서경관 등이 이 지역을 대표하는 관광자원성이다.

지역에 분포하는 주요 관광지는 한려해상 국립공원과 관련된 해양형 관광자원을 제외하면, 대부분 산악형 자원이 주류를 이루고 있다. 현재 관광지로 지정되어 관광관련 인프라의 확충과 관련된 시설투자가 가능한 지구로는 고흥군의 성두도, 광양시의 성불·부저지구, 진주시의 오목내, 남해군의 송정·석교지구, 사천시의 선진·서포지구 등으로 관광지로 지정된 지구는 많지 않다. 최근 광양만경제자유구역으로 지정된 여수시 화양지구가 민자유치를 통해 대규모 해양복합리조트 성격의 관광지구로 개발되고 있다.

전술한 자연적, 문화적 관광자원 외에도 사회적 관광지 및 관광자원이 비교적 많이 분포하고 있다. 여수시의 국가산단, 광양

〈표 8-2〉 지역의 주요 관광지 및 관광자원

구 분	주요 관광지 및 관광자원
여수시	영취산, 오동도, 향일암, 무술목유원지, 거문도, 백도, 방죽포해수욕장, 사도해수욕장, 만성리해수욕장, 거문도 해수욕장
순천시	조계산, 순천만갈대, 송광사, 선암사, 낙안민속마을, 주암댐
광양시	백운산, 섬진강, 중흥산성, 옥룡대, 광양제철소, 광양컨부두
고흥군	팔영산, 성두도, 소록도, 나로도, 내발해수욕장, 철새도래지, 나로도우주센터, 능가사, 성두도
보성군	보성다원, 율포해수욕장, 문학공원(소설태백산맥), 용암지구
구례군	지리산, 피아골, 노고단, 섬진강
진주시	오목내유원지, 진양호, 진주성, 촉석루, 주박물관, 개천예술제
남해군	금산, 상주해수욕장, 송정해수욕장, 송남해수욕장, 남해대교, 노량해협, 화방, 창선대교 등
사천시	비토관광지, 남일대 유원지, 실안, 와룡산, 모충공원
하동군	섬진강, 쌍계사, 고소성유적지, 청학동, 평사리(토지문확관)

자료: 전라남도, 경상남도, 2003, 통계연보

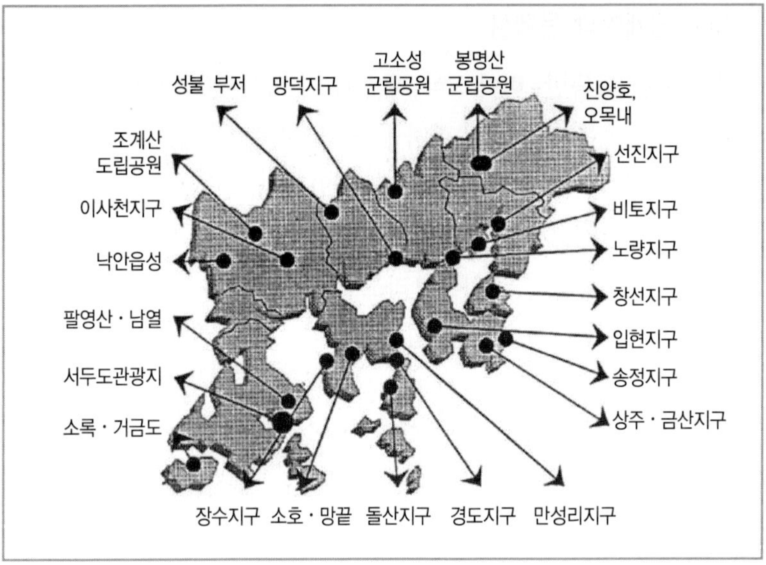

〈그림 8-2〉 광양만 · 진주권의 주요 관광개발 대상지(자료: 이정록, 2005)

시의 광양제철소와 광양컨테이너부두 등이 있고, 돌산대교와 남해대교 등 수려한 해상경관을 배경으로 건설된 교량도 관광자원으로서의 가치성을 보유하고 있다. 또한 충무공과 관련한 문화적 관광자원도 해양형 관광자원과 함께 지역의 관광자원성을 제고시키고 있다.

지역의 관광자원은 해양형으로서 주로 다도해해상 국립공원에 집중적으로 분포하고 있고, 관광개발이 상대적으로 지연되었기 때문에 대규모 관광거점단지의 개발에 필요한 부지확보의 용이성, 훼손되지 않은 자원의 관광상품성 등은 유리한 요인이다. 그러나 이들 관광지 및 관광자원은 우리나라 주요 관광공급지인 수도권과의 지리적 원격성과 낮은 접근성으로 인하여 강원지역에 비해 관광세력권이 크지 않은 것이 문제점으로 지적되고 있다.

(3) 관광개발의 문제점

남해안은 독특한 리아스식 해안과 수려한 해상경관, 연중 온화한 기후, 독특한 역사문화자원 등의 관광특성을 가지고 있다. 그러나 광양만·진주권 일대의 남해안은 많은 문제점을 가지고 있으며, 이러한 문제점은 관광공급지와의 지리적 원격성, 민간투자의 상대적 지연과 격차, 그리고 개발격차(development-lag)의 누적적 악순환으로 규정할 수 있다.

첫째, 관광시장과의 지리적 원격성이다. 주요 관광수요의 공급원으로 기능하고 있는 수도권과 지리적으로 멀리 떨어져 있고, 접근성 부족으로 인해 안정된 관광수요를 견인하지 못하였으며, 이런 특징은 민간자본이 투자된 대규모 관광지 개발을 지연시키는 요인이 되었다. 즉, 수도권과의 상대적 위치성이 가진 한계라 할 수 있다.

둘째, 관광객을 위한 각종 관광인프라가 부족하다. 수려한 자연경관에도 불구하고, 숙박·위락시설 등 관광객 이용시설이 부족하여 관광지로서의 매력이 감소하였다. 특히 체류형 관광객을 견인할 수 있는 대규모 리조트형 관광지 개발이 지연되어 관광지로서의 흡인력을 증대시키지 못하였다. 또한 권역내 연계망 및 진입도로의 미비 등으로 관광자원의 효용성이 결여되었다.

셋째, 관광자원의 다각화·상품화 노력이 미흡하였다. 권역 내의 한려해상과 지리산 국립공원 등 산악과 해양형 관광자원을 연계하고 상호 기능을 보완할 수 있음에도 불구하고, 주로 하계형 관광지 개발 및 하계 관광객 유치로 인해 관광지의 다각화에 실패했다. 강원도와 달리 권역 내에 산재해 있는 다양한 관광지와 관광자원을 연계할 수 있는 관광루트를 포함한 관련 프로그램도 결여되었다.

넷째, 지역을 대표적인 관광이미지를 만들고 홍보하는데 실패했다. 수려한 한려해상의 자연경관을 보유하고 있었지만, 지역의 관광이미지를 확립하지 못했다. 특히 거점관광지 개발의 부재 및 상대적 지연이 관광이미지 형성에 중요한 영향을 미쳤다. 그리고 제주도 · 강원도와 차별화를 시도하는데 실패했다.

다섯째, 관광지 개발에 대한 민간자본의 투자유치를 포함한 종합적 관광개발계획의 수립이 매우 늦게 행해졌다. 1990년까지 권역 내에는 리조트 관련 민간자본의 투자가 전무하였다. 또한 민간자본의 투자가 지연됨에 따라 지자체별 소규모 분산 개발이 행해지게 되었고, 그 결과 거점기능을 수행하는 관광지를 보유하지 못하게 되었다. 즉, 관광거점(honey-port)에 대한 민자투자의 유치 실패는 관광지 개발의 결정적인 문제가 되었다. 또한 행정구역을 초월한 광역적 관광계획은 1999년의 남해안관광벨트개발계획이 최초였다.

2) 남해안 관광거점개발의 SWOT분석

한반도의 최남단에 위치한 남해안 지역은 리아스식 해안의 독특한 해상경관과 연중 온화한 기후조건을 가지고 있고, 일본 및 중국과 지리적으로 인접하여 초국적 해상관광루트의 설정(일본~남해안~중국 동부연안)이 가능하기 때문에 대규모 관광지 개발 또는 동북아의 해양형 거점관광단지 조성을 위한 개발잠재력이 풍부하다(그림 8-3 참조).

광양만 · 진주권 일대의 남해안은 우리나라 신국토전략에서 환태평양권을 지향하는 남해안축의 중앙부에 해당하는 지역으로, 한 · 중 · 일 연계관광의 거점역할이 가능한 지리적 위치성을 확보하고 있고, 또한 국내적으로는 영남과 호남의 점이지역으로서 '동서화합의 정치'를 추구할 수 있는 위치성을 가지고 있다.

그리고 향후 수도권 및 부산권과 접근 인프라가 정비 · 확충되

강점
- 연중 온화한 기후조건
- 수려하고 독특한 다도해 해상경관
- 개발가용지 확보 가능성
- 해양형 관광, 대안관광의 선호

약점
- 관광자원의 다각화 부족
- 주요 관광시장과의 낮은 접근성
- 민자투자 부진과 거점단지 미형성
- 관광이미지 구축 실패

기회요인
- 주요 관광시장과의 접근성 개선
- 한중일 해상관광루트 구축 가능성
- 동서의 화합정치 실현 가능 지역
- 한류열풍으로 중일 관광객 증가

위협요인
- 권역내 지차제간 중복투자와 경쟁
- 관광인프라 부족에 따른 민자투자의 역류효과 심화 가능성
- 제주도, 서해안, 동해안과의 경쟁

〈그림 8-3〉 광양만 · 진주권 일대 남해안의 SWOT분석(자료: 이정록, 2005)

면, 국내 최대의 해양성 복합리조트를 개발할 수 있는 잠재력이 매우 높으며, 특히 독특한 해양형 관광자원과 미개발된 자연공간이 광범위하게 분포하기 때문에 '자연 · 해양 · 인간의 교류와 조화'를 추구하는 21세기형 리조트 개발에 매우 부합되는 지역이 바로 남해안 일대이다.

또한 관광부문이 지역경제에서 차지하는 비중이 증대됨에 따라 대규모 관광지 개발 또는 관광개발에 필요한 각종의 인프라 구축을 통한 지역관광의 진흥이 가능하며, 관광개발을 통한 지역경제의 파급효과를 극대화시킬 높은 잠재력을 가지고 있다. 왜냐하면 거점 역할을 수행할 대규모 관광지 개발의 부재로 인해 지역의 관광잠재력을 발굴하고 상품화하는 데 한계가 있었기 때문이다.

특히 내국인과 외국인을 상대로 해양 · 문화관련 목적형 관광, 예를 들어 최근 등장하고 있는 대안관광(alternative tourism)의 유형인 문화 · 생태 · 실버 · 경관관광 등을 수용할 수 있는 거점관광

지를 개발하고, 거점관광지와 주변의 관광자원과 연계성을 높이는 관련 프로그램을 도입하여 시행할 수도 있다. 이러한 개발의 전제조건이 충족되면, 수도권 및 동남권과 멀리 떨어져 있어도 강원도와 제주도와 비교해 매력적·차별적인 관광지로서의 기능을 수행할 수 있을 것이다.

3. 남해안 관광벨트 개발계획의 특징과 문제점

1) 개발계획의 전제적인 특징

남해안 관광벨트 개발사업은 정부가 추진 중에 있는 국책사업으로, 부산과 경남, 전남지역을 포괄한다. 남해안을 국제적인 수준의 관광거점으로 개발하려는 목적으로 2000년 남해안관광벨트 개발계획을 시작하여 2009년을 목표로 추진 중에 있다. 대상지역은 부산광역시·전남·경남의 남해안에 접한 24개 시·군이다. 남해안 관광벨트 사업은 4개 권역, 즉 부산도시관광권, 경남 충무·사천 중심의 해양레저스포츠권, 전남 여수·고흥 중심의 종합휴양관광권, 그리고 목포 중심의 역사문화관광권 등이 그것이다(그림 8-4 참조).

남해안 관광벨트 개발사업의 목적은 남해안을 국제적 수준의 관광거점 지역으로 개발하고 외자유치를 하여 국가경제 발전과 지역경제 활성화 기여, 관광지 연계개발을 추진함으로써 개발의 시너지 효과 제고, 새로운 해양지향적 국토개발축의 형성을 위한 기반 조성, 영·호남을 연결하는 관광개발사업의 추진을 통한 동서화합의 유도 등이다.

남해안 관광벨트 개발사업에서 지정된 사업수는 총 71개이며,

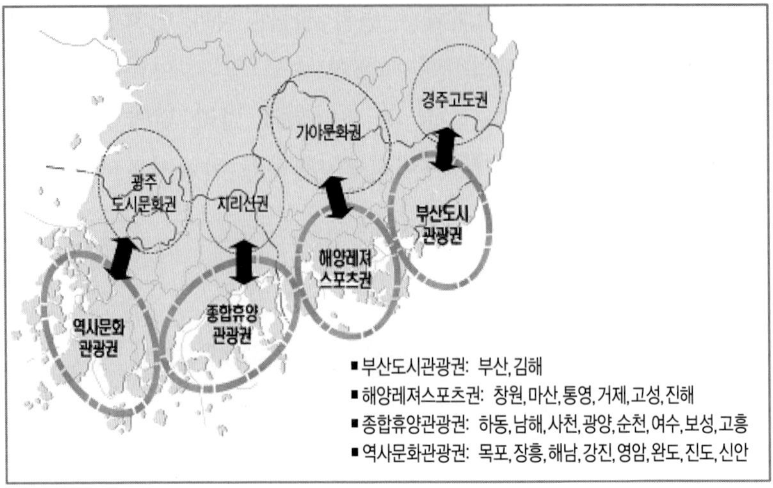

〈그림 8-4〉 남해안 관광벨트 사업의 개발권역(자료: 문화관광부, 2004)

〈표 8-3〉 남해안 관광벨트 개발사업의 현황 (단위: 개, %)

구분		전체사업	1단계('00~04)	2단계('05~09)
사업성격	소 계	71 (100.0%)	53	18
	거점/부거점	8 (11.2%)	7	1
	연계사업	63 (88.7%)	46	7
행정구역	소 계	71 (100.0%)	53	18
	부산광역시	6 (8.5%)	4	2
	경상남도	28 (39.4%)	21	7
	전라남도	37 (52.1%)	28	9
사업유형	소 계	71 (100.0%)	53	18
	관광지	52 (73.2%)	38	14
	문화재	19 (27.8%)	15	4

자료: 문화관광부, 2004, 남해안 관광벨트 개발 변경계획

유형별로는 관광지 개발사업 52개소, 문화재정비·복원사업 19개소이다. 그리고 단계별로는 1단계(2000-2004년) 개발사업 53개(74.6%), 2단계(2005-2009년) 개발사업 18개(25.4%)로 구성되어 있다.

사업 성격별로는 거점 · 부거점 사업이 8개, 연계사업이 63개이며, 시도별로는 부산광역시 6개, 경남 28개(39.4%), 전남 37개(52.1%) 등이다(표 8-3 참조).

남해안 관광벨트 개발계획에서 확정된 총 사업비는 50,432억원으로, 재원별로는 국비 6,620억원(13.1%), 지방비 8,275억원(16.5%), 민자 35,537억원(70.4%)으로, 전체 개발사업에서 민간자본이 차지하는 비율이 매우 크다. 관광개발사업에서 민간자본의 비중이 큰 것이 일반적인 특징이지만, 이러한 속성이 개발사업의 성공과 실패를 좌우하는 결정적인 요인이 된다. 단계별로는 1단계 사업에 43,559억원(전체의 86.4%), 2단계에 6,873억원(전체의

〈표 8-4〉 지역별 · 단계별 투자계획 (단위: 억원)

구 분	총투자계획(2000~2009)				
	총 사업비	공공			민자
		계	국비	지방비	
합 계	50,432	14,895	6,620	8,275	35,537
부산시	16,502 (100.0)	3,165	1,463 (8.9)	1,702 (10.3)	13,337 (80.8)
경 남	17,691 (100.0)	5,257	2,482 (14.0)	2,775 (15.7)	12,434 (70.3)
전 남	16,239 (100.0)	6,473	2,675 (17.5)	3,798 (22.4)	9,766 (60.1)

구 분	1단계(2000~2004)					2단계(2005~2009)				
	총 사업비	공공			민자	총 사업비	공공			민자
		계	국비	지방비			계	국비	지방비	
합 계	43,559	12,431	5,801	6,630	31,128	6,873	2,464	819	1,645	4,409
부산시	15,909	2,932	1,388	1,544	12,977	593	233	75	158	360
경 남	15,624	4,443	2,123	2,320	11,181	2,067	814	359	455	1,253
전 남	12,026	5,056	2,290	2,766	6,970	4,213	1,417	385	1,032	2,796

자료: 문화관광부, 2004, 남해안 관광벨트 개발 변경계획

13.7%)이 투자될 예정이다. 1단계 사업의 재원별로는 국비 5,801억원(13.3%), 지방비는 6,630억원(15.2%), 민자가 31,128억원(71.4%)이다(표 8-4 참조).

남해안 관광벨트 개발사업에서 예산배분의 지역별 특징을 보면(표 8-4 참조), 부산시가 1조 6,502억원으로 전체의 32.7%, 경상남도가 1조 7,691억원(전체의 35.1%), 전라남도가 1조 6,239억원(전체의 32.2%)을 차지하고 있다. 개발사업비의 배분은 지역별로 거의 균등하게 배분된 것이 특징이다.

부산과 경남은 관광개발과 관련된 인프라가 확충되어 있기 때문에 민자투자의 비율이 상대적으로 높은 반면, 전남은 인프라가 부족하여 민자투자의 유치가 어려울 것으로 예상하고 국비와 지방비의 비율을 상대적으로 높게 계획하였다. 그러나 지역의 경제적 상황을 고려하면, 전남의 지방비 투자액은 너무 많다.

남해안 개발벨트 71개 사업에 대한 총투자액(2003년 8월 말 현재)은 5,946억원으로 전체 계획투자비(50,432억원)의 11.8%에 해당하는 금액이다. 재원별로는 국비 2,980억원(50.1%), 지방비 2,581억원(43.4%), 민자 385억원(6.5%) 등이다. 그리고 1단계 사업만의 투자실적은 총 계획투자비의 13.7%로, 재원별 실적은 국비 51.4%, 지방비 38.9%, 민자 1.2% 등이다. 현재까지 국비 지원실적은 총 투자계획 5,801억 원 중에서 2,980억원이 지원되어 국비 투자실적(지원실적)은 51.4%에 달한다. 그러나 실제 집행액은 지원금액의 64.4%로 약 35.6% 정도가 집행되지 않고 있다.

한편, 주5일 근무제의 도입, 대전-진주 고속도로의 개통, 일부 사업지구의 토지이용규제(수산자원보호구역, 국립공원), 재원조달 미흡, 사업비 부족 등으로 개발이 지연되고 있기 때문에 개발계획의 효과적인 추진을 위해 2004년 7월 수정계획을 마련하였다. 사업변경의 내역을 보면, 총 71개 사업을 64개 사업으로 축소하였다.

2) 개발계획의 주요 문제점

남해안 관광벨트 개발사업의 첫번째 문제점은 71개 개발사업의 대부분이 단위사업 성격의 관광지 개발에 한정되어 있다는 점이다. 그 결과, 관광객을 유인하고 관광지간의 접근체계를 강화시킬 수 있는 인프라 투자가 선행되지 못함에 따라 관광개발의 지역내 파급효과를 극대화시키지 못하는 한계를 노정시킬 수 있다. 즉, 개별적인 '점개발'로 행해진 관광지들간의 상호 보완성과 연계성을 강화하여 '면(surface)차원'의 관광지역(area)과 관광지대(belt)로 발전시켜야 함에도 불구하고, 개별적인 관광지 개발에 중점을 두었다. 전남지역의 경우, 서남해안을 연결하는 해안일주도로(국도 77호선)와 일부 해안도로에 대한 개발이 상대적으로 지연되는 결과를 초래하고 있다.

〈표 8-5〉 제1단계 사업 지역별 유형별 투자실적 (단위: 억원)

구분	투자계획(2000-2009)				
	총사업비	공공			민자
		계	국비	지방비	
소계	43,559	12,431	5,801	6,630	21,128
부산	15,909	2,932	1,388	1,544	12,977
경남	15,624	4,443	2,123	2,320	11,181
전남	12,026	5,056	2,290	2,766	6,970

구분	투자실적(2003.8월)					계획대비 투자실적 비율(%)				
	총사업비	공공			민자	총사업비	공공			민자
		계	국비	지방비			계	국비	지방비	
소계	5,946	5,561	2,980	2,581	385	13.7	44.7	51.4	38.9	1.2
부산	473	473	214	258	0	3.0	16.1	15.4	16.7	0.0
경남	3,353	3,103	1,651	1,452	252	21.5	69.9	77.8	62.6	2.3
전남	2,118	1,985	1,115	870	133	17.6	39.3	48.7	31.5	1.9

자료: 문화관광부, 2004, 남해안 관광벨트 개발 변경계획

둘째는 투자배분의 지역간 차별성이다. 〈표 8-5〉에 제시된 것과 같이, 단계별 투자배분액에서 전남과 부산·경남간에는 큰 차이가 있다. 즉, 부산은 전체 사업의 96.4%(1조 5,909억원), 경남은 88.3%(1조 5,624억원)가 제1단계에 각각 배분된 반면, 전남은 전체의 74.1%(1조 2,026억원)가 배분되었다. 그 결과 전남지역의 관광개발은 부산 및 경남보다 상대적으로 지연될 개연성이 매우 높다.

셋째는 투자실적의 지역간 차이가 나타나고, 특히 국비지원이 경남에 집중되었다는 점이다(표 8-5 참조). 제1단계 사업의 투자실적이 경남에 집중된 방면, 전남과 부산은 상대적으로 저조한 상태이다. 2003년 8월까지 투자된 총사업비의 56.3%인 3,353억원이 경남에 투자되었고, 전남은 35,6%인 2,118억원으로 상대적 비중이 적다. 그리고 계획대비 투자실적을 보면, 경남은 69.9%인 반면, 전남은 39.3%로 상대적으로 적다.

특히 국비의 투자실적은 경남이 77.8%인 반면, 전남은 48.7%로서 거의 절반 수준에 머물고 있다. 즉, 관광벨트사업과 관련하여 전남보다는 경남에 국비가 많이 지원되었음을 알 수 있다. 시·군별로는 김해 76.2%, 신안 73.8%, 영암 66.1%, 목포 63.5%, 진해가 50.7% 등지가 상대적으로 높은 투자실적을 보였다. 한편, 제1단계 사업에 대한 국비지원의 집행실적(표 8-6 참조)을 보면,

〈표 8-6〉 제1단계 사업에 대한 국비지원 및 집행실적 (단위: 억원)

국비보조금	국비투자계획	지원실적	계획vs지원(%)	국비집행	지원vs집행(%)
합 계	5,801	2,980	51.4	1,918	64.4
부 산 시	1,388	214	15.4	194	90.7
경상남도	2,123	1,651	77.8	1,086	65.8
전라남도	2,290	1,115	48.7	638	57.2

자료: 문화관광부, 2004, 남해안 관광벨트 개발 변경계획

전남(57.2%)보다 경남과 부산의 집행실적이 각각 65.8%, 90.7%로 높게 나타났는데, 전남의 집행 부진도 개발과정의 문제점으로 지적될 수 있다.

넷째는 관광거점개발이 많지 않고, 작은 규모의 연계사업이 주종을 이루고 있다. 전남지역의 경우, 거점개발사업은 2개(해남 화원, 여수화양) 지구이고, 대부분은 개별적인 관광지 개발과 정비사업이 주류를 이루고 있다. 사업의 규모를 보면, 1개 평균 사업비가 부산은 2,750억원(6개 사업), 경남은 632억원(28개 사업), 전남은 439억원(37개 사업)으로 전남지역 사업의 영세성을 파악할 수 있다.

〈표 8-7〉 제1단계 사업에 대한 광양만·진주권 시·군별 투자실적

구 분		투자계획(억원)					시군별 투자실적(억원)				
시군별	사업	총실적 (%)	공공부문			민자 (%)	총사업비 (%)	공공부문			민자 (%)
			계	국비	지방비			계	국비	지방비	
사천시	3	1,005	313	106	207	692	80 (8.0)	80 (25.6)	61 (57.7)	18 (9.2)	- -
남해군	3	5,075	681	333	348	4,394	689 (13.6)	438 (64.2)	226 (67.9)	212 (60.8)	252 (5.7)
하동군	2	760	160	81	79	600	89 (11.8)	89 (55.9)	58 (71.5)	32 (39.9)	- -
여수시	2	236	115	55	60	121	73 (31.0)	73 (63.7)	49 (88.2)	25 (41.2)	- -
순천시	3	394	344	199	145	50	164 (41.7)	164 (47.7)	87 (43.6)	77 (53.3)	- -
고흥군	2(1)*	334	180	90	90	154	53 (7.0)	53 (12.3)	47 (21.7)	6 (3.0)	- -
보성군	4	1,276	836	366	470	440	185 (21.7)	185 (31.6)	118 (48.9)	67 (19.5)	- -
광양시	-	-	-	-	-	-	0.0	0.0	0.0	0.0	0.0
합 계	-	9,080 (100.0)	2,629	1,230 (13.5)	1,399 (15.4)	6,451 (71.0)	1,333 (100.0)	1,082	646 (48.5)	437 (32.8)	252 (18.9)

자료: 문화관광부, 2004, 남해안 관광벨트 개발 변경계획

주) 고흥은 보성만지구의 고흥지구 단위사업이 포함된 수치

다섯째, 광양만·진주권은 개발과정에서 민간자본의 의존율이 매우 높지만, 제1단계 사업에서 민간자본의 투자는 거의 전무한 실정이다(표 8-7 참조). 권역내 20개 개발사업의 투자재원을 보면, 국고, 지방비, 민자가 각각 13.5%, 15.4%, 71.0%로 전체사업의 평균(13.3%, 15.2%, 48.5%)보다 높다. 특히 민자의 경우, 전체 투자 배분의 약 71.0%(6,451억원)로 매우 높은 비중을 점하고 있다. 그러나 투자실적을 보면, 남해군 서면과 남면 일대의 '남해하모니 리조트'개발사업(민간자본 투자실적: 252억원)을 제외하면 민자유치는 전무한 실정이다.

남해안 관광벨트 개발사업에서 광양만·진주권의 가장 큰 문제점은 체류형 관광과 주유형 관광을 유도할 수 있는 관광인프라의 부족이다. 즉 대규모 리조트형 숙박지의 부재, 주요 관광지를 연결하는 실질적 교통망, 해안 및 도서간의 접근성 등이다. 그리고 과도한 민간자본 의존개발도 주요 문제점이다.

4. 남해안 관광의 거점개발을 위한 실천전략

한려해상 국립공원으로 연결된 전남 동부와 경남 서부, 즉 광양만·진주권에 속한 남해안은 2000년부터 정부가 추진중에 있는 '남해안 관광벨트 개발계획'의 중앙에 위치한다. 그러나 수도권 및 동남권과의 접근성 불량, 관광인프라의 부족, 민자유치의 실패, 민간기업의 투자회피 등으로 관광거점 구축에 실패하고 있다. 그러나 남해안 관광을 둘러싼 국내외의 여건변화에 능동적으로 대응하면 관광거점개발이 실현 불가능한 것만은 아니다. 최근 광양만경제자유구역내에 위치한 여수 화양지구의 민간자본 투자계획이 대표적인 사례이다.

또한 남해안은 섬진강과 한려해상을 통해 교류가 가능한 지리적 위치성을 가지고 있다. 오늘날의 관광개발에서는 기본의 단일 관광지 중심에서 탈피하여 광역차원의 관광지 개발과 관리가 강조되고 있다. 따라서 산업시설이 부족한 하동·사천·진주와 여수·고흥반도를 연결하는 광역적 해상루트의 개발과 집중적인 투자는 남해안의 관광거점 기능성을 강화시킬 수 있다. 동시에 한국정치의 고질병인 '동서 갈등'을 봉합하여 영남과 호남의 상생발전을 꾀할 수 있는 강점도 있다. 이러한 배경에서 남해안 관광거점개발의 실천과제를 제시하면 다음과 같다.

1) 연륙·연도교를 통한 다리의 관광자원화

수려한 한려해상 국립공원의 경관을 관광자원화 하기 위해서는 이들 해상자원에 대한 접근성을 보장해야 한다. 이를 위해서는 고흥반도-여수반도-남해를 연결하는 다리의 관광자원화와 해안일주도로의 건설을 통한 연계관광의 효과를 극대화시키는 것이다. 특히 지역의 대표적인 관광이미지가 부재하고, 체류형 관광거점이 없는 상황에서 다리의 관광자원화는 관광수요를 견인하는 새로운 관광거점이 될 수 있다. 또한 수도권 및 동남권과의 접근성 개선을 위한 공항·항만 등 기간교통만의 정비·확충, 전라선과 경전선의 철도망 개선도 요구된다.

다리를 관광자원화하는 방안이다. 국도 77호선(부산-인천)의 확포장, 도서와 육지부의 연륙·연도교 사업을 관광개발 관점에서 전략적으로 지원해야 한다. 현재 전남도의 계획에 의하면, 고흥~여수간(고흥 포두-여수 화양-여수돌산) 연륙·연도교 사업(2001-2010)이 행해지고 있다. 사업구간은 39.1km(도로 30km, 해상교량 11개소: 9.1km)이며, 사업비는 총 1조 2,254억원으로 추정된다. 2004년까지 실시설계를 포함해서 509억원(전체의 4.2%)이 투자될 예정이다.

그러나 향후 국고배분에서 투자우선순위에서 후순위로 밀려남에 따라 사업이 지연될 개연성이 매우 높다. 국고사업인 연륙·연도교 사업이 예정대로 진행될 수 있도록 전략적 예산배분이 요구된다. 이를 위해 가칭 "도서연륙·연도교사업 촉진 특별법"의 제정을 검토해 볼 필요가 있다.

여수~남해간을 연결하는 가칭 '한려대교'의 건설도 적극 검토해 볼 필요가 있다. 왜냐하면 한려대교는 사업타당성 분석에서 긍정적인 평가를 받았기 때문이다. 일본 세토나이카이(內海)에 건설된 나로토(大鳴)·아카시(明石)대교 등의 12개 대교는 대표적인 다리의 관광자원화(landmark) 사례이다. 일본의 이마바라시는 연간 2,500억 엔의 관광수입을 올리고 있다. 서해안고속도로의 평택대교도 성공적인 사례에 속한다. 그러므로 한려대교를 중심으로 여수~순천~광양~하동~남해를 연결하는 광역적 남해안 일주도로는 새로운 동·서 교통축으로 기능하여 주변지역의 연계관광 활성화에 결정적인 파급효과를 제공하게 될 것이다.

2) 공공부문에 의한 관광거점의 선정 및 전략적 투자

광양만·진주권의 남해안 일대를 해상관광의 중심지로 발전시키기 위한 전제는 체류형 관광거점을 선정·육성하는 작업이다. 민간자본의 투자 유치가 상대적으로 어렵기 때문에 정부 또는 공공부문 주도로 목적지향적 투자를 확대하는 방법을 고려할 수 있다.

관광개발의 속성상 민간자본의 투자에 주로 의존하기 때문에 대규모 민간자본의 유치가 없으면 관광거점의 육성은 공염불에 그칠 가능성이 매우 높다. 그러므로 민간자본의 투자를 원활하게 하기 위해서는 단지조성, 배후지와의 접근체계 개선 등과 관련한 각종의 투자유인책을 제공해야 한다. 또한 공공부문과 민간기업이 공동으로 투자를 할 수 있도록 방안을 모색해 볼 수 있는데, 그 대안은 관광공사 또는 관련된 정부투자기관이 체류형 관광객을 위한 리조트 지구를 공동으로 조성하는 것이다.

공공부문의 투자는 동서교류의 확대를 통한 지역화합을 이끌어 낼 수 있기 때문에 정책적인 차원에서 집중적인 지원이 가능하다. 동시에 이 지역은 최근 중앙정부가 선정한 '신활력지역'에 해당하기 때문에 관광개발을 통한 지역화합뿐만 아니라 낙후된 지역경제의 활성화에도 기여할 수 있다.

3) 한중일 해상관광루트의 개설과 동북아 크루즈 운영

남해안 지역은 동북아시아 지역의 지리적 중심에 위치하고 있으며 세계적인 유산 및 희소한 자원이 다수 분포하고 있는 등 국제적인 관광지로 성장할 수 있는 잠재력을 지니고 있으며, 그러한 가능성은 한중일 해상관광루트의 구축으로 가능할 수 있다.

우리나라의 남해안은 항해구역상 크루즈 운항에 양호한 조건을 갖추고 있다. 크루즈 항해구역은 항만·항로·자원 등 3가지 기본적 조건이 충족되어야 하는데, 자원성에서 전남지역은 풍경이 뛰어난 섬들과 연안육지의 관광자원이 많아 단기항해 유람에도 유리하다. 특히 「레스토랑 크루즈」나 「파티 크루즈」에 매우 적합하며, 항만조건도 양호하여 크루즈 기항에는 문세가 없을 것이다.

남해안은 크루즈 운항에 양호한 조건을 갖추고 있기 때문에 1차적으로 국내 남해연안을 범역으로 하는 크루즈루트를 개발한 후, 단계적으로 중국의 상해와 남해안, 그리고 일본의 후쿠오카(오사카) 등의 동북아 국제 크루즈루트를 개발·운항할 수 있다. 그리고 장기적으로 정박항을 시드니, 싱가포르에 대응하는 거점 크루즈항으로서 동북아크루즈 허브기능을 보유하는 국제적 미항을 남해안에 조성할 수 있다. 여수시는 동북아 크루즈의 중심항 역할을 수행할 대안이 될 수 있다.

4) 한려해상공원화 계획 수립 및 해양관광특화특구 개발

남해안 지역은 교통기반이 취약하고 수지형 형태의 지형지세로 인해 고흥반도, 여수반도, 남해도 등이 분리되어 지역간 연계성이 낮은 것이 특징이다. 관광자원 또한 하계 중심의 강한 계절성을 가지고 있다. 이런 분리성과 계절성을 해소시키기 위해서는 광역적 차원에서 관광지 개발과 관리가 필요하다.

남해안 관광벨트 개발계획(2000-2009)은 4개 권역으로 구분되어 있고, 부산도시관광권과 역사문화관광권(목포)이 중심권역에 해당한다. 광양만 · 진주권의 남해안은 종합휴양관광권과 해양레저스포츠권으로 분리되어 권역간 연계성과 보완성이 약하다. 따라서 광역차원의 관광지 개발과 관리를 위한 선결과제로 가칭 "한려해상공원계획"을 수립하는 것도 검토해 보아야 한다.

민간부문의 일부 관광지 개발을 제외한 우리나라의 대부분 관광지는 국비지원에 의해 이루워진다. 현재 대부분의 관광지는 소규모 영세업자들로 이루어져 실제 민자를 촉진할 수 있는 지원방안은 많지 않다. 대규모 투자자에 대해서는 관광지 지정이 선별적으로 이루어진다는 가정에서 세제혜택, 행정절차 간소화 등 인센티브 제공을 대폭적으로 확대해야 한다. 이를 위해 남해안 일대를 가칭 '해양관광특화특구'로 지정하는 것도 검토할 수 있다.

5) 2012년 해양엑스포의 적극 유치 및 정부적 지원

여수에서 세계박람회가 개최되면, 낙후된 경남 서부지역의 개발에 필요한 사회간접자본(SOC)이 확충되어 관광인프라가 개선되고, 나아가 남해안의 관광지와 관광자원을 공동으로 개발·활용할 수 있다. 2012년 여수 세계박람회를 계기로 컨벤션 리조트가 구축되고, 해외기업의 투자를 적극 유도하여 국제적인 협력체제를 확립할 수 있다. 또한 엑스포 개최지구는 남해안의 대표적인 리조트로 기능할 수 있다.

그러므로 2012년 해양엑스포의 유치를 위해 정부차원에서 적극적인 지원프로그램을 마련해야 한다. 2010년 엑스포 유치과정에서 도출된 문제점을 반면교사로 삼아 합리적인 대안을 모색해야 한다. 이를 위해서는 정부차원의 적극적인 지원이 전제되어야 한다.

5. 연구내용의 요약

관광개발은 국민의 삶의 질 제고뿐만 아니라 경제적 측면, 자원이용의 효율성측면에서 의미 있는 사업이다. 광양만·진주권 일대의 남해안 연안은 남해안의 중앙부에 위치하며, 온난한 기후조건과 고흥·여수지역의 다도해해상 국립공원과 남해지역의 한려해상 국립공원 등 수려한 자연경관을 보유하고 있는 반면 상대적으로 내륙부의 관광자원은 지명도가 낮은 실정이다. 또한 광역교통망의 미구축, 숙박시설의 부족을 비롯한 관광기반시설이 정비되어 있지 않아 대규모 관광개발이 곤란한 실정이다.

그러나 권역내 여수·순천·광양 등 산업기능을 갖춘 도시권이 형성되어 있어 관광객에 대한 도시적 서비스의 제공이 가능하며, 관광개발에 따른 중심거점으로 활용할 수 있다. 특히 여수~남해간 교량건설, 남해안 일주도로의 정비와 주변지역 개발을 통해 동서 화합의 상징적인 공간을 창출할 수 있다. 또한 지리산국립공원 관광객을 남해안지역으로 유도해 남북방향의 관광루트를 구축하면 종합관광지로의 육성도 가능하다. 2012년 여수세계박람회가 권역내에서 개최되면 남해안 일대는 보양·휴양기능의 관광거점이 출현할 가능성 또한 매우 높다고 평가할 수 있다.

그리고 광양만·진주권의 남해안은 전남지역과 경남지역을 동시에 포함하고 있어 2개의 광역자치단체가 공동사업시행 과정에서의 상호협력을 통하여 동서화합의 기회로 삼을 수 있는 전략적·상징적 공간이다. 따라서 전술한 다리의 관광자원화, 민자보다는 공공부문 중심의 관광거점 개발, 한중일 해상관광루트의 개설과 동북아 크루즈 운영, 광역차원의 한려해상공원화 계획과 해양관광특화특구 지정, 2012년 해양엑스포 유치 등이 중장기적 과제가 될 수 있다.

광양만·진주권 중심의 남해안 지역, 특히 고흥-여수-남해-사천 일대의 남해안은 우리나라의 중심지역(core)에서 가장 멀리 떨어져 있고 낙후된 주변지역(periphery)이다. 그러나 이 지역은 국제적 관광휴양지로서 최적의 입지조건을 갖추고 있고, 국내는 물론 중국과 일본의 관광시장이 충분한 수요를 형성하고 있다. 실천가능한 계획을 세우고 관광관련 기업을 유인할 수 있는 제도만 보완하면 정부는 기본 인프라 투자 외에 큰 재정적 부담 없이 개발이 가능하다.

결론적으로 남해안 관광벨트 형성을 목표로 고흥-여수-남해의 3개 반도를 연결하고 통합하여 남해안 지역의 일체성과 연계성 확보가 무엇보다도 중요하다. 빠른 시일내에 해양관광, 다리의 관광자원화, 컨벤션 리조트 육성 등을 통한 동서화합의 상징 프로젝트를 실천하면, 한려수도 중심의 남해안은 우리나라의 대표적인 휴양·보양형 리조트로 기능할 수 있다. 이를 위한 정치권의 적극적인 지원이 요구된다.

참고문헌

박노빈, 2003, "지역경제 활성화를 위한 테마파크 개발", 국토, 263, pp. 40-48.

윤양수, 2003, "우리나라의 관광지 개발실태와 개선방향", 국토, 263, pp. 6-17.

이강욱·김희수, 2001, 주5일 근무제 도입에 따른 관광정책 대응방안, 한국관광연구원.

이정록, 1995, "21세기를 위한 여수반도권의 관광개발 방향과 전략", 여수·여천상공회의소 심포지움 결과보고서.

이정록, 1996, 여수반도권의 컨벤션센터 건립방안 및 추진전략, 지역경제연구총서 제1호, 여수·여천상공회의소.

이정록, 1996, "광양만권 광역개발계획의 문제점과 당면과제", 지역개발연구, 제28권 제1호, pp. 81-108.

이정록, 1997, 신해양시대를 대비한 여수반도권 워터프런트 개발전략, 지역경제연구총서 97-2, 여수상공회의소.

이정록, 1997, "광역광양만권의 발전을 위한 기반시설 확충전략", 현대사회과학연구, 제8권, pp. 139 170.

이정록, 1998, 해양Expo 여수지역 입지타당성 분석에 관한 연구, 2010 해양엑스포 여수시유치위원회.

이정록 외, 2001, 2010 세계박람회 개최 및 광역광양만권 대응전략, 전남대학교 지역개발연구소.

한국관광공사, 1999, 남해안 관광벨트 개발계획.

CHAPTER 9

관광지 개발계획 사례

관광개발은 관광자원의 특성을 살려서 관광객에게 관광활동과 관련된 편의를 제공하고 관광객을 유치하여 관광소비를 증대시키기 위한 사업을 의미한다. 관광지 개발은 특정한 공간을 대상으로 관광자원의 가치성을 극대화하여 관광객에게 양호한 관광활동의 공간을 제공하기 위한 토지계획과 시설물 배치계획 등이 포함된다.

관광지 개발계획은 개발하려는 공간에 대한 계획목표를 바탕으로 적절한 개발방식을 설정하는 과정으로, 개발계획의 주요 내용은 대상지의 현황 및 개발여건분석, 개발계획의 기본구상, 도입활동의 규모와 공간구조, 부문별 기본계획(토지이용, 교통통신, 조경, 시설배치, 공급처리시설 등), 환경조성계획, 사업집행계획(재원조달, 사업관리 등) 등으로 구성된다.

이 장에서는 특정 대상지에 대한 관광지 개발계획 수립의 전체적인 과정과 내용을 살펴보고, 개발계획에 의해 실제로 관광지 개발이 이루어지고 있는 사례를 검토하였다. 이를 위하여 필자가 직접 관광지 개발계획에 참여하여 수립한 전남 영암군의 온천지구 관광지 계획의 내용(1996)을 소개하려고 한다.

1. 관광지 개발계획 수립과정

1) 관광지 개발계획의 속성

(1) 관광지 개발계획의 개념과 속성

관광지 개발계획이란 관광객에게 양호한 관광관련 서비스를 제공하기 위하여 특정의 관광지를 체계적으로 개발하는 과정을 말한다. 하지만 일정한 공간을 대상으로 하는 관광지 개발계획은 상위의 관광지 개발계획이 추구하는 비전과 전략을 공유하는 것이 일반적이다(Gunn, 1993).

관광지 개발계획은 관광객에게 관련된 서비스를 제공하고 관광객을 단위 지역(지구)으로 유인하기 위하여 특정 공간에 대하여 시설 중심의 물리적인 환경을 조성하거나 개선하는 작업이기 때문에, 개발계획에는 개발 대상지를 둘러싼 주변 지역의 사회적 환경과 여건, 개발대상지의 관광환경 및 관광자원의 특성, 단위 공간에 대한 물리적 계획(site planning) 등을 포함한다.

(2) 관광지 개발계획의 유형

관광지 개발계획은 대상지구의 공간적 및 시간적 범위, 그리고 계획단계 및 성격에 의해 몇 가지로 구분할 수 있다. 개발계획의 공간적 범위에 따라 국가계획, 광역계획, 지역계획, 지구계획, 시설계획 등으로 구분된다. 개발계획의 시간적 범위에 따라 장기 계획(10-20년), 중기 계획(5-10년), 단기 계획(1-5년) 등으로 구분된다.

그리고 계획의 단계와 성격에 따라 개념계획, 기본계획, 실시계획, 관리운영계획 등으로 구분된다. 개념계획이란 관광지 개발을 위한 구상계획(idea setting)으로, 계획의 방향과 공간설정, 계획의 내용 등을 주로 장기적인 관점에서 수립하는 계획을 말하며, 개발대상의 공간적 범위가 넓은 것이 일반적이다.

기본계획이란 계획을 구체화하기 위해 여러 가지 주요 항목에 따라 개발사업이 가능하도록 구체적인 기본방향을 제시하는 계획을 말한다. 일명 종합계획이라고 하며, 개발대상의 공간적 범위가 넓다.

실시계획이란 전술한 기본계획을 대상지구에 적합하도록 보다 구체화시킨 계획으로 개발사업에 대한 세부적인 계획과 설계(시설배치도, 조감도 등)가 포함되는 것이 일반적이다. 주로 개발대상이 소규모로 한정되는 것이 일반적이다.

관리운영계획이란 최종단계에 작성하는 것으로, 계획내용에는 관광지의 운영을 위해 필요한 시설, 인원, 자금, 기타 재산관리 등을 포함한다. 전술한 3가지 계획이 물리적 계획(physical planning)이라면, 관리운영계획은 비물리적 계획에 해당한다.

한편 관광지 개발의 과정은 개발구상의 설정(decision stage), 계획 및 설계단계(design stage), 집행단계(delivery stage) 등으로 구분할 수 있다. 구상단계에서는 개발계획의 타당성 검토, 부지선정과 토지매입, 사업비용의 추정, 개략적인 구상 및 설계, 재원조달방법 등이 포함된다. 계획 및 설계단계는 구체적인 개발계획과 설계를 추진하는 단계로 전술한 실시계획에 해당하는 부분이다. 집행단계는 관광지 개발사업을 실제로 집행하는 단계로 집행단계를 통해 관광지 개발사업이 종료된다(정석중 · 이미혜, 2002).

2) 관광지 개발계획 수립과정

일반적으로 특정 공간을 대상으로 하는 관광지 개발계획은 ① 개발계획의 목표설정, ② 현황조사 및 분석, ③ 개발계획 기본구

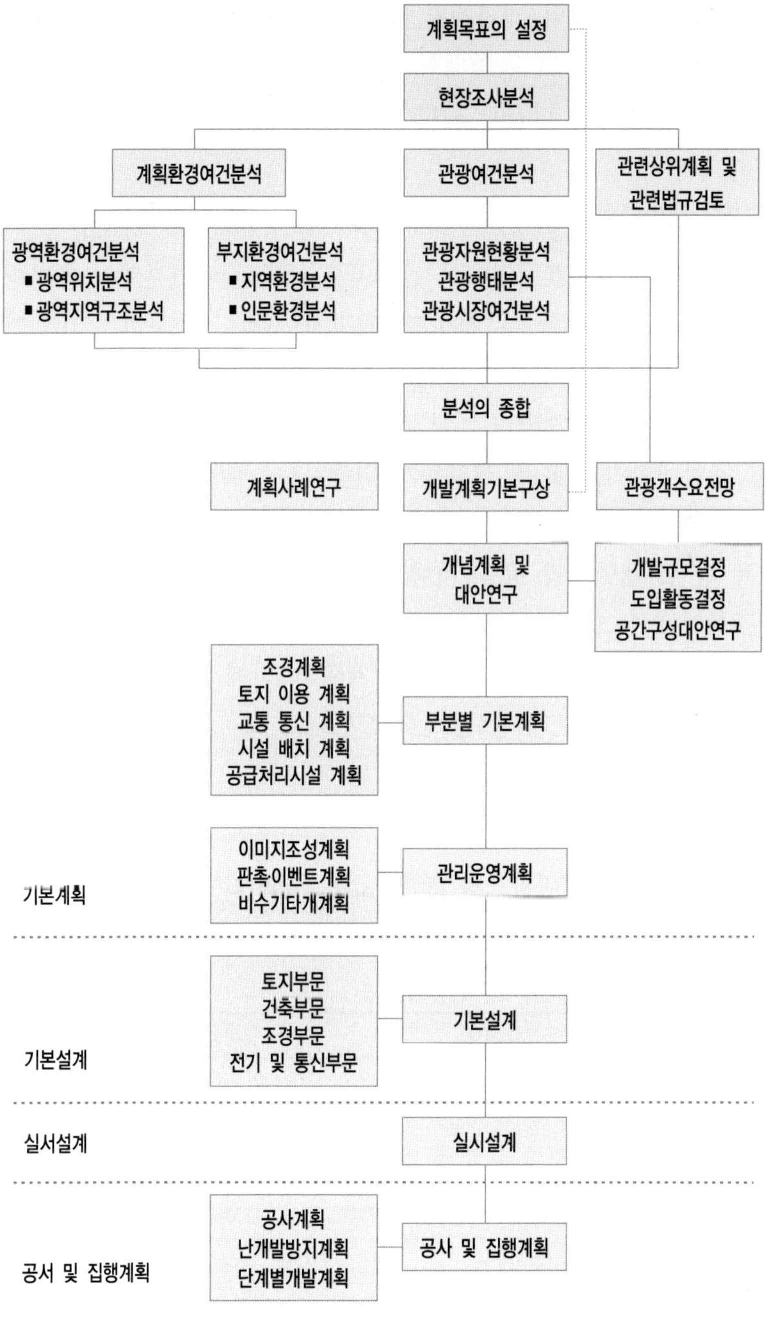

〈그림 9-1〉 관광지 개발계획의 과정과 주요 단계

상, ④ 관광개발의 개념계획 및 대안설정, ⑤ 부문별 기본계획, ⑥ 관광지 관리 및 운영계획 등으로 구성된다. 각 단계별 주요 내용을 살려보면 다음과 같다(그림 9-1 참조).

(1) 개발계획의 목표설정

개발계획의 목표설정이란 관광지를 개발하는 기본적인 개발방향과 목표를 수립하는 것으로, 관광지 개발이 추구하는 비전과 목표를 구체화시키는 과정이라 할 수 있다. 관광지 개발의 비전과 목표에 따라 개발의 기본계획이 좌우되기 때문이다.

개발계획의 목표를 설정하기 위해서는 계획에 대한 전제조건인 계획대상, 목표연도, 공간범위, 도입활동, 개발규모, 부지취득 방법, 개발효과 등을 바탕으로 개발대상지에 대한 전체적인 특성인 인문·사회환경, 자연환경, 시장조건, 이용실태 등을 파악하는 것이 필요하다. 그리고 계획의 전제조건과 개발대상지 특성을 바탕으로 계획목표를 설정한다.

(2) 현황조사 분석

개발대상지의 현황조사 분석은 ① 계획환경 여건분석, ② 관

〈표 9-1〉 현황조사 분석의 주요 구성

구 분	분석항목(대)	분석항목(소)
① 계획환경 여건분석	광역환경 여건분석	광역입지, 관광산업구조, 환경자원, 개발방향 등
	부지환경 여건분석	자연환경, 인문사회환경, 시각구조 등
② 관광 여건분석	관광자원 현황분석	자연관광자원, 인문관광자원, 문화자원 등
	관광시장 여건분석	시장분석 범위, 시장분석 대상 등
	관광행태분석	선호도·만족도, 참여수준, 잠재수요분석 등
③ 상위계획 및 관련법규	상위계획	대상 관광지 개발과 관련된 상위계획 검토
	관련법규	국토이용관리법 등 관련법규 검토

광여건분석, ③ 대상지 개발과 관련된 상위계획 및 관련법규의 검토 등을 포함한다. 현황조사를 실시하는 목적은 관광개발의 과정에서 도출될 수 있는 기회요인과 제약요인 등을 파악하여 기본구상과 부문별 기본계획에 반영할 수 있는 객관적인 근거를 확보하기 위함이다(정석종 · 이미혜, 2002).

(3) 개발계획 기본구상

개발계획 기본구상은 앞에서 설정한 계획목표를 달성하기 위한 수단체계를 수립하는 단계로서, 개발대상지에 적합한 통합된 관광이미지를 부여하여 관련된 관광활동을 유발 · 견인하기 위한 것이다. 기본구상은 개발주제와 개발방침으로 구분할 수 있고, 개발주제는 대상지의 공간구성과 시설물 배치 등 계획수립의 기본적인 조건이 된다(임주환 외, 1998; 정석종 · 이미혜, 2002).

(4) 개념계획 및 대안(alternative) 설정

개념계획은 계획환경 여건분석, 관광여건분석, 상위계획 및 관련법규, 개발계획의 기본구상 등을 종합하여 관광관련 각종 시설과 활동을 대상지에 배분하는 단계로 도입활동의 결정과 개발규모의 결정으로 구분된다.

도입활동의 결정이란 개발대상지의 자연조건, 시장조건, 이용객 현황 등을 바탕으로 관광지(개발대상지)에 도입할 활동들을 설정하는 단계를 말한다. 그리고 관광지에 도입할 활동이 선정되면, 선정된 활동을 대상으로 적지분석, 자원수용능력, 수요예측 등을 바탕으로 개발규모를 결정한다. 그리고 도입활동과 개발규모가 결정되면, 이를 토대로 관광활동을 규모별로 분류하여 대상지 내에 배치한다.

한편 도입활동의 공간의 배치는 여러 개의 대안을 검토해서 개발대상지에 적합한 최적의 대안을 설정하게 된다. 대안설정의 방법에는 여러 가지 방법이 있지만 주민참여 공청회는 매우 유용한 방법 중의 하나이다. 그리고 경우에 따라서는 대안설정에 대한 사업성을 검토하여 개발계획의 기본구상을 수정하기도 한다.

(5) 부문별 기본계획

부문별 기본계획은 개발하려는 대상지에 적합한 계획내용을 구체적으로 수립하는 작업으로, 일반적으로 토지이용계획, 교통 및 동선계획, 조경계획, 시설배치계획, 공급처리시설계획 등으로 구분하여 수립한다.

① 토지이용계획

토지이용계획은 개발대상지에서 관광객들이 수행하는 여러 활동을 위해 토지이용을 효율적으로 배치하는 작업이다. 즉, 관광지 개발계획의 목표와 개념계획, 관광객 수요 추정과 관광행태 등에 적합하도록 대상지의 토지이용을 구분하는 계획이다.

② 교통 및 동선계획

교통 및 동선계획은 개발대상지와 주변지역 간의 관광객 이동을 원활하게 하기 위한 교통체계 구축계획과 개발대상지 내에서 제반 관광활동을 수행하는 관광객의 이동 편의성 확보를 위한 동선계획으로 구분된다. 특히 동선계획에서는 개발대상지 내의 접근성, 주차장, 보행자 이동통로 등을 고려해야 한다.

③ 조경계획

조경계획은 개발대상지를 방문하는 관광객에게 양호한 환경을 제공하기 위하여 각종의 시설물 및 주변 환경과 조화된 조경시설물을 배치하는 계획이다. 조경계획에서는 관광지의 전체적인 이미지, 주변 식생과의 조화성, 이용객의 편의성, 도입활동 및 기능별 통일성 확보 등을 고려해야 한다.

④ 시설배치계획

시설배치계획은 개발대상지 내에 도입될 각종 활동의 종류와 규모가 서로 인접성과 관련성을 확보할 수 있도록 시설물을 배치하는 계획으로, 개발대상지에 배치될 건축물과 구조물이 해당된다. 특히 시설배치계획에서는 관광객 이용 편의성과 관리의 편의성을 고려해야 한다.

⑤ 공급처리시설계획

공급처리시설계획은 개발대상지에 배치될 상수도, 하수도, 전기, 통신, 가스 등의 시설물의 적정한 배치를 위한 계획이다. 소규모의 관광지 계획에서는 주로 상하수도와 전기·통신 등에 관한 시설물 배치가 중심이 되며, 공급처리시설의 배치에서는 환경파괴 및 경제성을 주요 변수로 고려해야 한다.

(6) 관리 및 운영계획

관리 및 운영계획은 관광지를 효율적으로 관리하고 운영하여 관광지의 기능성 강화, 관광지 가치의 보존, 관광편의성 제공 등을 꾀하기 위한 것이다. 일반적으로 관광·운영계획에는 관광객 관리계획, 관광지 내의 자원 및 시설물 관리계획, 관광객을 위한 각종 도입활동의 서비스 계획, 관광지 이미지 조성계획, 관광지의 판촉 및 이벤트 계획, 비수기 관광객 확보계획 등이 포함된다.

2. 영암군의 온천지구 관광지 계획[1)]

1) 대상지의 현황 및 여건분석

(1) 대상지의 면적

관광지 계획의 대상지는 영암군 군서면 해창리 170번지 일대이며, 온천지구로 기존에 지정된 면적(478,000m^2)에 신규로 확장된 면적(452,000m^2)을 추가하여 총계획면적은 930,000m^{2}이다.

(2) 대상지의 여건분석

대상지의 현황과 여건을 살펴보면 다음과 같다. 첫째, 자연환경으로 대상지의 지형은 중앙의 남북방향의 능선을 중심으로 동서로 경사지가 구분되어 있으나 전체적으로 저산성의 평야지대 형태를 띠고 있다. 경사도는 경사도 10%이하의 완경사지가 전체의 60%를 점유하고 있고, 지형표고는 해발고도 5m에서 50m 이내의 완경사지가 전체의 67%를 차지하고 있다. 대상지의 남쪽에 소나무의 산림군락이 분포하고 있고, 나머지는 대부분 취락 및 농경지로 이용되고 있다.

둘째, 대상지의 인문환경을 살펴보면, 대상지의 토지이용은 임야가 전체의 40%, 논이 30%, 그리고 목장용지 및 취락이 나머지 30%를 차지하고 있으며, 토지는 대부분 사유지로 구성되어 있다. 대상지는 지방도 821번 도로연변에 위치해 있으며, 영암읍과 매우 근접해 위치하고 있어서 접근성이 매우 양호한 편이다. 대상지의 취락분포는 해창 부락을 중심으로 괴촌형태로 입지해 있다.

---

1) 이정록 외, 1996, 영암군 관광종합개발계획, 영암군(p. 296)의 일부 내용을 수정 · 재구성하였다.

셋째, 대상지의 관광환경을 살펴보면, 인문적 · 자연적 관광지 및 관광자원은 거의 없으나, 대상지가 온천지구(지정면적: 945,206m^2)로 지정되어 현재 개발이 진행중에 있다. 온천수의 부존면적은 약 1,500,000m^2(약 453,000평)이며, 온천수의 부존량은 약 468,750m^3

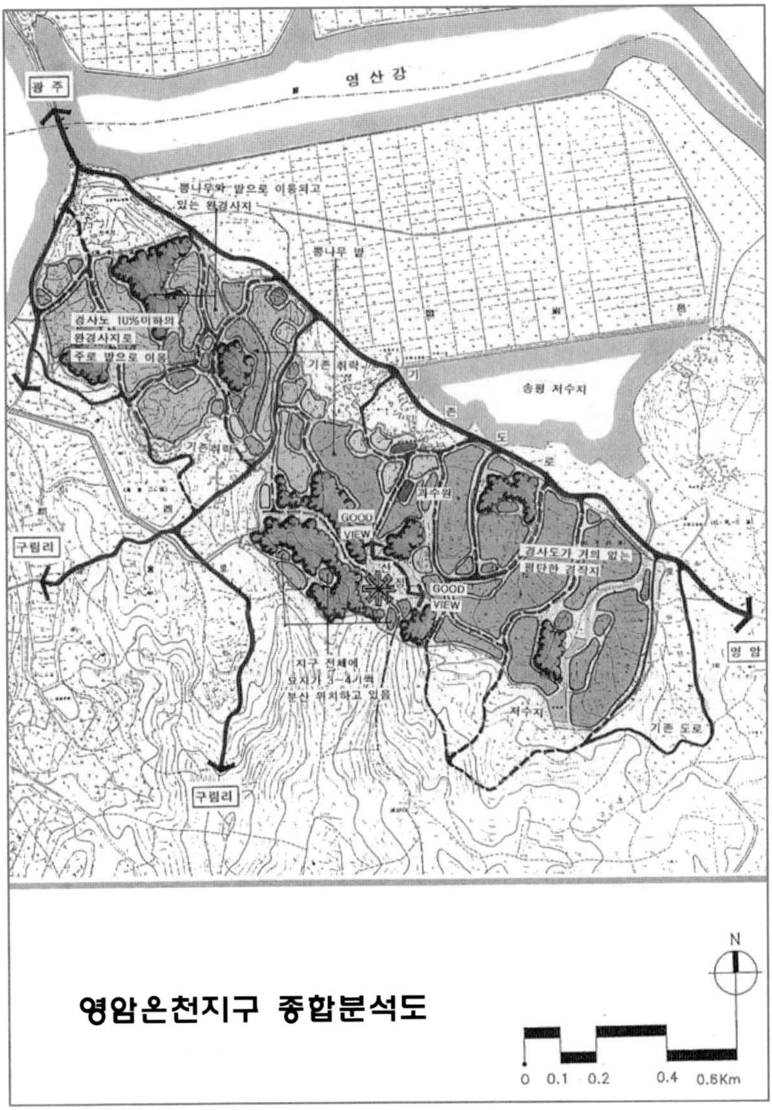

〈그림 9-2〉 영암 온천지구 종합분석도(자료: 영암군, 1996)

으로 추정되며, 1일 가채수량은 약 5,100ton/일, 년 가채수량은 1,861,500ton으로 추정된다. 수질은 Ca(칼슘), Na(나트륨), Cl(염소) 등을 함유하고 있는 약알칼리성 식염천이고, 온천수의 온도는 약 25.3℃-25.6℃로 추정된다. 또한 영암의 온천수는 피로회복, 신경통, 류마티스, 알레르기성 피부질환 등에 효과가 있는 것으로 분석되었다.

2) 개발잠재력 및 문제점

(1) 개발잠재력 분석

영암군 온천지구는 광주시로부터 약 40분 거리에 위치하고, 남다도해권의 해남·진도·강진 등을 연결하는 결절지점에 위치하고 있어 교통의 접근성이 매우 양호한 편이다. 또한 목포를 중심으로 한 서남권의 유일한 온천개발예정지로서 장차 증가할 서남권의 도시인구를 고려할 때, 많은 관광수요를 기대할 수 있을 것으로 예측된다.

관광유형에 있어서도 지역관광지의 속성상 대부분의 관광객이 1일 관광객이었으나, 온천지구의 개발로 지역의 관광수요를 4계절 체류형으로 전환할 수 있는 계기가 될 것으로 예측된다. 또한 주변의 월출산 국립공원과 영산호 관광지, 그리고 화원관광단지와 연계하여 숙박형의 종합휴양기능 수행이 가능하고, 온천지구의 개발로 지역경제의 활성화와 주민의 소득증대를 꾀할 수 있다.

(2) 개발과정의 문제점

우선적으로 개발대상지와 주민주택이 서로 인접하여 온천지구의 개발과정에서 민원이 발생할 우려가 높다. 또한 지역이 가지고 있었던 종래의 관광이미지와 상반된 시설이 개발됨에 따라서 지역의 관광이미지 통합화에 어려움을 초래할 가능성이 있다.

다음으로 온천지구 대상지가 월출산의 조망권을 제외하고는 개발대상지내에 특별한 경관요소가 없다는 점에서 인공조림 및 식재계획을 통하여 주위의 단조로운 경관 및 식생을 보완해야 할 필요성이 있다.

마지막으로 상·하수도 및 오폐수처리시설이 전무하기 때문에 하수종말처리시설을 비롯한 영산호의 수질방지대책이 필요할 것으로 판단된다.

3) 관광지 개발구상 및 도입시설

(1) 온천 관광지 개발의 기본구상

영암군 온천지구 개발구상의 방향을 크게 4가지로 구분하였다. 첫째, 광주근교권 및 남다도해권의 관광수요, 관광행태를 고려한 온천관광지로 개발토록 한다. 온천지구가 영암관광의 거점으로 역할을 하도록 숙박 및 각종 유희시설 기능을 집중적으로 개발한다.

둘째, 치료·보양적 온천기능보다는 휴식, 오락, 숙박의 기능을 보유한 도시근교의 종합온천·위락관광지로 개발한다. 이용객의 편의를 보장하고 동선체계를 단순화 할 수 있도록 지구 내의 토지이용을 체계화시키고, 민박지구를 지정하고 온천수를 배분하여 민박지에서 온천욕을 하도록 개발하며, 주변 관광지와 연계하여 상호보완적인 기능을 수행하도록 시설을 배치한다.

셋째, 민자유치를 통한 개발 및 지역경제의 활성화를 촉진시키기 위하여 지역의 자본가를 비롯한 조합형태의 참여를 유도한다. 넷째, 외래 관광수요 뿐만 아니라 지역주민의 여가공간으로 활용되도록 개발한다.

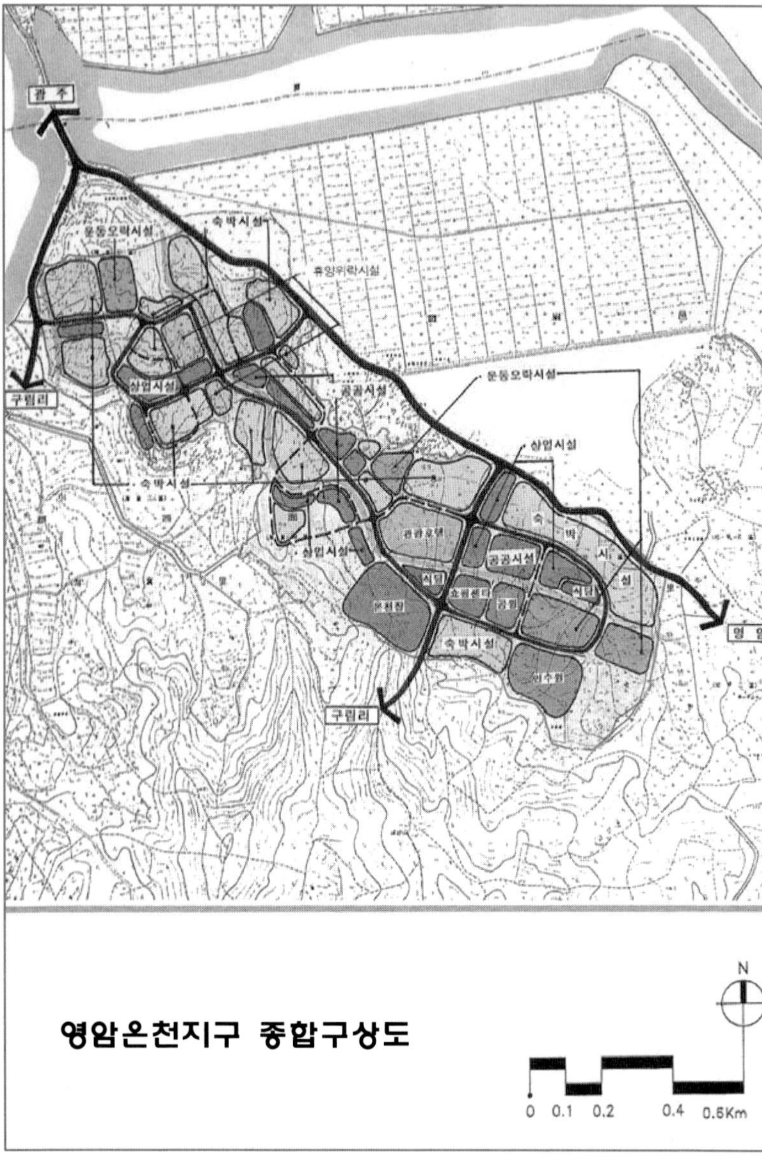

〈그림 9-3〉 영암온천지구 개발구상도(자료: 영암군, 1996)

(2) 도입시설 및 규모

온천지구 내의 도입시설과 시설규모는 4계절형의 온천관광지로서 최대일과 최대시의 이용객, 계절별 최대일율과 회전율, 숙박율 등을 고려하여 계획하였다. 대상지 내의 도입시설은 공공시설, 상업시설, 숙박시설, 오락·운동시설, 휴양시설 등으로 구분하였다.

도입규모는 영암군을 방문할 관광객 수요분석을 바탕으로 결정하였다. 즉, 관광지 계획의 목표연도인 2005년에 영암군을 방문할 연간 관광객수(3,335,000명) 중에서 약 18%인 60만명이 온천지구를 방문할 것으로 추정하였고, 이를 토대로 도입시설의 규모를 배분하였다.

도입시설의 규모는 온천시설 이용객 및 숙박객수를 기준으로 각 시설의 원단위를 적용하여 결정하였다. 특히 도입시설의 규모는 온천과 관련시설의 최대일 이용객(12,000명), 온천수 기준 연간 이용객수(300,000명), 최대일 숙박객수(10,000명), 연간 숙박객수(264,300명) 등을 기준으로 하였다.

〈표 9-2〉 온천지구의 주요 도입시설

구 분	주요 도입시설
공공편익시설	주차장, 관리사무소, 관광안내센터, 도로, 화장실, 오수처리장, 오수펌프장, 오물출처리장
상업시설	일반상가, 종합온천장, 대중온천장, 식당, 쇼핑센터, 기념품 판매점
숙박시설	호텔, 유스호스텔, 여관(모텔)
오락/운동시설	수영장, 옥외풀장, 열대수족관, 각종 놀이시설, 종합위락센터, 가족놀이공원
휴양시설	노인휴양시설, 기업연수원
기타시설	야외광장, 공원
녹지	자연녹지, 조경녹지

자료: 영암군, 1996, 영암군 관광종합개발계획.

공공시설은 온천수기준 최대일 이용객수(6,000명)가 아닌 온천 및 부대시설의 최대일 이용객(12,000명)을 기준으로 산정하였으며, 숙박시설은 관광호텔, 가족호텔, 여관 등을 도입하고, 규모산정은 최대일 숙박객수와 1인당 소요면적 등을 고려하여 추정하였다. 상업시설은 최대시 이용객, 이용률, 회전율(1/2.5), 경제적 이용률(41.8%), 1인당 점유면적 등으로 고려하여 산정하였다. 운동 및 오락시설, 휴양문화시설, 기타 시설은 온천 및 부대시설의 최대일 이용객(12,000명), 이용률, 회전율, 1인당 점유면적, 경제적 이용률 등을 고려하여 산정하였다.

4) 부문별 기본계획

(1) 토지이용계획

① 기본방향

온천휴양지의 기능과 시설배치를 고려한 공간적 토지이용체계를 구축하며, 숙박이용객의 편의성 제고를 위한 다양한 숙박시설 및 공공편익시설의 공간을 계획한다. 더불어 영산호 및 주변 농경지의 수질오염을 최소화하고, 월출산의 양호한 조망권을 고려하여 토지이용체계를 설정한다.

② 용도별 토지이용체계

공공시설은 진입로를 따라 내부동선과 분리되는 입구에 배치하고, 잔디광장을 조성하여 이용객의 편의성을 제공토록 한다. 도로는 기존의 지형을 고려하여 자연훼손이 최소화될 수 있도록 선형으로 계획하고, 주차장, 공중화장실, 휴게시설 등은 계획지구 내에 분산 배치한다.

계획대상지에서 발생하는 오수 및 오물처리를 위한 오수처리장, 오물처리장은 이용객의 접근이 차단되도록 계획한다. 숙박시

〈표 9-3〉 영암 온천지구의 토지이용계획

구 분	면 적(%)	도 입 시 설
공공시설	134,850 (14.5)	주차장, 관리사무소, 관광안내센터, 광장, 도로, 공중화장실, 오수처리장, 오수펌프장, 오물처리장
상업시설	293,880 (31.6)	일반상가, 종합온천장, 대중온천장, 식당, 쇼핑센터, 기념품판매점
숙박시설	82,770 (8.9)	호텔, 유스호스텔, 여관
오락/운동시설	56,730 (6.1)	수영장, 옥외풀장, 열대수족관, 각종 놀이시설, 종합위락센터, 가족놀이공원
휴양시설	80,910 (8.7)	노인휴양시설, 기업연수원
녹지 및 기타	280,860 (30.2)	야외광장, 공원, 자연녹지, 조경녹지

자료: 영암군, 1996, 영암군 관광종합개발계획.

설은 관광호텔, 여관으로 구분되지만, 단위공간에 집중 배치하여 이용객의 편의성과 시설 간 상호보완성을 유지할 수 있도록 계획한다.

상업시설은 주 진입로를 따라 선형으로 배치하여 지구 내에서 이용객의 동선을 자유스럽게 유도하고, 숙박시설과 인접하여 위치하도록 계획하며, 계획지구 내에서 비교적 경사도를 가지고 있는 공간은 녹지를 조성하여 관광지로서의 쾌적성을 확보하도록 계획한다.

(2) 교통 및 동선계획

① 기본방향

계획대상지 내에서 보행자와 차량을 분리하고, 이용객의 편의성과 이동거리의 최소화를 유도하는 동선체계를 계획하며, 자연환경 및 시설간의 기능성을 고려한 동선체계를 유도한다.

② 동선체계

계획대상지 내에서 주동선은 지방도 821번 도로를 이용하고 계획대상지 내에서는 남북방향의 주 간선도로를 배치하여 주 간

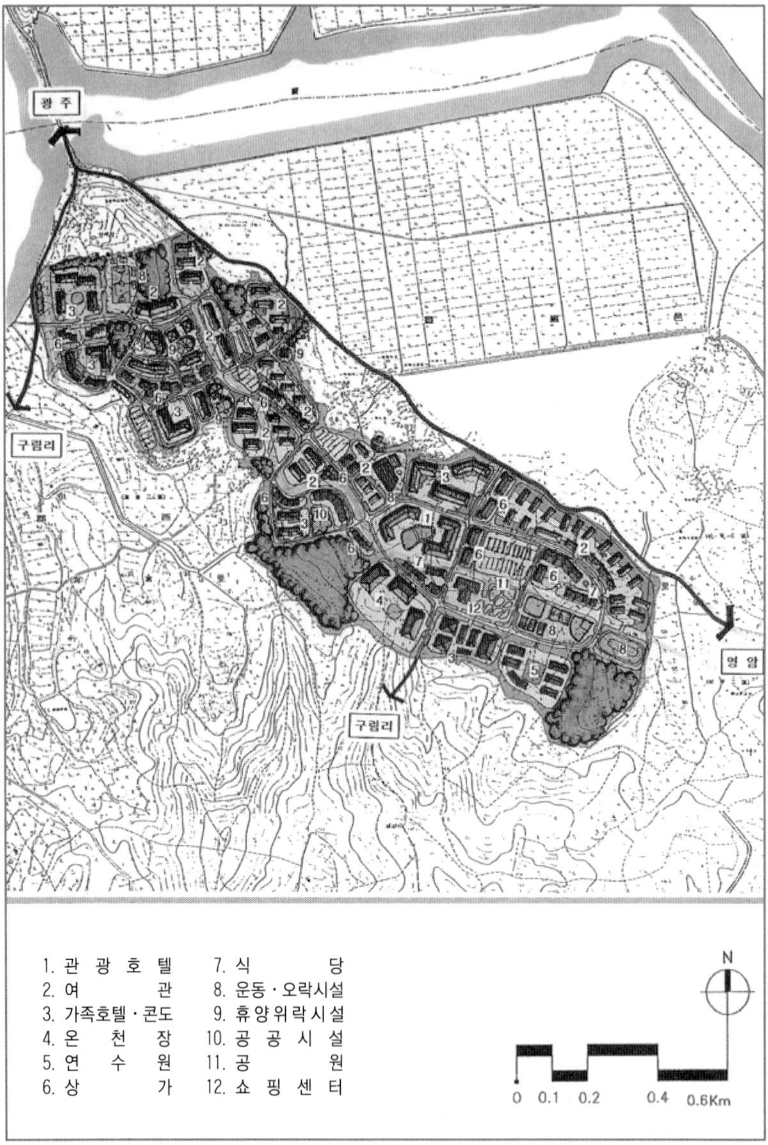

〈그림 9-4〉 영암온천지구 기본계획도(자료: 영암군, 1996)

선도로의 주변에 시설물이 배치되도록 유도한다. 또한 주 간선도로에서 분기되는 보조도로는 최소화하고, 개별시설로의 접근이 용이하도록 루프형의 보조 동선체계를 계획한다.

계획대상지 내에서는 보행자가 산책, 쇼핑을 하는데 편의성과 안전성을 제고시키기 위해 차량동선과의 중복을 피하고, 보행자도로의 폭은 6m 정도로 계획하며, 주차장은 상가시설 및 공공편익시설과 인접해 배치하고, 장차 증가할 관광수요를 고려하여 적정규모의 유보지를 확보한다. 또한 군내버스를 이용한 이용객의 편의를 위하여 주차공간 및 회차공간을 계획한다.

(3) 조경계획

① 기본방향

기존의 자연경관을 적극 보전하면서 지속적인 개발을 도모하는 환경보전적 조경계획이 되도록 유도한다. 대상지의 지형여건, 현재 수종, 주변경관, 시설의 기능 등과 조화되는 수림을 이용한 식재계획을 바탕으로 시설별로 독특한 조경이 될 수 있도록 하고, 월출산의 경관과 조화되며, 조망권을 차단하지 않는 조경 식재가 되도록 계획한다.

② 식재 · 조경계획

공공시실은 공공이용 및 관리가 용이하고, 식별에 유리한 수종 및 식재방법을 채택하여 온천관광지로서의 기능성을 재고시킨다. 주 진입로 및 주 간선도로주변에는 가로수를 중심으로 특징적인 가로경관을 연출하기 위하여 왕벚나무, 후박나무 등을 식재하여 거리의 상징효과를 극대화시킨다.

상가시설 및 광장 주변에는 다양한 크기의 잔디광장 조성과 관목 식재, 대규모 꽃동산을 조성하여 휴식공간의 분위기를 연출한다. 녹지는 기존의 송림을 최대한 보전하고, 부분적으로는 산책로를 조성하여 휴식관광지의 기능을 제고시키도록 유도한다.

(4) 기반시설계획

① 기본방향

시설물의 배치계획과 부합되도록 토량의 균형을 유지하고 경제성, 안전성, 유지관리의 용이성을 지향하며, 도로는 도시계획 및 관광지 시설규정에 부합하도록 계획한다. 더불어 원수의 확보, 온천수의 적정관리·배분, 배출용수의 정화를 위한 다양한 기반시설을 확보한다. 마지막으로 지형의 여건, 주변 환경과의 조화, 관광객의 장기수요, 월출산 조망권의 확보 등을 고려한 기반시설이 조성되도록 계획한다.

② 기반시설별 계획

부지조성에 따른 절토 및 성토는 주변의 자연환경과 조화되도록 하고, 부지내의 유수로 및 표면수의 배출을 고려하여 계획한다. 주 진입도로와 간선도로, 보조도로는 기능에 따라 포장을 달리하며, 자연적인 분위기를 연출할 수 있는 포장 재료를 활용한다.

무엇보다도 온천관광지라는 특성을 고려하여 취수원을 보호하고, 1일 상수도 기준량을 산정하여 사용하며, 효율적인 급수방법을 모색할 수 있는 시설을 도입한다. 대상지의 오수와 우수는 분리처리하고, 오수는 장기폭파법으로 처리하며, 오수화율을 일반상수는 80%, 목욕수는 100로 산정하여 계획한다. 배수는 지형적 조건을 고려하여 계획하고, 오수량은 100% 처리하며, 최대일 오수발생량(3,812m^2/일) 및 지하수 유입량(약 15% 산정)을 고려하여 오수량을 처리하는 계획을 수립한다.

전기 및 통신의 공급은 기존의 선로를 이용하여 확장한다. 전기는 한국통신의 인입시설을 이용하며, 계획대상지의 가로등 조명은 관광지의 성격을 고려하여 나트륨 또는 메탈 등을 혼용토록 계획한다. 통신이용의 편리성과 접근성을 위해 전지구내에 통신시설을 분산배치하고, 지중화선로를 도입하여 월출산의 조망권을 최대한 보호할 수 있도록 계획한다.

(5) 시설배치계획

① 기본방향

시설물의 배치는 온천관광지의 특색을 잘 발휘될 수 있도록 적정배치하며, 숙박시설, 온천장, 상가 및 휴식시설을 중심으로 배치한다. 모든 시설물은 월출산의 조망권을 최대한 보호하며, 주변의 자연경관과 조화되게 시설물을 배치하여 관광지의 가치를 제고시킬 수 있도록 한다.

② 시설별 배치계획

공공시설 및 상업시설은 이용객의 집중이 예상되는 계획지구의 중심부와 주 진입부에 배치시키며, 상업시설은 소규모로 분산 배치하여 계획한다. 반면 쇼핑센터와 식당가는 온천장 부근에 집중 배치한다. 온천장을 비롯한 온천시설은 온천공의 위치를 고려하여 가능하면 지구의 중앙에 배치시킨다. 숙박시설은 월출산의 조망권이 양호한 지구에 배치하고, 기존의 취락지구에는 빈박 온천시구를 조성한나.

특히 경관요소를 보존하기 위해 전망에 유의하여 건물의 방향을 선택하고, 일조와 채광을 고려하여 시설물을 배치하며, 건축물은 주변경관과 적합한 조형적 설계를 거쳐 일정한 스카이라인을 유지토록 한다. 운동·오락시설, 휴양시설은 단지의 북쪽에 배치시킨다.

(6) 관리 및 운영계획

온천지구는 공공시설과 민자유치에 의한 민간시설로 구분하여 관리한다. 공공편익시설은 관리사무소를 중심으로 지자체가 관리하거나 조합형태의 자치단체가 관리하도록 하고, 민자유치 시설은 소유주가 직접 관리한다.

공공편익시설을 비롯한 기반시설에 해당하는 주차장, 공급처리시설, 전시장 등의 시설물은 관리사무소에서 운영을 전담한다. 이를 위해 관리사무소에 운영위원회를 설치하며, 민관이 합동으로 구성한다. 운영위원회는 관광지의 효율적인 발전방안, 온천수 확보방안, 폐수처리시설방안, 관광객의 유치 및 홍보방안 등을 목적으로 구성한다. 특히 운영위원회가 중심이 되어 장기적인 온천수 공급 및 시행계획을 수립하여 온천원수의 고갈을 방지하도록 한다.

또한 적정한 이용공간의 밀도에 따라 이용지구외의 구역은 개발을 제한하여 자원관리에 만전을 기하도록 유도한다. 이를 통해 관광객의 이용 편의성을 제고시키고, 시설지구 내의 관광관련 종사자의 서비스 향상을 위한 지속적인 교육 관리를 시행한다.

참고문헌

김성기 외, 2005, 관광개발계획론: 생태학적 접근, 한올출판사.
김영빈 편, 1993, 조경 · 관광 · 리조트 개발의 실제론, 도서출판 동화기술.
김호운 · 김사영, 2002, 관광개발론, 형설출판사.
영암군, 1996, 영암군 관광종합개발계획.
임주환 외, 1998, 환경친화적 관광지 개발론, 백산출판사.
정석중 · 이미혜, 2002, 관광개발론, 대왕사.
Gunn, C. A., 1993, *Tourism Planning, Basics, Concepts, Cases(Third Edition)*, London, Taylor & Francis.

저자 약력

___이정록

전남대학교 지리교육과 졸업
전남대학교 대학원 석사 및 박사
미국 오하이오주립대학교 Post-Doc. Research Fellow
일본 도쿄(東京)대학교 객원연구원
사단법인 한국지역학회 부회장
한국경제지리학회 부회장 및 학회지편집위원장
현재 사단법인 대한지리학회 회장
새국토연구협의회 공동상임대표
전남대학교 사회과학대학 지리학과 교수
연구분야: 지역개발정책, 관광지리학, 사회지리학

관광지리학 : 이론과 실제

인쇄 | 2006년 2월 1일
발행 | 2006년 2월 9일

저 자 | 이정록
발행인 | 강정채
발행처 | 전남대학교출판부

등록 | 1981. 5. 21. 제53호
주소 | 500-757 광주광역시 북구 용봉동 300
전화 | (062) 530-0571~3
팩스 | (062) 530-0579
홈페이지 | http://altair.chonnam.ac.kr/~cnup

값 17,000원

ISBN 89-7598-549-0 (93980)